50

新知
文库

XINZHI

Fixing Broken
Windows:
Restoring Order and Reducing
Crime in Our Communities

Fixing Broken Windows: Restoring Order and Reducing Crime in Our Communities
Original English Language Edition Copyright ©1996 by George L. Kelling and Catherine M. Coles
All Right Reserved.
Publishing by arrangement with the original publisher, FREE PRESS, a Division of
Simon & Schuster, Inc.

破窗效应

失序世界的关键影响力

［美］乔治·凯林　凯瑟琳·科尔斯　著
陈智文　译

生活·讀書·新知　三联书店

Simplified Chinese Copyright © 2014 by SDX Joint Publishing Company.
All Rights Reserved.
本作品简体中文版权由生活·读书·新知三联书店所有。
未经许可，不得翻印。

图书在版编目（CIP）数据

破窗效应：失序世界的关键影响力／（美）凯林，科尔斯著；
陈智文译．—北京：生活·读书·新知三联书店，2014.10
（2021.4 重印）
（新知文库）
ISBN 978-7-108-05026-7

Ⅰ．①破… Ⅱ．①凯… ②科… ③陈… Ⅲ．①犯罪控制－
研究－美国 Ⅳ．① D917.6

中国版本图书馆 CIP 数据核字（2014）第 094316 号

责任编辑　徐国强　曹明明
装帧设计　陆智昌　康　健
责任印制　董　欢
出版发行　生活·讀書·新知 三联书店
　　　　　（北京市东城区美术馆东街 22 号 100010）
网　　址　www.sdxjpc.com
图　　字　01-2018-8826
经　　销　新华书店
印　　刷　北京隆昌伟业印刷有限公司
版　　次　2014 年 10 月北京第 1 版
　　　　　2021 年 4 月北京第 6 次印刷
开　　本　635 毫米 ×965 毫米　1/16　印张 17
字　　数　202 千字
印　　数　23,001-28,000 册
定　　价　34.00 元

（印装查询：01064002715；邮购查询：01084010542）

新知文库

出版说明

在今天三联书店的前身——生活书店、读书出版社和新知书店的出版史上，介绍新知识和新观念的图书曾占有很大比重。熟悉三联的读者也都会记得，20世纪80年代后期，我们曾以"新知文库"的名义，出版过一批译介西方现代人文社会科学知识的图书。今年是生活·读书·新知三联书店恢复独立建制20周年，我们再次推出"新知文库"，正是为了接续这一传统。

近半个世纪以来，无论在自然科学方面，还是在人文社会科学方面，知识都在以前所未有的速度更新。涉及自然环境、社会文化等领域的新发现、新探索和新成果层出不穷，并以同样前所未有的深度和广度影响人类的社会和生活。了解这种知识成果的内容，思考其与我们生活的关系，固然是明了社会变迁趋势的必需，但更为重要的，乃是通过知识演进的背景和过程，领悟和体会隐藏其中的理性精神和科学规律。

"新知文库"拟选编一些介绍人文社会科学和自然科学新知识及其如何被发现和传播的图书，陆续出版。希望读者能在愉悦的阅读中获取新知，开阔视野，启迪思维，激发好奇心和想象力。

生活·讀書·新知 三联书店
2006年3月

不论何时何地,警察都应该与公众保持密切的关系,体现警民一家的悠久传统;警察是公民中唯一能够得到薪酬,为维护社区利益执行全职勤务的成员。

——罗伯特·皮尔(Robert Peel)
伦敦大都市警察创始人,1829 年

谨以此书献给我的家人

目 录

1　推荐序　　詹姆斯·威尔逊

5　前　言

15　第一章　失序、"破窗理论"与严重犯罪

42　第二章　失序的增长

75　第三章　以往警务策略的失败

112　第四章　收复地铁：纽约市的生活品质方案

158　第五章　以社区为基础的犯罪防治

193　第六章　收复街道：恢复巴尔的摩、旧金山和西雅图的秩序

233　第七章　破窗效应

254　后　记

推 荐 序

自由与群体的利害冲突,构成了现代政治学最根本的分歧,并制造出一场大规模的美国文化战争。自由捍卫者眼中的理想世界,由自由选择人生的独立个人组成,这些自由是个人发展与社会民主的基础。群体优先的拥护者则主张,没有人能够完全自主,自由只存在具有合理秩序的环境中,个人发展需要家庭和邻里社区的支持。

这项分歧并非美国传统自由派与保守派对立的延伸。个人自由的支持者,包含某些市场经济保守派分子;群体优先的拥护者,也包含某些认为市场力量经常有害群体生活的自由派人士。两位对政府地位立场泾渭分明的人士,约翰·罗尔斯(John Rawls,美国知名政治哲学家)和罗伯·诺齐克(Robert Nozick,美国政治哲学家),均声称他们的主张源于自由选择的个人主义。迈克尔·桑德尔(Michael Sandel,美国政治学者,现任哈佛大学教授)和阿拉斯代尔·麦金太尔(Alasdair MacIntyre,苏格兰哲学家,以政治学说著名)尽管在许多公共政策事务上意见相左,但也都认为人是一种群体动物,在公民生活中,汲取其生命意义。

自由与群体的冲突,体现在无数的议题中,如药品管制、校园宗教中立、堕胎权、工厂关闭法、产假、降低犯罪策略等。乔治·

凯林与凯瑟琳·科尔斯以最普遍和生动的典型案例，探讨了这个议题：该以何种方式和何种程度保护公众领域？

日复一日，在多数大都市和许多小城市，我们都经历着同样的问题。游民席地而睡、乞丐在车站附近乞讨、桥墩上的涂鸦、不良少年在游乐场聚集、敞开窗户大声播放歌曲。公众领域的行为应该如何、由谁来规范？

过去三十多年来，公共政策已逐渐偏向个人自由最大化，偏离强制性的社区管控。当众酒醉合法化、精神病人无须强制住院、公开乞讨得到更广泛的宪法保护。这些赋予个人愈来愈多权利的改变，其中许多并未经过公开辩论或立法程序，而是法院判决的结果。

法院的特殊功能，在于权利的辨识和应用。也就是说，根据法院的判决，政策将逐渐偏向个人自由，偏离群体。通常，法院审理的是"个别"游民、乞丐或皮条客被告的案件。这类个人很少对任何人构成太大的威胁，因此，群体秩序的主张，在这类特定的案件中，经常被视为多虑和反应过度。

但"许多"个人集体享用赋予"某个"个人（或根据法院的观点，是一个抽象的、去人格化的个人）的权利，对社区群体的影响，经常远大于对单独人士所造成的影响。一个公共区域（公交车站、市集广场或地铁入口），不只是人数的总和，而是一个复杂的互动模式，且随着这些互动的规模和频率的增加，风险也大幅升高。

民众因而开始抱怨：冒失的乞讨者、衣冠不整的游民和无礼的青少年。警方的反应动辄得咎。对许多警察而言，处理这些轻微的失序，并非他们投入执法阵营的初衷，驱赶乞丐和对抗犯罪何止天差地远。所有警察都知道，这类干预都有负面宣传、恶意官司和政治口水战的风险。他们从经验得到的教训是，人民的权利最大。几乎每一种不寻常的人，背后都有一个宣传团体（advocacy group）。更甚者，警方会自动撤退、袖手旁观。结果是，警方经常连法院已允许的最低程度的干预都做不到。民众感到更加失望，而这类事件进而会影响地方首长和议会的选举结果。

多年来，凯林持续研究这个问题，建议官员如何应对，并且评估他们的做法。在此过程中，他俨然已成美国公众领域失序行为控制问题的卓越权威。而现在，相关问题终于有了一套可行的解决方案。

本书的英文书名"修补破窗"（*Fixing Broken Windows*），是出自凯林和本人于1982年3月发表在《大西洋月刊》（*The Atlantic Monthly*）的一篇文章。我们用一扇破窗的图像，解释若无人确实地维护，邻里社区将可能堕入失序，甚至犯罪的境地。当一间工厂或一个办公室的窗户坏了，路过的人可能因此认定这里无人维护或负责管理。一段时间过后，就会有人开始丢石头、打破更多窗户。很快地，所有的窗户都被破坏，而此时路人会认为，不只这一栋建筑无人看管，它所在的这条街也是法外之地，只有不良少年、罪犯，或不知天高地厚的人，才敢在不受保护的区域游荡。因此，愈来愈多善良的公民抛弃这个地方，让给那些他们以为潜伏在暗处的恶徒。小失序演变成愈来愈大的混乱，甚至犯罪。

一个权利本位的司法传统，无法轻松解决这个问题。法官很难相信，一扇破窗（一个轻微的失序行为）竟如此重要，或应该授权警方对那些可能破坏更多窗户（制造更大失序）的人，执行公权力。法官看到的，是街角某一时刻的即景；相反地，民众看到的，是整条街缓慢、残酷地衰败的电影。

凯林曾亲眼目睹这个过程的发生，并了解其中冲突的价值观。

通过对美国警务历史的研究,以及为多个机关,包括纽约市交通局的咨询服务,他已经找出如何在牺牲最少个人自由的前提下管理公共领域秩序的方法。科尔斯专研相关议题的法规,并对当中最模糊不清的情况,提出绝佳的解读。

这是一本每一位警察局局长、地区领导、社区公益人士和有心的公民必读的书。当我们因过度的激进个人主义或地方自治主义而愤怒,对相关问题进行日益尖锐的辩论时,本书适时地提供了实用的指导。

我们不须牺牲基本的自由权利,便能收回我们的公共空间,但前提是,许多团体——法院、警方和众多机关及民间机构——必须改变他们对这些事务的态度。凯林和科尔斯提供了明确的指导方法。

犯罪学家詹姆斯·威尔逊（James Q. Wilson）

前　言

民众对犯罪的恐惧正处在史上最高点，我们的全国警政领导们，对所谓的"犯罪问题"，提出了激进的解决方案。他们把焦点放在严刑重罚——"三振出局"式的监禁政策、盖更多监狱、更严格管制枪支和增加街道巡逻的警力上。

但目前各地对犯罪问题的讨论，其实更深入且更复杂。地方官员和媒体无疑对相同的议题表达出极大关注：暴力、严重犯罪和枪支泛滥等。然而，守法的公民要求恢复街头、公园和其他公共区域的秩序。他们的声音和要求，不仅开始影响地方政治领导，也逐渐改变了许多警察和刑事司法专业人士的看法，重新定义和解决我们的城市犯罪问题。

最近，凯林利用一个晚上，深入东岸某大城中声名狼藉的少数群体社区。他与社区居民、一位社区组织干部／社区律师，以及一位步行巡逻的警员共行。居民骄傲地向他指出一度被荒废、而后打官司再收回利用的联排公寓、整理过的空地，其中一块已被整建为社区花园和毒贩已然销声匿迹的街道。但在一个重要的交叉路口，他们竟遭遇到一个"公开的毒品市场"。一开始，他们在远处观察：大约15人站在路上，有些人负责招呼车辆、谈判交易，有些人负责注意警察，还有少数人只是站在一旁观看。当我们走近，把风者看到随行的警察，立刻发出警告："乔安娜，乔安娜。"（这是他们称呼警察的暗号。）交易立刻终止，毒贩分别朝不同的方向散开——但只是退到足以观察情势的地方，方便之后回来继续交易。许多年轻人，特别是年纪最小的，干脆站在原地等待。当晚最令人沮丧的一点是现场那些看来不满十一二岁的孩子。他们看到的，不是粗暴、滥权的警察，而是已沦为笑话的政府公权力。这一块公共区域的当家者是谁非常清楚：不是守法的公民或政府，而是毒贩。类似的情景每天都在美国各大城市的街角上演。

我们相信，当晚的毒贩中许多人都有前科，并且可能正在假释或缓刑期间，或面临其他罪名的听审。但负责的假释官、巡警、检察官在哪里？他们为何没有加入邻里团队，收复和防护我们的空间，让当地居民知道，政府和执法机关不会容忍毒贩占据街道和胁迫社区？当晚陪同的警员，一位对眼前状况感到愤怒的热心年轻人，为何只是不定时且加班巡逻这个区域，而非永久、固定的勤务？当然，我们都知道官方的回答是什么。缓刑和假释官负责的案件已经过多，检察官必须专心调查重大刑事案件和既有的案件。平日报案的数量已让警方忙不过来，办案的专业人力分散作业比较有效率。但细想这些理由，都是基于专业和官僚模式的表现及个人动机，很少思及社区安全。

所幸，许多警察部门和少数缓刑、假释官及检察机关，已开始认真检讨他们的假设和工作策略，转向解决社区问题的方向。与此同时，守法公民持续要求警察和执法机关改善治安，而民权人士、自由团体仍持相反的立场。这类冲突的严重程度不在话下，地方报纸每日刊出的新闻、社论和投诉书，都反映出民众对邻里、社区失序的关注和其中牵涉的价值冲突。

以美国社会和政治上最自由的城市旧金山为例，游民和治安都是过去两任市长选举的主要议题。20世纪80年代后期，亚瑟·艾诺斯（Arthur Agnos）市长拒绝移除市公园内，特别是市政中心附近的游民营。结果，市政中心被称为"艾诺斯营"（Camp Agnos），并成为1991年市长选举的主要议题。以改善治安为主要政见的退休警官弗兰克·乔丹（Frank Jordan），最后赢得该届选举。四年后，乔丹市长改善治安的方案——"矩阵行动"（Operation Matrix），主导了政策辩论。他的继任者威利·布朗（Willie Brown）终止了"矩阵行动"，但向市民保证，他仍将取缔在公园和公共区域扎营、饮酒和犯下轻罪的人。治安问题主导选举，旧金山并非特例。1993年的纽约市选举，两位候选人：戴维·丁金斯（David Dinkins）和鲁道夫·朱利亚尼（Rudolph Giuliani），都主张取缔"抹车仔"（Squeegeemen）：在车道上主动上前擦洗车窗，再向驾驶员索讨费用的年轻人。

这类事例都反映出许多当地民众、商家和都市居民对他们每天持续受到的威胁、羞辱和无礼举动的强烈愤怒，及日益高涨、要求阻止失序蔓延的政治诉求。但它们也反映出同样强烈的维护公民自由和消除社会偏执与不公的信念。

为什么，当暴力在城市的许多区域蔓延时，社区居民要把焦点放在游民露宿、抹车仔、乞丐、卖淫和其他形式的失序上？他们是否想把穷人、少数族裔、低收入阶层和年轻人当作代罪羔羊？美国公民自由联盟（American Civil Liberties Union，ACLU）的海伦·赫希考夫（Helen Hershkoff）指出："过去十年间，为了解决全国各个城市大量增加的穷人和游民问题，许多都市政府恢复施行冻结已久的禁止公开乞讨条例。"难道我们要重拾过去带有歧视性的"危险阶级"观念吗？

不。这种指控只是模糊一个本质上合法的主张——将其夸大成种族主义和经济不公。

尽管许多自由主义者大声指控，恢复秩序并不会造成贫富或黑白对立。对秩序的要求弥漫整个社会阶层和族群团体。纽约地铁的乘客要求秩序，最大的呼声不是来自那些有钱的银行家和股票经纪人（他们毕竟可负担其他的选择），而是涵盖所有族群、依赖大众运输，且迫切需要安全、文明的交通工具的广大劳动者。

此外，要求恢复秩序的人，绝大多数不是所谓的卫道人士。以旧金山最混乱的油水区（Tenderloin）为例，当地的反卖淫人士多数不是因个人信仰的原则反对商业色情。他们反对嫖客和妓女在路边车内公然交易的行为，将避孕用品和针头随意乱丢在人行道、公寓门前和公园里，完全无视儿童的存在，也不理会民众请他们表现出些许自制的要求。

最后，提倡恢复秩序的民众并非提议某种形式的多数暴政。多数人都相当清楚过往的教训，以及平衡个人权利与更广泛的群体需求固有的风险。本书所指的行为，是违反普遍接受的标准和行为常态，那些不论种族、族群和阶级差异，大家均有广泛共识的部分。

这不只是一个政治争议，也是经常拿上法庭的法律争端。刑事法律基金会（Criminal Justice Legal Foundation）的肯特·席戴格（Kent Scheidegger）曾准确地预言："当一个城市决定为公共秩序采取措施，首先面对的问题是：我们会被告吗？"答案必然是肯定的。而有鉴于美国法院经常是许多公共政策最后仲裁者的特殊角色，民众、媒体和公务人员（尤其是警察和法务人员），都必须了解决定这些犯罪的相关重要政策及其管理的司法思考形态和逻辑。

然而，一般民众对于这些案件，或其判决的法律和社会逻辑，通常所知甚少。以最近纽约市的一个案件为例：两个年轻人，珍妮弗·洛珀（Jennifer Loper）和威廉·凯（William Kaye），于1990年从他们父母郊区的家搬到纽约市区。他们的副业是在东村（East Village）乞讨。偶尔，警方会根据该市的反乞讨条例驱赶他们。洛珀和凯均表示，除了要求他们离开，警方不曾对他们有言语和人身的侵犯。但在1992年，两人分别由曾经挑战纽约市地铁乞讨禁令但败诉的律师代表，控告纽约市政府，宣称他们的言论自由受到侵犯，且市政府的反乞讨法令违宪。当时，多数警察甚至警政官员都不知道有反乞讨法令的存在，更别提这起诉讼了。联邦法官罗伯特·斯威特（Robert W. Sweet）赞同洛珀和凯的主张，并在判决书中将此案提升到涉及贫穷、财富分配不均和都市住宅不足等政治议题，因此应受宪法第一修正案保护。

但就民众所碰到的犯罪问题，乞讨的数量绝对胜过暴力罪行。那些在城市里居住、工作和游憩的人，必须面对混合失序、恐惧、严重犯罪和城市衰败的困境：犯罪问题并非起于重大或"指标"犯罪。过去三十年来，这种设想和衍生而出的解决方法，导致了错误的公共政策、差劲的立法构想与行动，以及扭曲的刑事司法判决和优先顺序。失序、恐惧和重大犯罪之间的区别不是无关紧要的。民众知道，失序、恐惧的情况与严重犯罪有很大不同，但需要政府有所作为。

要恢复秩序、重新控制混乱的街头，现在还来得及——只要改变某些政策，治安改善和民众的安全感就能相对迅速回升。我们已经有这类成功的范例，在非常艰难的环境中取得惊人的成功。我们在书中提出实际且可延续的政策目标，在保护邻里和社区利益的同时，也能尊重个人合法的权利。这不代表政策的转向一蹴而就，仍有若干强大的因素，让政策偏向单纯防治重大犯罪。毕竟，民众确实恐惧重大犯罪的危险。喧闹的年轻人也许惹人嫌，但除非喧闹变成对生命财产的实际威胁，那还算小事。其他的小失序也一样，尤其在资源有限的环境中，专心对付严重犯罪是合理的。两个同样有力的额外因素，让这种针对重罪的固定看法更难以动摇：首先，一种广泛的社会意识形态，将某些个人权利视为绝对，且实际上完全不受责任和义务的影响。这种意识形态让部分人士主张，在自由的大旗之下，所有非暴力的异常行为都应被容忍——这是与公序维护直接冲突的信念。第二，主流的刑事司法策略与这种自由派意识形态一致，内部一致且直观上合理。其最主要的基础，是以一个专业的"刑事司法体系"为首要工具，让社会控制犯罪的构想。警察是这个制度的"最前线"——他们对社区和邻里生活的主要贡献，是逮捕违法者，让这个体系处理他们。维护安宁、解决民众的问题、调解冲突和维持秩序，顶多被视为另一项平行功能，甚或一种讨厌的"社会工作"。

可惜，这个模式已彻底失败：过去三十年来，重大犯罪率居高不下。该模式失败的原因在于否认失序、恐惧、重大犯罪与城市衰败之间的关系。而导致这个刑事司法体系失败的另一个因素，则是忽略公民在犯罪预防中的角色。

但我们仍保持乐观。民众已开始要求实际改善社区生活品质的政策和做法。他们等不及要改变，并已对警方、检方、矫正机关和法院施压。20世纪六七十年代，美国的经济繁荣让工作与收入状况持续改善，许多民众相信他们可以迁离衰败的社区，住到更好的地方。但对许多人而言，那已是不可能的事情。不论是波士顿的多切斯特（Dorchester）、密尔瓦基的西区、西雅图的大学校区、旧金山的油水区或纽约的哥伦比亚高地（Columbia Heighis），离不开的居民和商家都强烈要求遏止衰败和恢复秩序。最重要的是，民众已开始采取主动。

如果某些行为真的被罪刑化，我们要如何确保警方不会滥用这些法律去骚扰游民、穷人和少数群体呢？有鉴于美国警方和检方的不良记录，这个问题显得特别重要，更别提保护少数群体和穷人的权利了。洛杉矶退休警探马克·富尔曼（Mark Fuhrman）充满种族偏见的发言，只是警方压迫少数群体与穷人的非官方政策的例证之一。同样值得担忧的是，许多警察、检察官和矫正人员不肯走出巡逻车和办公室，早已丧失了随机应变和解决问题的能力。事实上，他们大都与邻里社区的善良公民不熟，以至于害怕离开安全的警车或办公室。

尽管有这些阻碍，美国的城市依然能恢复秩序。警方透过他们作为社区问题解决者的角色，特别能协助秩序的恢复和维护。事实上，民众对秩序的要求在许多城市都已实现。警方采取强调秩序维护和犯罪预防的新策略，民众也与警方合作，投入犯罪预防工作。一种社区警务，甚至社区起诉和缓起诉的新范例，已在全美多处实践，提供民众重塑和直接投入其社区犯罪控制，及生活品质方案的机会。美国都市的可居性，有赖于秩序能否在都市衰败达到无可逆转的程度前恢复，不论警方可否在这个过程中扮演有效的角色，法院是否能站在受困社区的立场，支持恢复秩序的措施，对抗失序造成的实际威胁。

全书架构

本书的第一章，探讨当今的犯罪问题、城市中所谓失序行为之本质，以及这些行为对我们社会构成的重大威胁的误解所造成的后果。第二章的焦点，转向检讨我们如何落入今天的困境：也就是，失序如何随着个人主义高涨而滋生，和立法与司法如何为保护个人基本权利而牺牲群体利益。没有法律背景的读者可能较难看懂本章的部分内容，但这些有关法律的章节，不会影响对本书整体立论的理解。第三章针对政策，特别是主导20世纪警务执行与策略的旧改革模式。这个模式的中心——被动的"911警务"（回应民众报案），是我们认为有必要改革的重大警务阻碍。在第四章中，我们详细描述了纽约市警察局大胆转向社区警务、专注秩序维护并取缔影响生活品质的失序行为和重大犯罪的努力，警方的努力，配合民众、商家同样积极投入的方案，以及最近有关法院和社区起诉的实验性做法。我们将在第五章，说明一种最有希望复兴美国城市的新警务模式：社区警务之基本要素。我们也正面探讨执行这种新形态警务的最大问题：第一线警力在执行日常勤务时，必须面对的大量自行裁量、判断的情况，以及可用来规范警方这类处理行为的方法。本书的第六章，我们把焦点转回三个成功恢复秩序的城市，提供它们的实际案例。在巴尔的摩、旧金山和西雅图，民间的参与来自各处——商业区的店家结合起来，一同改善市中心；市政府与警方、个别民众和社会机构全方位合作，执行全市的方案，恢复公园和公共场所的秩序；而检察机关也与公民团体、地方政府紧密合作，执行相关法律。他们无不遭遇反抗，但全都实现了聚集资源、往一致目标努力所能获得的绝佳成果。最后，在第七章，我们提出一个全国适用的社区犯罪控制模式。这个模式能恢复民众对社区的责任感，并建立警方和司法体系对社区和邻里负责的新机制。

　　最后的分析指出，透过秩序维护减少犯罪，需要良好的公民参与机制。民众必须对他们本身的行为和协助确保其他民众安全的行为负责。秩序发自简·雅各布斯（Jane Jacobs）所称的都市生活的"小改变"：我们每天对他人展现的尊重，以及我们对他人的隐私、福利与安全的实际考量。这种尊重和关心不分贫富、黑白和种族。相反地，它能团结多样化的邻居，共同对抗那些行为失序者和欺善凌弱者。民主社会中的警察和司法机关，应是此类社区的一部分，体现警民一家。如同英国现代警务的创建者罗伯特·皮尔（Robert Peel）爵士所言，鼓励对差异的容忍，同时支持公民来管理掠夺者和失控者。

第一章

失序、"破窗理论"与严重犯罪

社会学家艾伯特·比德曼（Albert Biderman）及其同事，在1967年提交美国总统的"执法与犯罪委员会"的报告中，提出一项重要的公民调查结果：对犯罪的恐惧与邻里和社区存在的失序有强烈关系。这项发现理应对当时的公共政策制定与警务执行规范有重大影响，因为恐惧会影响民众的行为。但恐惧与失序之间的关系，在20世纪80年代以前大致仍被忽略，即使现在也很少影响刑事司法或犯罪学。在某些方面，这种趋势并不令人感到意外。20世纪60年代，恐惧与失序的关联初次被发现，严重犯罪突然窜起，成为重要的政治问题。1964年的总统大选，两党候选人巴里·戈德华特（Barry Goldwater）与林登·约翰逊（Lyndon Johnson）就此问题竞相提出更强硬的主张。约翰逊总统执政后，特别成立了执法委员会，司法部也就犯罪的社会影响展开研究。[美国第一个针对犯罪设定的全国性委员会，是20世纪30年代的维克山姆（Wickersham）委员会。]学者和从事相关事务者，也几乎全聚焦在"重大"犯罪：那些对受害者造成最严重后果的罪行——谋杀、性侵、抢劫、攻击和强盗。

警察与法务人员忽略失序，但地方官员与民众无法视而不见。以旧金山为例，这个城市一直以容忍多元的、公开的政治活动和怡人的气候著称，但这也导致与其他城市相比，旧金山有更多的街头游民。居民害怕游民侵略性的乞讨，渐渐减少使用公共区域。市政府于1991年就民众对侵略性乞讨的经历和态度所做的调查显示，90%的居民在过去一年内，曾至少一次在公共场所被乞讨，当中有39%曾在此过程中担心自己的人身安全，而33%曾拿钱给乞讨者，有时是出于明显的压力。调查结果也显示，超过三分之一的旧金山市民会因为那里有乞丐，而避免前往特定地点、商店、餐厅或其他区域。针对整个海湾地区居民的调查也有类似结果，他们干脆尽量不进市区。① 但民众最终克服了恐惧和逃避，开始要求警方、检方和其他政府官员，采取行动恢复市区秩序。警方和检方顺势回应，首先取缔了侵略性乞讨和街头露宿行为（包括在某些区域造成居民极大困扰的卖淫拉客行为）。然而与此同时，政府对市民要求的正面回应，却受到诉讼的挑战。加州禁止主动靠近乞讨者的法令，被质疑违反美国宪法。

旧金山并非特例。目前在纽黑文（康涅狄格州）、芝加哥、纽约市、印第安纳波利斯和密尔沃基等大都市最混乱的区域，我们询问居民、商家和经常来往此地的民众，他们认为附近最主要的问题是什么，答案几乎相同，不外乎弃车、涂鸦、四处游荡的酒醉者、街头卖淫、青少年帮派聚集在公园，以及其他类似的失序行为。民众感到恐惧，许多人选择搬离城市。1994年，前纽约市警察局副局长杰里米·特拉维斯（Jeremy Travis，该年之后升任克林顿政府之国

---

① 这项研究由旧金山市政府委托斯坦福研究所进行，目的是为预防市政府禁止因乞讨目的趋近他人的法规被告，而进行的诉讼准备。

家司法研究院首长）评论市民对此类"轻罪"的反应时表示：

> 联邦基金（Commonwealth Fund）公布了一些很棒的资料。大约17%搬离本市的民众表示，如果警局更认真地看待轻微罪行，对他们的决定会有很大的影响；59%的迁离者是为了改善他们的生活品质。仍选择住在纽约市的民众，有五分之三表示，脏乱、涂鸦、噪音、乞丐、游民降低了他们和家人的生活品质。这是纽约市发展前景的中心议题。

无法离开城市的居民，只好购买武器和养狗，有些人完全放弃了大众运输等公共设施，有些人甚至将自己拘禁在家中，非必要绝不出门。但更多人选择团结邻居，要求警方、检方和法院回应他们的诉求。在西雅图，一个非营利住屋协会的年长居民与西雅图印度中心联名向法院提交了一份意见书，支持市政府制定限制性的"街道文明法"，包括上午7点到晚间9点，禁止在市区和商业区的人行道上坐卧。这些低收入的市民，许多也曾无家可归，同样担心无法在街上安全地行动。当其他人纷纷回避他们居住的区域，他们也担心社区里日益升高的犯罪活动。支持西雅图印度中心的，还有一个长期酗酒游民的治疗中心，他们指出，在重要区域订立行为规范无损游民的自尊，为帮助上瘾者脱离他们自毁的行为，这些规范尤其有必要。

这些都不是单一的特例。全美各大城市，如芝加哥市市长简·拜恩（Jane Byrne）、圣保罗市（明尼苏达州）市长乔治·拉蒂默（George Latimer）、波士顿的凯文·怀特（Kevin White）与雷蒙德·弗林（Raymond Flynn）等行政首长，都及早地透过生活品质改善方案来回应社区的要求。更近期的例子，包括印第安纳波利斯市长斯蒂芬·戈德史密斯（Stephen Goldsmith）、伊丽莎白市（新泽西州）市长布雷特·申德勒（Bret Schundler）、旧金山市市长弗兰克·乔丹和纽约市市长朱利亚尼，全都大声疾呼恢复秩序，同时打击重大犯罪。不管哪个党派，生活品质和公共秩序一直是地方政治人物最迫切的议题之一。但全国性的犯罪辩论，仍以重大犯罪和相关议题为焦点：死刑、"三振出局"原则、增设监狱、管控枪支的需求和警力不足等。联邦决策者和政治人物设想中的个别"犯罪问题"，与民众持续遭遇的广泛失序和重大犯罪之间，有明显差异。这个结果造成两个层面的困扰，首先，联邦政府制定且实施的全国性政策，不太可能产生令一般民众满意的方案。其次，此类政策可能无法对任何定义的犯罪产生显著的影响。

我们对犯罪的一般性认知必须改变。具体而言，我们若要了解社区居民、店家和其他民众所面对的犯罪问题，必须跳脱政治、专业和政策思考采用的狭隘定义。更重要的是，我们若要以实际影响社区居民生活的方式解决犯罪问题，就必须采用符合民众优先顺序的策略和方法。这些都需要我们先解决城市中不断增加的违规、失序行为。

定义失序

什么是失序？就最广泛的社会意义而言，失序是干扰生活，尤其是城市生活的不文明的、粗鲁的和具威胁性的行为。城市生活的特性是许多陌生人共居，在这种环境中，民众需要最低程度的秩序。不论是在城市里居住、购物、提供服务、工作、享受文化洗礼，还是为孩子提供玩耍的空间，民众都需要都市学家简·雅各布斯所称的都市生活的"小改变"："内建的设施让陌生人得以在文明但基本上自重和节制的情况下，和平地共存。"这种"内建的设施"是什么？这是人们在外用来传达其可靠度和可预测性的无数世俗仪式和习惯：有限的眼神接触、尊重个人空间、控制音量、走路靠右等数不清的规矩。这些做法很少有明文规定，大都随着时间推移，深植在民众的一般行为中。

在小型且同质性高的邻里和社区，民众的生活在许多方面相连，城市生活的"小改变"显得没有必要，相互的义务和亲近，才是文明生活的首要保障。就连社区里最不正常、最疯狂的人，居民全都认识：每个人都知道他们失控的界线，因此他们的行为即使失常，仍是可预测的。在多元化的大都市，陌生人之间的互动频繁且普遍，我们不可能知道每天遇到的每个人的身份、记录甚至名声。因此，我们只能根据出门在外应有的行为准则，判断和形塑我们在外的表现，因为我们也是人群中的陌生人。

多数民众都能发挥自我节制和恪尽义务，在个人自由与文明之间，找到平衡点。但仍有少数人不愿或无法接受对他们行为的任何限制，最极端者成为谋杀犯、性侵犯、强盗和小偷。社会几乎一致地谴责此类行为：除了现行的社会标准和价值，我们也发展出精密的机构——警察、检察官、法院和监狱，用以防范和／或惩罚。不极端的失序行为虽然不及上述罪行严重，但仍可借由制造恐惧和犯罪条件进而威胁社会秩序。所谓失序，我们明确地指向主动的侵犯性乞讨、街头卖淫揽客、公共场所饮酒和酒醉、疯狂行为、骚扰、蓄意占据街道和公共区域、破坏公物和涂鸦、随地便溺、无照经营、未经请求主动清洗车窗（抹车），以及其他类似的举动。虽然这些行为有许多即是违法，但他们通常被归类为小违规和轻罪，只被处以罚款或罚做社区服务。

几乎每个人都同意,犯重罪是错误的,应受到拘捕和惩罚,尽管我们不见得认为所有重罪都一样严重,或值得警方采取行动。举例来说,过去很长一段时间,婚姻关系中的家暴和性侵,曾被视为私事,警方和检方的干预相当有限,甚或谨慎。当然,随着现代价值观改变,配偶间的暴力和性侵已被视为另一种形式的重伤害和强暴——若考虑其频度和强度,这类罪行甚至更严重。然而,几乎所有正常的社会,都将谋杀、强暴、攻击和盗窃,视为违法且必须受到强烈谴责的罪行。

失序行为的定义较模糊且不够直接。我们当中有许多人,或许都曾有过随地小便、醉酒、紧急时向陌生人借钱(如需要零钱打电话或搭公交车)、向非法商贩买东西或服务、召妓、阻碍车辆或行人通行、情节轻微的破坏公物,或其他堪称"失序行为"的小违规。这些大家偶尔都可能犯下的小错,为什么会让民众感到如此害怕和受到威胁?为什么只有某些人会因为这类行为被警告和／或逮捕? 为什么这些看似伤害性远不及重罪的行为,应该被限制或管制?

答案是,这类失序行为,当达到某个临界规模时,在地方社区会引发恐惧,并最终可能发生伴随失序而来的更严重的犯罪、城市衰败和腐败。这些问题和答案,都不是纸上谈兵:失序、恐惧、犯罪和城市衰败,目前都在严重威胁美国的都市生活。

失序与恐惧:"破窗"理论

20世纪70年代中,在智库及研究团体"警察基金会"(Police Foundation)的赞助下,凯林在新泽西州纽瓦克市,进行了一项步行巡逻实验。虽然当时受到许多民众和政治人物的欢迎,但多数警政官员都认为步行巡逻浪费珍贵的资源,警察人力应该用于"真正"

的警务，也就是"开车"巡逻上。例如20世纪60年代，"国际警察首长协会"（The International Association of Chiefs of Police）针对波士顿警察局所作的研究报告，便有"犯罪分子……感谢警方坚持指派大批警力步行巡逻的古早程序"的叙述，借此揶揄该市警察局。但由于民众对步行巡逻的支持，新泽西州仍将此列为其"安全与整洁邻里方案"的补助项目之一。为了增加人员和预算，市警察局勉强接受了这笔款项，但步行巡逻只是日常警务的附加工作，与整体的警务策略仅有最低程度的整合。

为进行调查，凯林用了许多时间与纽瓦克基层警员一同走路巡逻。在相对缺乏训练和指导的情况下，这些警员只能依靠随身的装备和自己的判断。但在警员巡逻的无数社区里，凯林发现他们的做法几乎一致。经常出入社区的民众（居民、店家和街友等），都非常熟识巡逻的警员，而警员也知道许多人的姓名。徒步巡逻的警员了解地方上的每个问题、承担特定地区或每个人的责任、建立了日常的消息来源（公寓管理员、小商家、街友等）、成为当地餐厅的常客，临检"危险场所"如酒吧或是一家位于市中心、公然展示兼贩卖各类危险刀具的药房。最后，在地方居民的支持和协同下，警方建立了一套"正派市民"和"街头游民"都大致接受和熟悉的"公共守则"。这些非正式的规则，涵盖乞讨、在人行道或公园露宿和聚集、在公共区域饮酒和使用药物等行为。它们不仅禁止了特定行为，如皮条客招揽嫖妓，也规范了在哪些情况和态度下可以出现的行为：例如，乞讨是允许的，但不得向暂时停留或等候公车的民众讨钱；坐在商店门前的台阶可接受，但不得躺下；在公共区域饮酒必须用棕色纸袋包住酒瓶，且必须远离大街和主干道。这些规则因区制宜，略有差异。

方案评估员发现，那些理应"打击犯罪"的警员，通过徒步巡逻也能达到同样效果，这让多数新泽西警长感到惊讶不解。例如，警方在同一晚两次接获通报，前往同一家酒吧处理两起斗殴事件。虽然合法的营业时间还有几小时，一位步行巡警（匿名）忍无可忍，下令该酒吧当晚停止营业。负责人虽有抱怨，仍乖乖打烊，直到隔天才恢复正常营业。该区的警察局局长事后听人转述这起事件（相关地点和人名均保密，因此该局长以为事件发生在别的辖区），他的回应是："这种事若发生在我的辖区，这名警员会被开除。"

官员不相信步行巡逻的效果，但民众的反应一致正面，即使在黑人聚居、白人警员巡逻的社区。民众的恐惧感全面降低，对警方的好感则大幅提升。尽管徒步巡逻无法减少严重犯罪的发生，那些社区的居民却感到更安全，认为犯罪已经减少，且似乎只需采取较少的自保手段（如闭门不出）。① 与开车巡逻的警员相比，步行巡警较乐意面对面地接触民众，工作士气也较高。密歇根大学教授罗伯特·特罗加诺维兹（Robert Trojanowicz）对密歇根州弗林特市的研究，也得到类似的结果。研究显示在同一个地区，步行巡警比两人一组的开车巡警，更不惧怕单独巡逻。

当时，我们还不清楚，纽瓦克居民的恐惧为何因警员步行巡逻而大幅降低。其中一个答案是，这类巡逻让民众更意识到警方的存在（因为居民对徒步巡逻警员的增减相当敏感），因此更有安全感。但这些社区分配到的总巡逻时间，平均每周不超过30小时，可见，少量的徒步巡逻就能减少大量恐惧。更有可能的是，民众对犯罪的恐惧感降低，是因为警员在巡逻时的作为。这次试验基本上详细记录了警员管理和控制失序行为的过程。这是如何形成的？

---

① 弗洛耶德·福勒（Floyd J. Fowler）与他的同事，在康涅狄格州哈特福德市评估一项社区警务的初期实验时，也观察到类似的关系。

警员维持秩序的权利，不仅来自相关法律和他们隶属的警察机构，还是被保护者——当地居民、商家、公共区域使用者，甚至街头游荡者的广泛授权。日复一日，透过日常的交流，民众与警方彼此熟识，并且认同街头的有序和平静是他们共同的利益。最后，警方与民众协调出一种当地的"失序门槛"和一旦这个门槛被跨越后的处理准则。虽然警员立即涉入这个过程是关键，但他们的作为可能有助于培养出一个社区对于适当行为的共识，即使警员不在现场，也能发挥作用，进而凸显出警方实际介入的效果。

纽瓦克徒步巡逻试验的结果，于 1981 年公布。以此为基础，加上其他研究，凯林与持续关注警务和公共秩序的哈佛教授詹姆斯·威尔逊（James Q. Wilson），于 1982 年在《大西洋季刊》（*Atlantic*）上，共同发表了一篇文章，说明警方维护秩序勤务的重要性。①该文的标题"破窗理论"（Broken Windows），是用来比喻失序与犯罪之间的关系："如果一栋建筑的一扇窗户破了且无人修理，其他窗户很快也会被破坏……一扇未修补的破窗，代表那里无人在意，打破更多窗户也无所谓。"凯林与威尔逊具体说明这个过程：

> 一个民众细心维护住宅、照顾孩子，且坚定地对不受欢迎的入侵者不假辞色的稳定社区，可能在几年甚至几个月内，变成一个不适人居和可怕的丛林。一小块地方被遗弃，杂草丛生，一扇窗户被打破。大人不再斥责喧闹的小孩；受到鼓励的小孩变得更狂暴。正常的家庭搬离、未婚的成人迁入。青少年在街角店家的门前聚集，店家要求他

---

① 詹姆斯·威尔逊也是警察基金会的董事，著有多部关于警务的著作。该基金会赞助了纽瓦克的徒步巡逻研究。

们离开,他们拒绝。斗殴事件发生、到处是随意乱丢的垃圾。有人开始在杂货店门前公开喝酒;不久,一个醉鬼倒在路边昏睡,乞丐主动靠近过往的行人乞讨。

因此,我们可以推论,不受管理和约束的失序行为,向民众传递出"此处不安全"的信号。谨慎、恐惧的民众,将远离街头、回避某些区域,并缩减他们的日常社交和活动。在退缩的同时,他们也退出了与邻居相互支援的角色,进而让渡他们过去在社区内协助维系的社会控制。由于城市生活的结构和社交往来已受损,这类社区的最后结局是更容易成为脱序行为和严重犯罪的汇集地。威尔逊和凯林对此的说明是:

> 严重犯罪总在失序行为未受约束的区域滋生。不受控制的乞丐,实际上,就是第一扇破窗。抢劫犯和强盗,不论是临时起意或以此维生,都相信如果在潜在受害者已经备受各种骚扰的街上行凶,他们被逮到甚至被认出的机会比较小。如果一个区域无法让扰人的乞丐远离行人,窃贼可能会认为,如果发生抢劫,更不可能有人报警抓人或干预了。

威尔逊和凯林依据纽瓦克徒步巡逻试验的结果、针对其他城市(包括波特兰、巴尔的摩和波士顿)的不同调查结果和特别针对年长者的调查,提出失序行为与民众恐惧之间的因果关联。虽然失序与恐惧的因果关系是经验上的事实,但失序与严重犯罪、失序与城市衰败之间的关系,则是需要进一步用经验验证的假设。

不幸的是,这类验证至少需要十年才能产生具体的结果。与此同时,《破窗理论》一文得到的反应并不一致。对许多民众而言,这个论点将他们对邻里和社区问题既有的深刻认知系统化和合法化,以失序与恐惧之间的关系,说明了他们平常彼此讨论和与警方沟通的内容。它确实清楚地表达了一个潜在但越来越强烈的公众需求:恢复公共区域的秩序。对某些警察而言,《破窗理论》主张的失序与恐惧的关系,帮助他们了解民众对失序行为的高度重视,甚或证明了他们本身对失序与犯罪关系的看法。前芝加哥市警察局局长丹尼斯·诺维茨基(Dennis Nowicki)在《破窗理论》一文刊出后不久即表示:"我知道,当我们制止孩子在 El(芝城的地铁)上向人索讨金钱时,我们就是在防范抢劫。那些孩子先是讨钱,然后他们发现民众搭地铁会感到恐惧,就会开始威胁他们交出金钱。从胁迫到单纯的拿钱只有短短一步。"

然而,《破窗理论》也重新打开了警方和其他刑事司法单位不愿承认的潘多拉魔盒。他们以为处理失序是不重要且冒险的做法。这篇文章引发公共政策、刑事司法、警务和宪法(尤其是个人权利的法律保护)等领域的疑问,挑战了自 20 世纪六七十年代以来的发展。例如,主流的刑事司法范例以为,警察是执法代理人,其目的是截断进行中的严重犯罪,或调查已完成的犯罪,并且通过逮捕,让罪犯接受"刑事司法体系"的处理。认同由警方承担的秩序维护能大幅降低民众的恐惧程度,最后达到防范严重犯罪的效果,等于排除了上述有关警务工作之主流概念。多数警察承认,他们要处理报案和严重犯罪已忙得不可开交,很难再去注意失序行为。同样,许多民权人士也主张,减少失序行为的做法,是未经允许的,对没有任何"犯罪"行为的人,侵犯其宪法保障的基本个人自由。尤其在身心障碍、游民和少数群体倡议团体的眼中,这些做法根本是对穷人和弱势者的攻击。

忽视失序的危险：恐惧、犯罪和城市衰败

20世纪80年代，若干社会学家开始追踪恐惧与失序之间的联结，证实了由比德曼首先发现的失序（犯罪迹象）与恐惧的关系。这项研究日益增加的影响力和《破窗理论》一文所提出的概念，促使美国国家司法研究所（The National Institute of Justice，NIJ）于1982年底，申请"警察部门之秩序维护功能"领域的试验研究。[①] 由于试验是确定因果关系最有力的研究方法，"破窗理论"将面临一次最严苛的考验：如果失序和严重犯罪确实有关联，那么这对警方而言，将是特别重要的政策暗示，因为维持秩序就能预防犯罪。 研究资金最后由专门研究警政的华府智库——警察基金会取得。

研究人员对于秩序维护当中牵涉的政治问题，并非完全不知。在警察基金会对"破窗理论"所引发的法律和宪法问题的独立评估报告中，律师罗伯特·布莱克（Robert C. Black）重申反对者对一般性秩序维护的异议：

> 降低恐惧策略的执行仍有另一项几乎"不言而明"的限制，因此我们更需要说清楚。虽然该策略设想，某些警方的目的，不一定是要导致逮捕或定罪，但任何权威式的警察行动，即使是单纯的命令人走开，都是以犯罪制裁为

[①] 对"破窗理论"表现出即刻、强烈正面回应的人士，还包括詹姆斯·斯图尔特（James K. Stewart）。不久之后，斯图尔特成为美国国家司法研究所经费运用的主管。对外征求研究时，他已高升为白宫幕僚。他从奥克兰的基层警员出身，一路升至刑警部门主管。他的目标是将美国国家司法研究所转为一个刑事司法政策的智囊团，以研究所有刑事司法领域的政策为重心。基于对"破窗理论"的兴趣和大规模的政策相关实验，他将原本的秩序维护研究，扩大为一个经费超过百万美元，在纽瓦克和波士顿两地进行的重大实验。

基础的……威尔逊和凯林显然希望重新启用传统的扫街法——对抗公开醉酒者、流浪者、失序行为、街头滞留等——借此控制不受欢迎者。这些法律和警方执行它们的态度，需要受到宪法约束。

事实上，"破窗理论"所提出的概念，与使用"扫街"方法对付"不受欢迎者"，是完全对立的；相反地，它主张警方应与民众，包括街头游民，密切地协调合作，发展出社区的规范标准。此外，社区规范的执行，绝大部分通过非逮捕的方式——教育、说服、咨询和命令——唯有当其他方法无效时，才依靠逮捕。

但布莱克不是唯一如此解读"破窗理论"的人：至少在20世纪80年代初期，警方有时也分辨不出秩序维护和"扫街"的差别。其中一个例子是，1982年芝加哥市执行秩序维护的方式。他们利用加班的警员到问题区域"扫街"，把聚集在街上的年轻人全部逮捕。虽然这些行动或可谓直接对抗失序，却与威尔逊和凯林在"破窗理论"所提的，或纽瓦克徒步巡逻试验中的秩序维护大不相同。无疑地，所有涉及秩序维护的警方行动，都必须以法律为基础，并接受宪法对个人自由保护的约束。

尽管美国国家司法研究所与警察基金会团队，有热诚对秩序维护活动与减少恐惧的关系进行大规模的试验研究，而美国司法部的政治顾虑却大致上阻碍了这个计划。最初，司法部部长威廉·史密斯（William French Smith）准备宣布在纽瓦克和休斯敦进行大规模的秩序维护试验。然而，在看过警察基金会送交美国国家司法研究所的计划书后，史密斯的代表坚持，整个研究计划必须改名，并把焦点由"秩序维护实验"改为"恐惧降低实验"。这不仅是名称上的改变，基本上，它迫使整个研究的重点变成了降低恐惧，而非美国国家司法研究所当初设想的检验失序、恐惧与犯罪之间的具体关系。结果，在波士顿的实验方案，纳入了发展社区派出所、社区组织和民众拜访式的巡察，全都与失序无直接关联。在纽瓦克，其中一项针对秩序维护的行动是"取缔"，其他都和休斯敦一样。"取缔"类似"扫街"，当然与"破窗理论"提出的概念相去甚远。

无论如何，美国国家司法研究所试验的焦点，从控制失序以降低恐惧，改为单纯的降低恐惧，但这也不代表它们对警务理论发展，尤其是社区警务理论没有显著的贡献。然而，许多基本的政策问题都被忽略或搁置。失序和恐惧与严重犯罪和城市衰败之间究竟有没有因果关联？如果有，警方通过控制失序行为和令民众恐惧的作为，是否也能减少犯罪？我们失去了一个试验失序、恐惧、犯罪和警方维护秩序行为之关系的大好机会。"破窗理论"所提出的议题太具争议性，且偏离政治人物背后的传统主流想法，超出了通过实验探索真相的正当性。

所幸，在警察基金会的研究结束后，西北大学政治科学教授韦斯利·斯科根（Wesley Skogan），仍继续着他对失序、恐惧与犯罪之关系的长久兴趣。他将休斯敦和纽瓦克实验的评估资料，与他和当时仍是研究生的迈可尔·马克斯菲尔德（Michael Maxfield）稍早前在三个城市评估的两组研究资料，以及芝加哥和亚特兰大的资料整合。斯科根不仅重现了失序与恐惧的关系，还建立了失序与严重犯罪之间的因果联系——以经验验证了"破窗理论"的假设。这些结果都发表在1990年的报告"失序与衰退：美国邻里地区的犯罪与不断加剧的衰败"（Disorder and Decline：Crime and the Spiral of Decay in American Neighborhoods）中。

整体而言，斯科根的研究用到两种资料：首先，在针对亚特兰大、芝加哥、休斯敦、费城、纽瓦克和旧金山共50个都市住宅区、

13000名居民的调查中，受访者分别回答他们遭遇犯罪的经历、他们的恐惧、他们采取的自保行动和他们对邻里地区混乱失序的看法。其次，实地调查员在五分之一的目标邻里中，进行客观且独立的观察，详细记录该地区的状况、街道涂鸦、帮派聚集、卖淫、公开醉酒、毒品买卖和其他此类行为的发生。斯科根分析这些资料后，有三大重要发现。

第一，不论种族、阶级或其他特性，一个社区或邻里的居民，对何谓失序和当地的混乱程度大致都有同样的看法。虽然每个社区和邻里的失序行为类型和情况各有不同，但在所有受访居民的回应中，最常被指出的"社会失序"（实体状况以外的行为）包括：公开饮酒和酒醉游荡、在外游荡的青少年和帮派分子、吸毒、吵闹的邻居、在街上被乞讨和骚扰（尤其是那些显然精神有问题的人）和卖淫拉客。几种形式的具体失序表现，与这些失序行为密切相关：色情商店，涂鸦，学校、公车站、路牌、贩卖机等公共区域的破坏，无人处理、堆积的垃圾和关闭、荒废且无人管理的建筑。

斯科根的第二项重要发现，是失序与犯罪的直接关系：换句话说，"失序与犯罪问题很明显是共生的"。在犯罪率较高的社区，失序与犯罪的关联，比该区域的其他特性（如贫穷、房地产市场不稳定，少数族裔居民比例较高等）更强烈。最后，斯科根发现，失序，不论是直接导致犯罪或是犯罪前兆，都在社区衰败中扮演着重要的角色。利用降低社区的风纪和让社区在全市沾上坏名声，失序本身和其导致的犯罪上升，伤害了地区的房地产市场：忧心的居民搬离，房价大跌。同时，当地的商店无法吸引顾客上门，社区内投资大减。这些要素全都直接导致衰退和衰败。斯科根教授总结，针对邻里犯罪的有意义研究，必须包括失序问题的调查，因为"不论是直接或间接犯罪……失序都在社区衰退中扮演着重要角色。'破窗'的确需要迅速修复"。

除了提供经验证据证实威尔逊和凯林的假设,斯科根的研究结果也向秩序维护方案的反对者提出了抗辩和保证。首先,"破窗理论"的秩序维护概念的批评者,质疑不同的秩序定义,可能造成特定社区团体对其他人的"多数暴政",而警察的秩序维护行动,变成建立和维系这种控制的手段。斯科根教授的研究却发现,由于特定邻里关系的居民对于既有的失序和威胁性行为,以及失序问题的严重性,有广泛的共识,因此秩序维护行动不一定会造成社区分裂。这个结论是出自纽瓦克徒步巡逻实验,当地警员获得所有民众的广泛支持,甚至包括街头分子。市区街头也有类似的情况:民众知道何谓失序行为,并一致希望有实际的解决之道。

斯科根的研究,也证实了民众对失序的恐惧既非毫无道理,也不是过度反应,因为失序确实伴随或导致严重犯罪和城市衰败。[1]这个发现基本上确认了民众长久以来的经验和直觉。例如,纽约市皇后区的里奇伍德(Ridgewood)社区,刚好与布鲁克林区一个严重混乱和衰败的社区为邻,当地居民一直竭力对抗,以维系一个稳定、劳工阶层的社区。里奇伍德扩大重建社团主席保罗·科兹纳(Paul Kerzner)表示:"这是一场持续艰苦的战斗,看到涂鸦必须马上清除,听说哪里有毒品交易,你必须不择手段地让警方到场处理。一点一滴,创造出一个大家尊重的文明氛围,并且要确保那个标准绝不会降低。"

如果民众的看法是正确的,他们必须守住对抗失序的阵线,才能赶走更严重的犯罪和城市衰败。忽略失序,等于邀请潜在的灾难

---

[1] 以"英国犯罪调查"(British Crime Survey,类似美国进行的一项受害调查)资料为基础的英国犯罪研究,进一步加深了"破窗理论"假设的可信度。但受限于使用的资料,他们的结论与斯科根的结果相比,显得比较保守。

进入他们的社区。这种逻辑关联也能推到不同的层次,当地区或联邦的司法官员忽略失序和恐惧,他们的作为就背离了民众和社会科学所提供的最佳信息。最后,他们可能导致多数城市无法逆转的衰退和衰败。

斯科根的研究清楚地确立了民众对政府解决"犯罪问题"的要求,与官方对此问题和需求的认知大不相同。民众要求处理失序与严重犯罪并重的事实,或可解释当今治安政策的一种异常表现:虽然重大犯罪率可能降低,但在失序问题未解决的地方,民众对犯罪的恐惧不会消失,甚至可能继续上升。但要求政治领导人、犯罪学家和警察官员将恐惧和失序纳入他们对犯罪、治安计划与策略的思考,不像表面上那么容易。基本上,这类改变需要我们重建构成"犯罪"的概念,并重新思考我们如何决定特定犯罪类型的相对严重性。

犯罪和官方的犯罪问题

关于美国城市"犯罪问题"的官方资料,一般取自"统一犯罪报告"(The Uniform Crime Reports, UCR)。这是一种年度报告,每年春天预先公布前一年度的资料,而正式报告"美国犯罪现况"(Crime in the United States),会在夏末发布。"统一犯罪报告"最初是在20世纪20年代,由布鲁斯·史密斯(Bruce Smith)领导的"国际警长协会"(The International Association of Chiefs of Police, IACP)倡立,稍后被协会采纳为第一个标准化的犯罪相关记录保存系统。美国联邦调查局(FBI)于1930年接下所有地方和州警部门提供的犯罪资料收集、编辑和出版工作。用来评估地方犯罪率的原始"索引",共有七类犯罪:谋杀、强暴、抢劫、重伤害、入室盗窃、扒窃和汽车偷窃。纵火在1979年才加入。

自 20 世纪 60 年代起，犯罪学者和警方都发现，使用"统一犯罪报告"统计犯罪率和评判警方表现有重大的限制。首先，"统一犯罪报告"在定义上，只编载记录警方接受的犯罪通报，而非所有报案。这两者之间的差别可能细微、不重要，但警方为了压低犯罪数据而"吃案"的例子，多到不胜枚举。① 其次，"统一犯罪报告"数据除了在地方层级特别容易被操弄以外，最大的问题是无法记录"未通报"的犯罪。② 因此，这些犯罪记录在很大程度上低估了实际的犯罪率。第三，"统一犯罪报告"具有严重的选择性。"统一犯罪报告"犯罪索引忽略的项目，如金融和白领犯罪，是其本身的严重问题。最后，"统一犯罪报告"的分类，遮掩了犯罪问题的复杂性。掩埋在抢劫、强暴和攻击等法律犯罪名称之下的，是横向涵盖这些犯罪项目的多样性问题。其中一项是陌生人相对于熟人入侵的犯罪。举例来说，1993 年在美国发生的 9898980 件暴力犯罪中（强暴、抢劫和攻击），超过半数（5045040 件，51%）是由熟人犯下的。"统一犯罪报告"的分类方法，只能让人看到犯罪问题的一个方面，却忽略了其他的。这一点虽属无心，但经常导致严重的后果。③

尽管"统一犯罪报告"有许多弱点，它们仍影响若干重要的决

---

① 以 20 世纪 80 年代初期的芝加哥为例，黑人妇女的强暴案，常不被纳入芝加哥警察局的记录中。也就是说，虽然黑人妇女报案遭到强暴，并且有相当可信的理由，警察就是拒绝受理。这种做法除了对女性受害人极度不公，也给强暴犯发出一道讯息，那就是强暴黑人妇女可免于受罚。而当地警察局那段时期的强暴案通报数量一直出奇地低。这是凯林于 1982 年在芝加哥亲自观察到的现象。

② 为解决这个问题，全国性的受害调查于 20 世纪 60 年代开始发展，目前每年由联邦司法部以"美国犯罪受害现况报告"的形式发表。其统计以全国和区域为基础。除非有特别的赞助和评估目的，这份报告在考量地方犯罪的趋势上，没有多大用处。

③ 这项最后的缺点，待"全国案件通报系统"（National Incident-Based Reporting System，简称 NIBRS）完全取代"统一犯罪报告"之后即可消除，"全国案件通报系统"现正在全国各地进行测试，该系统将可收集更多详细的犯罪事件信息，包括受害者和加害者的资料（如双方是否有任何关系）。

策。从第二次世界大战到20世纪50年代,"统一犯罪报告"的犯罪数字相对降低,警方很快地利用此数字,抢占犯罪率降低的功劳。这段蜜月期在20世纪60年代犯罪爆发成全国严重的问题后结束。此后,"统一犯罪报告"一直被用作一种犯罪率计算标准,构成媒体和一般大众所谓的"犯罪问题"。但"统一犯罪报告"统计已成为单方面利用的工具,而不能客观地显示犯罪率或警方执勤的效力。以民众主动报案为最主要依据,"统一犯罪报告"犯罪分类几乎完全从警方的观点出发,只反映警方认定的民众服务需求。这种对民众需求的了解,是警力配置区域划分结构、日夜间特殊巡逻勤务配置和特定勤务回应优先顺序设定的基础。

"统一犯罪报告"的犯罪索引带有一个观点:犯罪问题只包括犯下这些类别的罪行,失序、恐惧和社区衰败不在其中。这个模式也隐含对特定犯罪相对严重性的评断,这在"统一犯罪报告"发展初期制定,并沿用至今。很少人会质疑警方设定优先顺序的基础价值:谋杀是最严重的罪行,其次是强暴、暴力抢劫和暴力威胁,再次是非暴力夺取或威胁夺取财物。然而,基于几个原因,犯罪学者已尝试发展更精细的犯罪严重性评估方法。其中一项原因是,即使是同一类犯罪(如抢劫),官方统计也无法反映出受害者经历的不同的伤害程度。另一个原因是犯罪率的决定方式。同类罪行中的每一个具体案件,其重要性不可能相同,某些案件的比重应大过其他案件。

犯罪学家索斯藤·塞林(Thorsten Sellin)和马文·沃尔夫冈(Marvin E. Wolfgang),率先在1964年共同出版的著作《违法行为之测量》(*The Mesure of Delinquency*)中列举出上述问题。联邦司法统计局(Bureau of Justice Statistics)在针对决定犯罪相对严重性的问题和解决相关问题的方法进行了大量研究后,于1985年发表了"犯罪严重性之国家研究"报告。当局采用的研究方式,较塞林—沃尔夫冈最初的方法更精确：访问样本多达六万人，提出了一系列的犯罪情境，请受访者为每个情境的相对严重性评分。

基本上，沃尔夫冈与同事在 1985 年全国调查报告所提出的经验性方法，大致上证实了"统一犯罪报告"的评估基础是正确的。该报告指出："严重性评分的整体模式，显示民众确实认为暴力犯罪比财物侵犯更严重。"分数最高，也就是被认为最严重的罪行是在公共建筑安装炸弹，造成 20 人死亡（72.1 分）；排名第二的严重罪行（52.8 分）是强制性侵和谋杀女性；第三名（47.8 分）是父母赤手打死自己的小孩。排名最低的几个罪行是本书讨论的若干问题：干扰邻里安宁的噪声制造者（1.1 分），不理会警方的驱散、持续聚集在社区附近的一群人（1.1 分），公开饮酒（0.8 分），违反宵禁的 16 岁少年（0.7 分），而最后一名，是未满 16 岁的青少年逃学（0.2 分）。

这些资料如何支持本书的中心理论？民众与社区最担心的问题，竟是那些全国性调查中评分最低的罪行？尽管在方法理论上尽可能地严谨，但这些相对简略的调查，是将犯罪行为从完整情境中单独挑出的。这是事关紧要的，因为犯罪行径对我们所有人的意义，不只是它涉及针对某人或某项财物的暴力行为。任何行为，若其执行背景凸显其行为的强度、所造成的恐惧和伤害整个社区的倾向，都应视为更严重。这不代表某些情境之下发生的谋杀或攻击不算严重犯罪，它代表的是，基于发生的背景，此类罪行不仅对被害人、他或她的亲友造成致命冲击，也影响到更大的社区。强暴和杀害一名儿童，不仅对该名儿童及其亲友而言是难以言喻的悲剧，也击碎了邻里之间的社交联结，让他们彼此恐惧，害怕碰到任何陌生人。失序行为对社区生活的冲击，也有同样程度的影响。

衡量轻重：失序等同严重犯罪

失序行为怎样才算非常严重？要到如何严重的程度才应当干预？为什么某些人的失序行为应该被警告和/或逮捕，而其他人不需要？这些问题的答案，要根据两项评估标准：第一，任何犯罪的严重性（重罪和轻罪），不是仅仅针对行为本身是否无可饶恕来决定，还要考虑行为发生的背景；第二，任何犯罪的严重性，须依据其直接受害者的损害程度和犯罪行为对整个社区的影响及伤害来评估。由于事情发生有其情境背景，失序行为可能是严重的，不仅是对特定的个人目标或受害者，而且整个社区的社交生活都可能受到严重甚至悲惨的影响。

有些失序行为对邻里带来的后果，甚至超过严重的犯罪类别。例如，20世纪90年代初，纽约市曼哈顿上西区的商人，曾要求与管区的警察首长和区检察官会面，表达他们对警方优先处理抢劫案件，却忽略该区非法贩售行为的不满。但情况甚至更复杂：非法贩售其实不比出售违禁品的毒贩、街头混混、吸毒者、乞丐和骚扰逛街顾客和行人等问题严重，但当地商家清楚地表明，他们虽然害怕抢劫，但这类犯罪却可通过保安、管控商品和现金来"应付"。然而，如果逛街的顾客不愿在逛街时穿越一整群胡搅蛮缠的街头分子，该区的商家将难以为继，终至倒闭。这不仅是商家个人的财务损失，也是整个街区的损失。考虑背景因素，与非法贩售相关的所有非法行为，在这个特定区域所造成的后果，的确比抢劫罪"严重"。

纳入背景因素呈现犯罪的意义，甚至作为一个决定官方适当反应的要素，都不是新观念。事实上，这种做法一直存在且经常出现。例如，警方会评估一个行为的前因后果，然后决定是否干预，甚至当犯罪在技术上已发生的时候。最明显的例子就是配偶间的争端。通常，警方会期望双方自行解决问题，无论攻击是否已发生或可能再度发生。这类攻击发生的背景（家人动手、发生在家中），塑造了警方的回应方式。这种政策所保护的价值观，不见得具有合法性。无疑地，它们包含了丈夫和父亲对妻子和小孩的权威这种多数人反对的价值观，以及政府不愿干预家庭生活的这种社会认同，但势必不得跨越暴力底线。同样，警方在决定是否干预特定失序事件时，虽然最终仍以法律为依据，也必须先根据事件的背景，评估其严重性。尽管现行市政法规在每晚10点关闭市立公园，在某个特别闷热的夏夜，警方仍可允许民众在10点后留在公园里，只要他们保持安静和大致上维护环境。警方根据社区公园能在潮湿炎热的都市，为一群安宁的邻居提供凉爽休憩场所的背景状况，来决定他们的回应方式。到目前为止，我们只是明确地指出这一点：背景因素让行动有了意义，而且是警方决定是否干预或严格执法的关键要素。我们会在第五章更详尽地说明这个过程，以及如何处理警方使用此类自行裁量所面临的法律挑战。

背景环境的哪些要素，能赋予失序行为意义，并造成此类行为对社区的危害更甚于严重犯罪？这些要素至少有五项：时间、地点、失序者的以往表现、失序行为的"受害者"或旁观者与行为者的相对状态，包含特定行为之多起事件的叠加效应，特别是对整个邻里或社区的影响。除了个别特殊的重要性，这五个要素经常相互作用，加重其整体的冲击。

时间

整体而言，我们都了解有些行为有其适当和不适当出现的时间。在某个程度上，适当性取决于我们对某个可预测行为的期望，也可能根据预期在场的特定观众。节日和庆典是很好的范例。新年除夕是狂欢的时刻,许多社区也努力确保欢庆民众的安全和方便(如延长大众运输的营运时间)。万圣节是变装、讨糖吃、恶作剧和吓人的节日,国庆日少不了烟火和噪声。在这些时刻,我们都比平时更能容忍喝酒狂欢和取乐的行为。同样,周五和周六夜晚的噪声,比在一般工作日更能被大家接受。多数人可能不认为大白天安静地站在街边的乞丐有威胁性,两个乞丐在交通高峰时间站在地铁阶梯入口,与同样两个乞丐在行人稀少的午夜待在同一个地方,即构成不同的状况。一个卖淫者凌晨两点在商住混合的社区街角拉客,与在下午学童放学时刻于同一地点做出同样行为,是完全不同的事。游民在营业时间横躺在商业区的人行道上,对行人的干扰绝对超过商店打烊时间。在这些例子中,个人的举动和行为看似相同,但发生的时间点赋予了行为特殊意义,并对周围地区和民众产生不同的影响。

地点

同理可推,在相同条件下,地点也能对特定行为产生影响。我们再以乞讨为例,同样形式的乞讨,在住宅区和商业区即有相当不同的意义。一个单独的乞丐,坐在剑桥市(马萨诸塞州)人潮汹涌的哈佛广场上的速食店门前,显得相对无害;同一个乞丐若是坐在剑桥市某个住宅区的老人公寓门廊上,对居民而言,即是一大威胁。大白天在大街上有人主动要求帮你"洗车",你或许可以轻松拒绝;同样的行为若是发生在某个公共地下停车场,威胁性则立刻升高。同样,公园边违法推销的小贩或许是容易处理的问题——行人可以走进公园或走到对街,避免被他们拦下。但在人们随便逛逛和一楼店面的商业区,违法推销不只重创当地合法商家的生意,也损害了附近居民的生计和生活。

失序者以往的行为

一个人的行为,不论是平时,还是刚好在失序举动之前的行为,同样具有参考意义。因此,假如一个人经常用言语威胁、身体攻击、丢掷秽物、阻碍通行等方式恐吓社区民众,但某一次只是消极地在路边乞讨,他的威胁性和居民的恐惧感不会因此降低,因为他早已恶名昭著了。一个经常被人看到在吸毒或酒醉后素行不良的人,突然僵直地站在路边安静地乞讨,仍会被视为威胁,因为他或她曾被看到,因药物和酒精的影响,做出错误的行为。

受害者或旁观者与行为者的相对状态

相对于行为施行者,受害者／观察者的年龄、身体状况、性别和其他条件若处于弱势,也会加重任何单一失序行为所造成的威胁。一个酒醉者对着一位抱着小孩的孕妇挥手吼叫,不同于对着两个大学生做出同样的举动。我们会担心那位孕妇的安危、对那个小孩的影响,以及他们能否顺利脱离那名醉汉的骚扰。我们比较不担心两个健壮的年轻人应付相同状况的能力,如果威胁性升高,他们可以较容易地逃离或自卫。其他同样弱势的人(如儿童、老人、身体残障或视障、使用轮椅的人)若遇到身体更强壮或更有力的人做出失序行为,都可能更恐惧、害怕。

数量或叠加效应

特定行为的数量或总和,对该行为的观感与反应和邻里本身的健康与活力,都有很大的冲击。如威尔逊和凯林所言,失序状态代表无人关心。失序的数量愈多、程度愈高,传达给旁观者和"受害者"（失序行为之目标）的讯息就愈强烈。一个乞丐或许不能代表整个社区的状况，十个便极具代表性。一个人躺在商业区的人行道上，可能只是轻微的妨碍，30个人就能严重阻断商业功能和人行交通。一两个人在公园露宿也许只会让散步者感到不安，200个游民在此常驻，即可彻底摧毁这个公园的公共效用。一个逃学的少年对某个小镇可能不算威胁，但上千个逃学的青少年，对纽约或费城此等大都市而言，就是一大威胁。上述的每一个情况，一旦失序行为和犯者的数量增加，那些有心反对或遏止个别行为的人，都会日益恐惧且更不敢反抗。在某个时刻，失序行为达到临界点，民众将恐惧转为逃避和退缩，严重犯罪便开始侵入社区。如斯科根的报告所指，受伤的不仅是个别"受害者"或旁观者，社区的衰败和堕落可能会随之而来。

　　因为发生的社会背景不同，我们所谓的"失序行为"，可能比行为本身更具威胁性、恐惧性和毁灭性——对"目标者"和旁观者而言，确实是严重的。不止一位法官在最近游民或街头混混涉及此类行为的案件中质疑："我们真的要把这些我们在人生中某个时刻，都可能被迫或需要公开去做的行为刑事化吗？"我们的答案是，要参考行为发生的背景：如果一个人，包括无家可归的游民，必须小解，那就谨慎地进行，好比利用偏僻的地点（如小巷），尽量掩饰他或她的身体动作，确保现场没有儿童，或者用言语和其他方式，传达他或她尊重别人的权利，同时在这个紧急状态下，已尽到个人最大的努力。然而，倘若像我们曾目睹的案例，某人在纽约市最繁华的第五大道的水沟盖上当众小便，那就是另一回事了。

　　很多时候，无须警方明显的干预，民众自己就会制止此类行为。不过，当背景条件或此类行为的数量已引发恐惧，或实际的状况让民众无法采取行动，或其行为合理使用公共空间时，那么失序行为就该受到正式的法律约束，警方最终也能依法干预。旧金山几个社区的居民，最近要求市政府关闭他们当地的公园、移除游乐设施和长椅，并用围篱封锁甚至干脆用推土机铲平整块地。提出这些要求的原因是，公园已被露宿者、毒贩和妓女占据，当地居民和儿童根本无法在公园内聊天和游玩。更甚者，这些公园还吸引了其他犯罪进入社区。在这类案例中，我们看到人与人之间相互约束的义务和礼度如此严重地崩溃，警方、检察官和法官必须干预，才能确保城市生活的"小改变"续存。一个社区的生活可能仰赖于这种干预。

我们能否恢复秩序？

民众对秩序的要求，与警方和刑事司法优先顺序之间的差距依然存在。警方和刑事司法机关采用依据犯罪严重层级的正式评估方法，不仅合乎常识，还有严谨的调查结果支持。民众的需求则根据他们出门在外的经历（背景条件），加上他们对犯罪前兆（失序和媒体的犯罪报道）的正确认知。报案数量的小变动，对绝大多数的民众而言，没有实质意义。他们每天出门在外的"亲身遭遇"，才是最真实的。但没有任何警政部门或司法机关建立正式的机制来收集这些最与民攸关的资料，或解决这些问题。

乍看之下，斯科根告诫的"破窗"必须尽快修补，似乎是合理的想法。但恢复秩序的实际行动却是激进的：要求政治领袖、犯罪学家和警方把恐惧和失序纳入其治安策略与计划考量中，代表着要在根本上重新排列其政治和执行优先顺序，并且挑战一个仍深陷于改革刑事司法教育和发展一套刑事司法"体系"新概念而无法自拔的刑事司法模式。要求法院去认可一个社区维持秩序的利益，并授权警方在失序行为发生时干预，会被许多人视为直接挑战宪法对20世纪60年代以后逐步发展的个人自由的保护。

然而，某些城市对恢复秩序、防止或逆转都市社区衰败的努力，已开始收到成果。我们可以从他们的成功（市议会的方法、在法院和街头的现象）和失败中学习。恢复秩序、防止或扭转城市衰败，是可实现的目标。本书提供的策略，第一步是全面探讨究竟何谓失序，并试图了解，美国各大城市如何在宪法的保护下，成为失序行为滋生蔓延的场所，社区的生活水准一再被威胁。许多反对约束失序行为的人，自诩为穷人和弱势者的代言人，并高举保障基本自由的法律原则。由于他们的主张经常在法庭上获胜，恢复秩序的脚步因此受阻，回应他们的论点将是一开始的重要工作。

第二章

失序的增长

反对约束失序行为的势力,一直相当强大而有组织,且在许多情况下相当有效。最常见的形式是美国公民自由联盟(ACLU)的地方分会,或某个代表"无家可归者"的倡议团体,或一群露宿街头或其他公共区域、涉及破坏行为的人对通过法案的市政府或执行此类法规、约束失序行为的警察局的提告。他们攻击此类立法的论点包括:在本质上,这是一场富人对穷人发动的战争;只是企图将社会上最边缘、最弱势的一群人排除到视线之外,假装他们不存在;这是对个人基本言论自由的攻击,并提醒我们(即使是他们单纯地站在街头)他们在这个社会的处境和我们对他们的集体责任;在最低的程度上,这也是偏执和专横的多数,将其标准强加在那些"不同的"人身上。坎迪斯·麦科依(Candace McCoy)在《刑法快报》(*Criminal Law Bulletin*)发表的一段话,即可为证:

> "破窗理论"包含一个看似基于中产阶级渴望秩序和礼仪而发生的论点。"一个万事合宜兼适得其所的地方",是管家对可预测性和控制欲渴望的具体表现。这种

洁癖变成一种道德命令："凌乱"就是不一样、不好的。肮脏和与众不同的人都是坏人。

威尔逊和凯林对社会上依然强大的容忍非暴力异常行为的趋势，并非全然无知到敢大胆主张无家可归者都应被拘禁，因为他们都是坏人的地步……他们宁可用行为的、号称是根据经验性的言辞来描述游民对社区生活的影响，去呈现其"破窗理论"，而非评断他们的道德品格。

其他人对失序问题和约束失序行为的做法，则有较矛盾的看法。詹姆斯·丘嫩（James S. Kunen）在《纽约客》（*The New Yorker*）杂志的一篇文章中，先承认了有维持秩序的明显需求，甚至认可这类做法的实质益处：

街头失序可能助长犯罪的说法是合理的。粗鲁和无法预测的行为让人惧怕，因此不宜公开进行，出门在外就要保持自制。民众的自我监督减少，会吸引更多罪犯上街……

因此，理论上，降低失序便可减少犯罪——纽约市似乎正在经历这个过程。今年的轻罪逮捕增加32%，其中大部分在贫穷、高犯罪率的管辖区——让那些批评市长只是做表面功夫的人哑口无言。重罪逮捕也上升了，而直到10月底，共发生1352件杀人案，低于去年同期的1641件。抢劫报案从大约7万件降至6万件。

但文章最后，他又重提减少失序就是攻击无家可归者的老调：

> ……我们可以用规定把某些人赶到社区之外——甚至立法解除他们为人的权利……但我们不能让他们消失。你可以把害怕待在市政府收容所的游民赶出中央公园或中央车站,但他们还是需要一个栖身之所。

从执法对抗失序行为,到立法摒除身为人的权利,或抛弃某些人,这个逻辑太曲折了。但这却是若干法官抱持的看法,如联邦地方法官罗伯特·斯威特(Robert Sweet)在判决一起纽约行乞者的案件时写道:

> 一个安静的乞丐对社会不构成威胁。或可说该名乞丐仅犯下了贫穷之罪。一个或一百个乞丐对社会传达出的讯息,也许令人不安。若这个社会的某一部分感到被侵犯,答案不是将这些人视为罪犯——欠债者坐牢早已不存在,而是要解决造成他们存在的根源。

我们认为,这三个例子所表现的态度,在本质上都是错误的,最终也会产生反效果。除了赦免那些滥用药物与毒品、强迫和威吓他人、举止违法的人,这种推理的错误,在于有关"无家可归者"真正的身份和在社区与邻里间的反社会行为集合的"伤害性"方面,有若干不正确的假设。经常,那些由倡议人士代表,上法庭争取在街头、公园和公共场所留驻的"无家可归者",都是身心症患者、多重药物滥用者,甚至有犯罪意图者。这些弱势者的喉舌,以个人权利的主张,让药物滥用者和身心症患者留在街头,而不是强迫他们接受庇护或治疗,最后造成的破坏绝对大于建设,并让他们持续被剥削,更容易导致犯罪和遭受严重的身心伤害。

但更重要、且相对于秩序维护批评者所指的是，将穷人和无家可归者罪犯化并非取缔失序行为立法行动的中心思考或基础。问题不是无家可归或贫穷的境遇，而是许多人（部分是无家可归的游民，其他不是）违反了城市或州政府的法规。我们所指的失序包含实际行动，如主动乞讨，还有失序行为造成的实质后果，如涂鸦和弃车。主动乞讨的"行为"、公然饮酒的"行为"，才是我们针对的失序行为，而不是作为穷人甚至被大家视为的娼妓，或对外有夸张的情绪表达者。问题的关键是行为。

然而，我们怎么会让城市里的失序行为增长到如今的程度？而限制失序行为的辩论，怎会变成以"受害者权利"或"无家可归者"的问题为中心？现今公众、行政和法律各界，对于游民、经济不公和社会的"受害者"是否该被惩罚等问题的密集讨论，已被局限在20世纪中蹿起并蓬勃发展的个人主义精神中。

个人主义与个人权利之成长

美国在20世纪60年代发生的社会思想革命，造成个人权利与自由、个人义务与责任和社区利益之间的重心转移。法学家劳伦斯·弗里德曼（Lawrence Friedman）在其名著《选择共和国》（*The Republic of Choice*）中，描述了发展中的新兴文化：

> 在我们的个人化时代，国家、司法体系和整个组织化社会……似乎愈来愈专注于一个基本目标：允许、促进和保护自我、个人和个体。一个基本的社会信念支持这个目标：每一个人都是独特的；每一个人都是或应是自由的；我们每个人都有或应有创造或建立个人生活方式的权利，

且透过自由、开放和不受限制的选择达到这个目的。这些是主流文化未明言的前提。

与失序增长相关的几个概念，部分来自制造出这个主流文化的社会与观念革命："自我"的至高无上和"不一样"的权利；注重个人需求与权利，并深信此类权利是不容置疑的；拒绝或至少严重质疑中产阶级的道德规范；指称个人为罪犯或异常者，就会让他们成为罪犯或异常者；精神疗养所、治疗和其他干预等安置解决方案，比它们要解决的问题更有害处。在司法领域，法院也发展出一套相应的判例，让宪法对个人基本权利与自由的保护，扩大和提升到远重于个人义务或社区利益的程度。

过去三十年来，城市失序的增长在许多意义上正是出于这些改变：与个人主义文化联结的注重个人权利，激发了城市街头异常行为的增加，而司法信条的改变，尤其是在宪法和刑事法上，不仅允许此类行为继续存在，还捍卫那些异常行为者的权利。换句话说，失序的增长和被容忍，甚或被忽略，是因为几乎所有非暴力的异常形式，都被视为个人表达的同义词，特别是与美国宪法第一修正案或言论自由相关的权利。

重点是，一开始并非对所有个人权利的保护，都对失序增长或社会的容忍度造成负面影响（或任何影响）。回忆20世纪60年代，重大犯罪是全国性的主要议题。起初，基本权利之法律保护的最重要改变，似乎只是限制警方调查犯罪活动和对待嫌犯的行为。20世纪30年代的威克沙姆委员会，首次引起全国关注警方查案和搜集证据行为时的严重滥权。虽然多数警察首长谴责所谓的"第三级"方法（游走在虐待边缘的残酷审问），直到20世纪50年代，类似行为依然存在，且被法院容忍。然而，在20世纪60年代初，最高法院的一系列判决，基本上重塑了警方的查案行为。其中最重要的判决包括：警方非法取得的证据，不能在州法庭上使用——因此，这项原本只针对联邦法院的规定，也延伸到州法院；被告有权利咨询律师，并且在被定罪前，要求每次审讯都有律师在场；受审讯的嫌犯需被告知其有权保持沉默，并要求律师在场——这就是所谓的米兰达权利。

这些判决做出后，许多警务人员强烈抨击最高法院，并预言负面的结果。①他们担心，法院的决定将妨碍警方取得定罪必要的证据。尽管经过初期的反抗，现在只有极少数警察认为这些决定对警方执行犯罪调查或准备出庭造成严重的伤害；相反地，警方因此却发展出更先进的调查技巧和设备，并意识到他们过去太依赖审讯了。另一个更正面的结果是，这让美国警员知道，他们的功能不仅是执法和保护社区，还要维护个人权利。多数警员已将这些法律要求融入他们的价值观和行动中。对抗犯罪与关注严重犯罪的问题依然存在。

法院将基本权利的保护扩大到犯罪被告，确实相当重要且赢得很大的注意。但宪法在其他领域的保护扩大，更直接地增加甚至掩护了街头的失序行为，尽管同样重要，却没有得到相对的关注。有两个新事项，尤其造成了公共场所的失序事件大增，而对这些行为的法律保护，则减损了警方处理的能力：精神病人无须强制入院和公开酒醉合法化。

---

① 国际警察首长协会执行董事奎因·塔姆（Quinn Tamm）针对"谁的权利受到捍卫？"的问题，做出如下回答："这是个合理的问题，尤其是美国最高法院6月13日以五比四做出的判决，实际上消灭了警察拘留审讯嫌犯的做法，并进一步阻碍警方对抗犯罪。究竟是谁的权利，是违法者还是社会全体的权利得到了捍卫？"

失序增长——公开酒醉合法化，精神病人免强制入院

过去，处理精神病人和酒醉人士，一直是警察的两个重要功能。例如，1945年的西雅图，逮捕酒醉者即占当年逮捕总数的70%。1936年的密尔沃基，高达8112件酒醉逮捕案，占该市逮捕总数的52%。20世纪40年代和50年代的旧金山也有类似的比率，酒醉逮捕分别占了60%和71%。就连这些数字，也大幅低估了酒醉逮捕的数量，因为许多酒醉者是以精神恍惚或失序行为的名义被捕的。

同样，处理精神病人也一直是警察的准职责，不同于酒醉游荡，目前没有法律特别将精神病问题定为犯罪。然而，民众对警方就精神或情绪失常者"采取行动"的要求，导致警方采用失序和失神游荡等名义，拘留这类人。警方处理这些问题人士的多数做法是非正式和"非官方"的，没有任何社会服务或医疗机构涉入，因此，没有资料可供观察这些行动的面貌。①但它们极可能数量庞大。菲利普·塔夫脱（Philip Taft）在1980年写道："长久以来，警察……处理精神病患的负担过重……一位资深警员透露，芝加哥的12个区，每天都拘留50—100人在监牢过夜，以保障他们自己的安全。"

警方总是需要处理那些没有入院的精神病患者，到20世纪50年代，"集中管理"这类人士已形成共识。为改正这项滥权的法律

---

① 曾研究警方如何处理精神病患者的社会学家埃贡·比特纳（Egon Bittner）指出，警方处理有情绪困扰者的"非正式"情况如下："目前，大多数警察遭遇精神病患者的结果，都不是法律上或事实上的逮捕。相反地，警察的处理自始至终不离开现场。没有其他法律或医疗方面的社会机构参与这些条件，而警察必须扮演全方位治疗机构的中介中心。"

行动，最后在莱恩（R. D. Laing）、托马斯·萨斯（Thomas Szasz）、欧文·高夫曼（Erving Goffman）等人的指导下，结果却变成完全否认身心障碍的观念：个人没有精神疾病，有病的是社会对待他们的方式。而推翻强制入院运动也从最初的争取治疗权，演变成依据个人自由利益而拒绝治疗的权利。最高法院在1975年对奥康纳诉唐纳森（O'Connor v. Donaldson）一案的判决中主张：州政府不能仅就发现"心理疾病"之单一理由，在违反个人意愿的情况下监禁人民，并无限期地将个人扣留在单纯的监禁场所……州政府监禁一个能在自由状态下，或在亲友自愿协助下安全生存的个人，实属违宪。 最高法院也主张，州政府不得监禁精神病患者，即使只是为了给他们提供一个远胜过街头的基本生活品质，或将那些无害的精神病患者与其他公民隔离，只为了让心智正常者"无须接触那些生存方式不同的人"。这个议题的焦点，已从健康问题转为法律问题，而精神病患者可合法地选择"自由"游荡在街头，而非入院治疗或疗养。

精神病患者免强制入院运动，成为个人主义文化全面渗透公共政策的范本。同样的逻辑确实造成了随后的公开酒醉合法化，两者的历程几乎完全相同。1967年，总统的执法委员会描述了处理酒醉人士被捕的例行程序：违法者通常被安置在无任何设备的监牢中，一个房间最多可同时监禁40—50名酒醉者，空间狭小到无法坐卧，也无适当的卫生设施。几乎没有提供任何医疗照护，可交保的犯人通常可在酒醒后获释，且经常不获起诉，那些无法支付保金者则必须上法庭。被判入狱的被告，最后大多进入条件极差的郡监狱，"与其他犯下重罪的犯人共处，对他们造成的伤害远超过酒精……"思及警方和司法体系处理酒醉者的方式，20世纪五六十年代的改革者，先把公开酒醉从犯罪问题重新定义为健康问题，醉酒变成一种需要治疗的疾病。但这些改革者（以社工、执法人员、医疗人员和"酗酒治疗师"为主）大都同意，那些惯常酒醉者，有高达三分之二不会寻求治疗。因此，长期的"非自愿"治疗，可作为处罚、拘役和徒刑之外的选择。

然而此时，民权人士再度介入，如加州大学公共卫生学院的罗宾·鲁姆（Robin Room）在1976年所指，就像他们把精神病患者之处理从医疗问题转为法律问题一样，他们也成功地将酗酒者的强制治疗，从健康问题转变成法律议题：

> 律师们带着他们在精神病患者"非自愿处置战役"所构筑的坚定和具体主张，闯入酗酒问题处理的改革圈……在一场全国酗酒会议的年会上，美国公民自由联盟律师彼得·赫特（Peter Hutt）……明确地说明了其立场："我们奋战两年，让德威特·伊斯特尔（DeWitt Easter）、乔·德赖弗（Joe Driver）和他们的同事（因酒醉被捕的人士）出狱，不是为了让他们非自愿地进入矫正院所更长的时间，且不能保证获得适当的改善和治疗。所谓"民事安置"这种委婉的名称，事实上就等于永久拘禁。

约翰逊总统的犯罪委员会，坚定地支持酒醉合法化，并宣称："酒醉本身不应被视为犯罪。伴随酒醉的失序和其他犯罪行为，应继续以个别犯罪受到惩罚。"虽然委员会承认，实行合法化需制定适当的民事戒除程序，该会仍接受民权人士对非自愿入院的立场，即酒醉人士无须被捕，也不必强制入院。

酒醉合法化和精神病患者免强制入院，对城市生活造成了极大的冲击。许多社区因此没有设立足够的疗养和戒除中心，给需要的人提供照护。缺乏综合的心理照护，许多精神病患者拒绝服药；而滥用酒精的精神病患者，也声称他们有"权利"表现异常，并拒绝所有形式的帮助。此外，随着市区街道上的精神病患者和／或酗酒者人数大增，警方"管理"此类人士失序行为的能力，却随之大减。

虽然多数警察处理心理障碍人士的行动仍是非正式和"非官方"的，精神病患者在城市街道任意游荡的相关问题，反而在免强制入院运动后恶化了。里尔·吉恩（Rael Jean）和弗吉妮亚·阿麦特（Virginia C. Armat）在《街头狂乱：精神病学与法律如何抛弃精神病患》（*Madness in the Streets: How Psychiatry and the Law Abandoned the Mentally Ill*）一书中，以统计数字证明这类问题的骤增：

> 在水牛城，仅1982年，就有72名被释放的精神病患者，因为游荡在水牛城州立精神病中心和三家设有精神科的综合医院附近而被捕——多数罪名是非法入侵。在街头和庇护所的精神病患者，比我们公立精神病院收治的病患人数多两倍。监禁在狱中的严重精神失常者和公立精神病院的患者一样多。一项特别追踪俄亥俄州中央精神病院的研究显示，1985年前三个月出院的132名患者，在出院后六个月内，超过三分之一的患者已成为游民。

同样，克里斯托弗·詹克斯（Christopher Jencks）也指出，到1987年，全美大约有十万名就业人口患有严重的精神疾病，足以让他们失去工作，成为无家可归的游民。

还有可观的证据，显示将精神疾病患者抛在街头却没有适当照料的后果。纽约市的拉里·霍格（Larry Hogue）是最近的典型案例。霍格是一名威胁纽约各区、有毒瘾的无家游民。在一次逮捕行动中,霍格人在医院,且尚未吸毒,他当时对自己和他人都不构成危险:总之,他被释放了。回到街上,霍格服用毒品,然后肆意破坏车辆、在车内便溺、纵火,并威胁、身体侵犯与攻击民众。某次他甚至拳打一名少女,把她推到一辆公交车前。当警方赶到时,霍格已明显失常到立刻被送进医院。等他在医院清醒后,又不再对自己和他人构成威胁,他再次拒绝治疗并离院。类似的悲剧每天都在美国各城市的街道上演。

酒醉合法化对城市的冲击,反映在警方的逮捕资料上,刻画出警方对公共区域已逐渐失去控制。20世纪40年代和50年代的旧金山,酒醉逮捕曾占总逮捕数量的60%和70%,却在1967年降至44%,1992年更意外地降至17%。这个趋势也反映在有限的全国统计资料中。1967年,约翰逊总统的犯罪委员会统计,全国有三分之一的逮捕(约200万件)属于酒醉。到1992年,政府估计的酒醉逮捕数量,已降至整体的6%(约88万件)。

然而,酒醉逮捕虽然减少,但民众对警察"管理"酒醉的需求依然存在。在高层决策上,酒精滥用者持续对公共领域和都市社区造成问题,不是他们在任何时刻的失序行为,就是他们因酒精而制造的不确定性威胁。警方因而继续他们非正式的处理行动——送酒醉者回家、训斥并威胁他们若不自我检点就要进行逮捕、通知家属、送他们离开某个区域以控制冲突、扣住他们的车钥匙以避免他们驾车,以及其他类似的"非官方"行动。但法律改变加上合法化,剥夺了警方控制酒醉相关行为的公权力,警方无法再依赖其终极的制裁手段:逮捕。当民众投诉有酒罪者犯下某个轻罪,警方通常不能采取行动,因为警方必须目睹犯罪经过,才能逮捕轻罪现行犯。与此同时,经常受到酒醉者骚扰的守法公民和社区,只好自求多福。对许多居住在市中心的民众而言，警方无法对单纯构成威胁或没有目睹其犯罪行为的酒醉者采取行动，更加深了他们对警方"不关心"或不愿有所作为的负面看法。

然而，除了这些酒醉合法化的反弹，还有一个同样严重的后果：酒醉和酒精滥用不仅本身就是严重的问题，它们还可能大幅加重整体的犯罪问题。近来针对狱中囚犯的调查发现，49.5%的杀人犯和44.3%的暴力攻击犯，在被捕之前都曾醉酒，才犯下大错。根据克里斯托弗·英尼斯（Christopher Innes）进行的一项狱中调查，哈佛大学教授马克·克理曼（Mark Klieman）统计，州立监狱目前收容的囚犯，约有四成在犯案时饮酒，他还认为："若酒精造成甚至两成的街头犯罪问题，控制酒精相关的犯罪，就应该是制定酒精政策的一大考量。"

我们现在已非常清楚，酒醉合法化和精神病患者免强制入院，对我们的城市治安有重大的影响。除了街头失序增长，这些事件还削弱了警方干预和管理这两大重要失序类型的公权力。但更大规模的容忍失序和限制失序行为的法律基础流失，还有其他的来源。

控制失序的公权力腐蚀：立法的发展和法律教条的改变

管理主动乞讨、卖淫、公开饮酒、强迫捐款、纠察与游行，以及适当使用公园与市区街道等行为的公权力，属于州政府受宪法赋予、提供警力保护民众健康、安全和生活品质的权力。每一州或可委派市政府完全或部分管理这些领域的权力，相反地，州政府也可选择优先占据某个领域的完全管理权。但根据法院的定义，现在管理许多失序行为所涉及的法律领域相当模糊，甚至在刑事法律基金会出版的一本建立反乞讨法规的咨询手册中，竟明言提醒市政府可能会有官司：

> 任何限制主动乞讨的行动，将面临组织严密、资金充沛且极端好讼之组织的强大反对。他们的观点获得极重要的少数法官认同，特别是在联邦法院。因此，几乎不可能制定一条不受到挑战的乞讨法令，也无法担保此类法令能承受这种挑战，即使在实际上，该法令乃绝对有效。

"权利"拥护者，宣称取缔失序言行（通常被他们称为言论或表达性行为）侵犯了他们的基本自由。而"社群主义者"或"普遍主义者"认为，个人权利有时必须对普遍价值让步和调整，以维系社群整体的秩序。两派之间的冲突，明显反映在这些诉讼和立法辩论中。

我们提到，反对秩序维护立法的人士，经常立论于保护"穷人"或"无家者"权利的需要。传统维护社会秩序的根据，的确单独依赖对穷人与游民设限。但我们的法院已适当地带我们远离过去那种让穷人与少数族裔受到歧视待遇的游民法规。现今，有关限制公共场所失序行为的立法和法律教条，都反映出这种进步。但问题是，法院是否矫枉过正。

自联邦时代起，各州政府便试图管制游民和乞讨者甚至穷人进入他们的区域。邦联条例（The Articles of Confederation）曾防止贫民行使自由出入任何一州的权利，并禁止他们享受保留给所有其他公民的特权和豁免权。地方当局可驱逐新到来的穷人，把他们迁回上一个居住地。1791年，权利法案（The Bill of Rights）通过时，组成联邦的14个州中有8个州明确以成文法规禁止行乞，另外4个州和哥伦比亚特区也在1821年跟进。在许多地方，只有那些在特定地点长期居住的人，才有资格得到公家协助。所有这类法律都是承袭了英国管制"危险阶级"的传统，① 而美国最高法院也完全支持：在纽约市市长诉米尔恩（Mayor of New York v. Miln, 1837）的诉讼中，巴伯法官写道，纽约州拒绝搭船而来的贫民入境是明智之举，因为"一个州有必要提供预防措施，抵挡贫民、流浪者和可能的罪犯所带来的道德瘟疫，如同对抗有害和传染性物品造成的实体瘟疫一般……"

从 19 世纪 70 年代的流浪者法案（The Tramp Acts）来看，不具备谋生技能的劳工在各地旅行被视为犯罪：这些法律都是为了防止劳动阶级的边缘人沦为罪犯，或涉入社区劳工纠纷。此类成文法规的实施和执行，一直延续到 20 世纪中的大萧条时期。到 1960 年，利用执行警察权的伪装，西弗吉尼亚州以外的所有各州，都通过并执行了针对失业贫民的流浪法。州成文法规再以许多市级法规补充。虽然各州的立法不同，依据"危险阶级"传统的这类法律，明显是惩罚弱势群体——穷人和失业者和那些有能力工作却没有工作的人。不须任何违法行为，无事在外游荡，即构成逮捕的理由。

大萧条和第二次世界大战后，美国法学者和社会福利人士对流浪与滞留街道法规的批评日渐升高，法院也开始倾向于消除以境遇作为刑事惩罚基础的合宪性。追寻这个过程到现在，我们发现美国在管理众多失序行为的立法和相应之法律教条上，已度过了几个阶

---

① 在美国，许多（但绝非全部）限制失序行为的现行法规都源自早期的英国流浪法。这种法律将居无定所、选择流浪生活方式的人视为"危险阶级"，正式认可穷人是一种犯罪阶级。从 14 世纪中期开始，因可能减少劳动人力，流浪即被认为会威胁国家的经济稳定。1384 年，黑死病肆虐造成劳动人口大减，英国政府便通过"劳工法"（Statutes of Labourers）确认流浪为犯罪行为。1530 年，英国国会进一步让"有工作能力的人做流浪者"成为一种犯罪。16—17 世纪，英国政府继续施行惩罚性的流浪法。拿破仑战争结束后，大量返乡的士兵被视为威胁，英国国会又通过"1824 年流浪法"，惩罚无事在外晃荡的失序者、恶徒和流浪者。

段：早期的流浪法和其他立法，将个人境遇视为犯罪；这些法律很快被更明确的反滞留街道法取代或补充；当法院开始判决流浪法和滞留街道法违宪，这些法律又被更具体的禁止"为犯罪活动"（如卖淫或买卖毒品）滞留街道取代。这几个变化的趋势，偏向否定以境遇为依据的立法，并要求刑事犯罪需根据具体的行为，如躺在人行道上、主动激烈地索讨金钱，或超过一次、刻意地阻碍行人交通等，都在法院的判决中逐渐成形。

流浪法与依据境遇的立法

第一个成功挑战流浪与滞留街道法的案例，是针对州政府拒绝迁移各地的贫民。在爱德华兹诉加州（Edwards v. California, 1941）一案中，最高法院推翻了加州禁止贫民进入该州的法律，虽然法院的论据是加州违反了宪法的商务条款（Commerce Clause）——该州试图自绝于大萧条的影响之外，大法官道格拉斯和杰克逊的共同意见直接批评了流浪法，似乎预告了最高法院之后的判决。依据第十四修正案的权利与豁免条款（Privileges and Immunities Clause），两位法官认为，单以财产状态，不应作为限制公民权利的理由。道格拉斯法官也坚持，加州法律已违反了州际移动的基本权利，这是美国国民和各州公民既有的权利。

法院延续这个途径，在夏皮罗诉汤普森（Shapiro v. Thompson, 1969）一案中，判定宾夕法尼亚州、康涅狄格州和哥伦比亚特区，规定居住一年以上的民众才能申请和获得社会福利金，违反了自由旅行各州的基本权利和平等保护。即使上述各州的目的是抑制贫民的涌入，以维系其公共救助计划的财政健康，法院依然认为这个规定有违宪法精神：虽然州政府能合法地限制开支，即使针对公共救助，它们也不能借由在贫穷和困乏的新旧居民间，制造一种

"令人厌恶的区分"来达到目的。

除了这些关于贫穷境遇的宣告,最高法院在20世纪60年代,进一步发展出针对一般境遇依据立法的态度。其中两项判决特别值得注意:首先是鲁滨逊诉加州(Robinson v. California, 1962)一案。某晚警方在洛杉矶街头搜查被告鲁滨逊,发现他的左前臂有针孔和疮疤,鲁滨逊也承认偶尔施用毒品。他被逮捕,并依加州法律被起诉。施用毒品或吸毒成瘾者,是可以被判入狱的轻罪。这项加州成文法规,是让毒品上瘾的状态(也就是使用毒品上瘾),成为一种刑事犯罪,犯者在戒毒之前的任何时间,都可被起诉;因此,一个人若吸毒成瘾就是有罪,不论他或她是否在加州境内携带或使用任何毒品。美国最高法院推翻了加州的这项法律,认为监禁一个可能从未在该州境内触碰毒品,或有任何异常行为的人,是强加、残酷和不合常理的惩罚,违反了宪法第八和第十四修正案。

几年之后,在鲍威尔诉得州(Powell v. Texas, 1968)一案中,法院考量的是得州刑法(Texas Penal Code)中禁止在公共区域举止狂乱的条款是否也和鲁滨逊案一样,属于境遇依据立法。鲍威尔是名前科累累的长期酗酒者,他被捕和被起诉的原因是在公共场所酒醉且举止狂乱。抗辩时,他声称由于酗酒,他的行为是非自愿的,因此不应处以刑事惩罚。鲍威尔被判有罪。在上诉时,意见分歧的最高法院仍维持原判,并确认得州法律合宪。因为不同于加州的成文法规,得州刑法的这项条款不是惩罚状态,而是对"可能造成重大健康与安全危害……并侵犯社区大部分成员之道德与观感的公开行为,施以刑事制裁。"[1]

---

[1] 鲍威尔先在得州奥斯汀市的民事法院受审,获判无罪;而特拉维斯郡的郡法院经重审后判其有罪。之后他改向最高法院提起上诉,因为他在得州司法制度内,已无权再上诉。

虽然是早在20世纪60年代的判决，鲁滨逊和鲍威尔两案，在近期倡议人士代表贫困者（无家游民、精神病患者和药物滥用者）控告市政府限制其行为的诉讼中，仍有重要意义。前述两案成立的具体原因，是它们涉及境遇议题，与特定境遇（状态）的个人在公共场所的"非自愿行为"有关。近期诉讼所引发的质疑，是鲁滨逊和鲍威尔两案的判决，是否应被解读成无家可归者在公共场所做出的维系生命的行为（躺下、睡觉、饮食、存放财物，甚至乞讨），这些行为是出于非自愿且不得被依法限制，因为他们也是迫于"无家可归"的"境遇"。鲍威尔案的结果特别令人困扰，因为这是最高法院四位大法官的多数意见，而非绝对多数的看法。多数意见确实曾引用鲁滨逊案的判决，来解释非自愿行为的争议。但大法官并未接受倡议人士的主张：

> 反方主张，鲁滨逊案代表的原则……乃刑事处罚不得施加在处于本身无力改变情况的个人身上……不论此种刑事责任教条之法律依据为何，它确实不能适用于鲁滨逊案之原则。鲁滨逊案对（宪法第八修正案）残酷与不合常理惩罚条款之诠释的完整要旨，是刑事处罚或仅能针对做出某个行动、涉及某种行为，是社会有防范利益，或以传统一般法律的说法，犯下某种实质犯罪行为的被告。因此它并未涉及特定行为在某种意义上，是否因为是"非自愿"或"出于强迫"，而不能合宪地受罚的问题。

鲍威尔案是否适用鲁滨逊原则之辩论，起于怀特大法官的协同意见。他投票支持此案判决结果的多数意见，但在个别意见中解释了他的理由："虽然鲍威尔或曾证明他无法选择能否喝酒，却没有证明他不得不在公共场所喝酒。"无家可归者的倡议人士便以怀特大法官的措辞，辩称若鲍威尔是无家可归者，他就无法"不在"公共场所喝酒，而最高法院也不会维持他有罪的判决——这个主张把无家可归提升为一种境遇。倡议人士进一步指出，对"无家可归者"在公园、城市街道和停车场等场所进行的"维系生命的行动"执行"境遇依据"的限制，应该被禁止。因为无家可归的个人，想必是无法进入私人空间的，因此别无选择地必须在公共场所做出此类行为。

直到现在，多数法院都未采用无家可归是一种境遇的观点或怀特法官在鲍威尔案之无家可归者于公共场所活动的意见。① 相反地，它们承接了鲍威尔案的多数意见，认同最高法院本身并未将第八修正案禁止残酷与不合常理的惩罚，用来阻止处罚所有因个人境遇所衍生出的行为。例如，加州最高法院最近判决，圣安娜一个禁止在公有地露营的法令有效，且仅可处罚明文禁止的行为。而法院不清楚诉愿者是否别无选择地陷入无家可归的情况和导致其无家可归并（因为在公有地露营）受罚的行为。同样，当倡议人士替无家可归者控告旧金山市政府为制止社区和公园内犯罪，而禁止公开饮酒和公园内酒醉、阻碍人行道和露营，及公开便溺、涂鸦、卖淫、交易毒品、主动乞讨与倾倒废物的"矩阵行动"时，联邦地方法院的判决（Joyce v. City and County of San Francisco）是：

> 无家可归不必然被归于一种"境遇"。相反地，如马歇尔大法官在鲍威尔案之多数意见，"境遇"与"情况"

---

① 例如，在1992年，第三巡回上诉法庭判定，禁止在公共图书馆内进行某些行为的法规没有侵犯游民的平等保护权，因此有效。法院以游民不构成一个嫌疑阶级为由，对相关法规采用最低的审查标准。

之间有"明显的定义上的区别"……虽然境遇的概念可能难有完美的定义,但仍有若干要素可供用于界定,如得到该身份的非自愿性(包括是否生来具有该特性)……和个人对该特性的控制程度。

虽然此类判决不尽相同,但多数法院的立场是,无家可归不是一种境遇,由该情况衍生出的行为,也不能受到宪法保护,免于合法的管制。①

管制行为的尝试:滞留街道法

早在流浪与境遇依据法广泛被法院宣告无效前,针对滞留街道行为的法律,也被通过和执行。许多法院将滞留街道法视为境遇依据立法的同类,即使有些滞留街道法是用来取代违宪的流浪法,具备合宪的规定。然而,在20世纪六七十年代,联邦与州法院开始同时打击管制或禁止滞留街道和流浪的法律。最高法院审理的两大案件——帕帕克里斯托诉杰克逊维尔市(Papachristou v. City of Jacksonville,1972)和科兰德诉劳森(Kolender v. Lawson,1983)案——对依据贫穷或流浪境遇的滞留街道法和流浪法,造成致命的打击。

在帕帕克里斯托案中,有八个人,黑白兼有,因滞留街道和开车潜行而被控流浪罪。他们违反的是佛罗里达州杰克逊维尔市的流浪法规:"流氓与流浪汉,或放荡人士从事乞讨……无任何合法目

---

① 联邦地区法院在波廷杰诉迈阿密市(佛罗里达州)和丘奇诉亨茨维尔市(亚拉巴马州)两案中,都认同无家可归是一种境遇,而管制游民行为的法规是以境遇为基础的违宪限制。在波廷杰案中,法院裁定建立"安全区",以使得无家可归的人继续进行无害的且维持其生命的活动而不被逮捕。然而在上诉中,第十一巡回上诉法院将案子发回地区法院,要求澄清近来的事件,包括城市中游民庇护所的建设,是否能作为更改低级法院裁定的理由。

标或目的，在外四处游荡者……应被视为流浪者。"道格拉斯大法官以过于含糊为由，判定该条款无效，因为它"没有适当知会具普通智力的个人，其思考过后的行为是明文法规禁止的"，并且易鼓励"独断且无规则的逮捕和定罪"。为详细说明这些论点，法院强调，杰克逊维尔的法规让无辜的行动，如一直是部分美国传统的四处"游荡或散步"，成为犯罪。法院指出，把网撒得如此广泛，等于是把"毫无约束的自行裁量权"交给警方，法院也否定流浪法能防范犯罪行为的说法，因为第四修正案只允许针对犯罪可能缘由的逮捕。

在帕帕克里斯托案中，法院的焦点是要求适当知会什么特定行为能构成犯罪活动。而在科兰德诉罗森案中，法院把更大的重点放在警方可能歧视性执法的危险上。1975年3月到1977年1月，罗森被警察拦住、要求出示身份证件并被拘留或逮捕高达15次，每一次他都是深夜在高犯罪区或抢劫猖獗的商业区街道独行，他被控触犯的加州刑法是：

> 从事以下任何行为的每一个人，皆犯下失序行为罪，属一轻罪……缺乏明显的理由或目的滞留或徘徊在各个街道，且因应周遭情势之公共安全需求，在任何警员和缓的要求下，拒绝证明个人身份和说明他的目的。

判决书的执笔人——奥康纳大法官指出，依据第十四修正案合法诉讼程序的相关条款，该法规显得含糊不清，没有"以适足的明确性定义犯罪行为，让民众了解哪些行为是被禁止，且采取不鼓励独断和歧视性执法的态度"。具体而言，这条法规缺少一个明确的标准，以评估嫌犯怎样能满足提供可信和可靠身份证明的要求，因此易造成警方专断执法,因为他们必须自行判断个别人士是否达到了要求。①

参照最高法院在帕帕克里斯托案和科兰德案的判决,其他下级法院陆续引用第十四修正案的合法诉讼程序条款,推翻了许多流浪与滞留街道法。未通过宪法考验的法条和法律,大都是过于模糊的,没有提供明确的标准可让理智的人避免特定非法的行为,以及赋予警员无约束的自行裁量权,决定哪些行为违法和是否进行逮捕。在广泛的标准上,这些立法都犯下限制宪法第一修正案保障之自由权利的致命错误。法院的判决,向州政府和地方政府传达出明确的讯息,即使他们的法规尚未被挑战,恐怕也无法通过合宪的考验。因此,警察不再执行这些法规,地方检察官也不敢依据这些法律起诉嫌犯,许多法条就此形同虚设。其他州政府和地方政府则着手制定新法,而这次他们明确针对具体的行为,而非贫穷或迁徙的状态。

禁止"特定目的"滞留街道法

取代模糊且过于广泛的境遇根据法且不违宪的选择,是更具体、更具行为导向的法律和法规。早在帕帕克里斯托案判决之前,法院已开始定义足以承受宪法挑战的立法条件。在沙特尔沃思诉伯明翰市(Shuttlesworth v. City of Birmingham,1965)一案中,最高法院考量的法规是:"任何人……在市内任何街道或人行道滞留、站立或行走,以致妨碍该街道或人行道之自由通行或往来交通的,应视为非法。"而"当任何警员提出离开的要求后,任何人仍继续

---

① 加州上诉法庭在较早的判决中曾解释,该法律规定个人需在警察的要求下,提供"可信且可靠"的身份证明。可信与可靠,意指"随身携带该身份为真的合理保证,并提供之后可供联系本人的方法"。

站立或滞留，也被视为非法"。法院认为，即使该法规的文字可能违反第一修正案，若采更精确的解释，应可通过宪法的挑战，因其"仅适用于站立、滞留或行走在街道或人行道，以致阻碍自由通行和拒绝服从警员要求移动的个人"。接着，纽约在20世纪60年代末发生的一连串案例，提出了单独禁止滞留街道之法律违宪，但"滞留"若是描述另一个具体禁止的行动，或与之搭配共用，则该法律应为有效的规定。此类法律的起草者相信，以"为特定目的滞留"的用字，呈现成文法中具体意向之要素，搭配另一项非法活动，或指明其滞留的态度与该非法行动之关联，应可避开过于广泛或模糊的质疑。实际上，具体意向要素可用来知会某种行为是被禁止的，并提供给警察限制其自行裁量的标准，相当于用来决定制止和逮捕的可能缘由。加州刑法第六百四十七条（d）款，明定任何人"在任何开放公共使用的厕所滞留以进行或诱发任何淫秽、色情或非法的举动"，皆属犯下轻罪，就是此类立法的典型。加州最高法院在人民诉最高法院（卡斯韦尔）（People v. Superior Court, 1988）一案中，维持该法的效力，便主张了解特定行为属非法，并具体说明执法范围，适足以减轻任何潜在的模糊，作为禁止行为的适当通知，并提供适当准则予警方，减少他们在执法时使用"不受约束"的自由裁定权。

然而，在法庭上，"特定目的"滞留法却产生正反两面结果。有些法院认同加州最高院的立场，维持这种模式法规的效力。① 威斯康星州密尔沃基市，禁止在某时、某地滞留和徘徊，或根据当时的

---

① 例如，俄亥俄州阿克伦市的街头滞留法，禁止因从事或招揽性活动而滞留公共区域；禁止没有任何正当理由，也非学生监护人者，滞留任何学校、学院或大学附近的区域。此法明确规定禁止的活动，并将禁止的滞留行为与犯罪挂钩，因此通过了法令模糊的诉讼挑战。

情势、嫌疑人态度非属守法公民之常态，足以引发邻近人员或财产安全的警觉，需要其解释和警员以留置来查明可能缘由的一条法规，便成功抵挡了模糊性的攻击。威斯康星州最高法院认为，某时、某地和态度等文字，以及列出警员应考量是否拘留的要素、是否引发"警觉"，已提供足够的明确性说明来避免模糊，而引述美国最高法院关于必须确定性程度之说法："人类行为有若干领域，基于其外显问题之本质，立法就是无法以极大的准确性建立标准。"市政府可继续执行这条法规和另外两条针对卖淫目的和毒品交易的滞留法规。

但并非所有法院都接受"特定目的"滞留法的合宪性。在威奇诉佛罗里达州（Wyche v. State of Florida, 1993）一案中，佛州最高法院考量了一条表面合宪的坦帕市法规："任何人以徒步或乘坐汽车，进入或靠近任何干道或开放公众使用之地点滞留，并根据当时的情势，明显表露出有引诱、怂恿、请求，或导致他人进行卖淫的行为……或其他淫秽或猥亵的行为，皆为非法"。如同大多数的"特定目的滞留"法，这条法规具体指出几种符合"明显表露"要素的行动和情况：

>……此人是已知的娼妓、皮条客、鸡奸者……且反复地示意、拦下或试图拦下、或吸引路人交谈，或以招呼、挥手的动作反复招停或试图招停行经此处的车辆……为引诱、怂恿、请求或导致他人从事卖淫行动……执行逮捕之警员必须先给予此人解释其行为的机会，否则不得依违反此法条分款进行逮捕；而嫌犯在审判中若证明其解释为真，并揭露其合法目的，则不得将其以违反此分款定罪。

雷妮莎·威奇（Renetha Wyche）因警员看到她"穿着暴露"，在街角向路人挥手，然后进入一辆停在路边的汽车而被捕。

佛州法院否决了这项法条的效力，理由是，该法通过允许警员仅根据暗示有从事卖淫意图的可能，而非要求非法意图的证明作为违法之要素，即可执行逮捕和滞留定罪，是禁止和侵害了一个无罪的人可能进行的、受到宪法保护的活动——如逛街、在人行道上漫步、向朋友或行人挥手。此外，法院拒绝"认同"从事禁止活动的具体意图，或明显蓄意的活动，即可清楚证明其意图；也拒绝相信警员本身能够合宪地行使其自由裁量权，区别"受宪法保护之街头会面，与反映需要进行逮捕之心态的行为"。

其他与某个宪法保护行为有关的"特定目的滞留"法，也纷纷在法院受挫。限制"乞讨目的之滞留"的法条，是这方面的首要目标，因为愈来愈多法院认为，行乞和主动乞讨符合第一修正案保护的言论和沟通行为。这部分的一个重要判决，于1993年7月出现。当时第二巡回上诉法庭，决定维持联邦地方法院的一项判决，也就是纽约州的"乞讨目的滞留"法违宪。这个判决的论点不是模糊或合法的诉讼程序，而是法院认为乞讨是一种第一修正案保护的沟通行为。在其他近期的判决中，联邦与州法庭都将本案定义为失序行为的众多公然活动授予第一修正案的保护，如在公园扎营、行乞和主动乞讨、阻碍商业区的人行道等。

由于法院对"特定目的滞留"法的不确定反应，许多城市和州政府都改而制定完全脱离过去滞留或流浪法规思维的新法，锁定造成街头失序和恐惧的具体行为。

下一阶段的立法：锁定具体的行为

在美国各地，"特定目的滞留"法依然存在，且在许多社区执行。然而，愈来愈多的州和城市改用新的法条，直接锁定一系列造成市区街道高度失序的行为，从积极的乞讨、趋近乞讨或请求施舍、在公园或人行道上躺卧、睡觉或扎营（有时仅限特定区域和时段）到妨碍人行道的行人交通，威胁或骚扰、恐吓他人，公然饮酒和破坏公共财产。这种法规由各城市依据个别社区面临的问题种类来制定。我们以案例研究的形式，在第四章和第六章提供具体的范例，以及城镇与都市尝试实行此类法规的经验。

市政府必然将面临某些人士挑战这种形式的秩序维护法。维权者仍继续攻击这些法规依据境遇，单纯针对穷人和无家可归者。但他们渐渐开始用第一修正案的言论与表达权和那些穷人与无家可归者的其他基本权利，建构其立论，如旅游和人际交往等，几乎总是能引起合法诉讼程序和平等保护的争议。第十四修正案的平等保护条款，禁止州政府"拒绝为其辖区内的任何个人提供法律的平等保护"，因此所有处境类似的人，都必须获得相同的待遇。平等保护经常在代表"无家可归者"控告特定社区和指控特定法规不公地锁定穷人与游民的集体诉讼中被引用。

依据平等保护原则，只要其分类方式与州的合法利益有合理的关联，法律即被假定有效。对地方政府而言，这是相对容易达到的标准。当地方政府的立法被要求达到一个更高的标准——严格审查（strict scrutiny）时，问题就来了。在"嫌疑类别"的基础上，州的行动是否展现刻意的歧视（其法律语言中含有恶劣歧视之意），如种族或原国籍，或针对某个一直受到恶劣歧视的团体成员，则必须受到严格审查。同样，严格审查也包括分类法是否侵犯宪法保护的基本权利，如言论、投票或州际旅行权。严格审查经常等于市级秩序维护法的丧钟：要打赢这类诉讼，政府必须证明该法是为实现一个重要的政府利益而细心打造的工具。对州政府或市政府而言，这个标准比建立合理的关联更难达到。

提出诉讼的穷人或游民是否构成一种嫌疑类别，将是这类锁定具体行为的法律能否成功的关键。而根据最高法院的一系列判决，答案是否定的。例如，关于政府资助堕胎的争议，最高法院认为，为实现平等保护原则，穷困并不构成一种嫌疑类别，因此维持康涅狄格州一项提供穷困孕妇生产的基金，但不资助非医疗性堕胎的社会福利法规。针对纽约市政府资助穷困孕妇的部分，也限于医疗必要的堕胎，法院同样支持上述结论。在教育领域，居住在应税财产较少、每个学生经费较少区域的墨西哥裔美国父母，以平等保护原则，控告得州公共教育财务系统以当地财产税基为补助标准的诉讼，结果败诉。下级法院的论点是：和多数法院拒绝认可无家可归为一种境遇一样，他们也拒绝承认穷人或无家可归者是一个嫌疑类别，并据此在其立论中引用了严格审查。

虽然在无家可归者被归为嫌疑类别的基础上，不适用严格审查。但这项标准仍可用于经由法律分类侵害基本权利的状况。当面对合法诉讼程序和平等保护受侵犯，影响言论和其他宪法权利的指控时，美国各级法院对这些锁定具体行为法规的评估结果并不一致。例如，第九巡回法庭辖内的两位联邦地方法院法官，最近就同一议题做出不同的判决：市政府能否管制坐在商业区人行道的行为。1994年3月，联邦地方法院法官芭芭拉·罗思坦（Barbara Rothstein）（华盛顿州西区）就第一修正案、合法诉讼程序、平等保护和旅行权等原则，判决西雅图市每日上午7点到晚间9点，禁止民众坐在市中心与邻近商业区人行道的法规有效。有关第一修正案的质疑，罗思坦法官特别说明："原告的主张（一个外表不洁、衣冠不整的人，只是坐在或躺在人行道上，传达出求助的需要，而社会没有回应其需要）所导出的结论是，无家可归者的每一个公开行动,都是受到第一修正案保护的表达行为,因为他们的存在就是发表一个持续性的社会声明。法院以没有第一修正案之判例支持为由,否决这个主张。"但在1995年5月,加州伯克利市却被法院下令,禁止执行一条每天上午7点至晚间10点,不得坐在商业区建筑物六英尺之内人行道上的法令。根据联邦地方法院法官克劳迪娅·威肯(Claudia Wilken)(加州北区)的说法,坐在人行道上,足以构成宪法第一修正案保护的表达行为,传达出一种穷困和无能为力的讯息。

威肯法官将第一修正案的保护扩大到个人坐在人行道的非言论行为也许独特,但在整个法院朝向扩张此类保护至许多言论之外的个人公开行为趋势中,并非破格。明显针对个人境遇的法律(如旧时的流浪法和滞留法)被淘汰,无家可归者和贫民不构成一种嫌犯类别也成为多数共识,法院现在又必须处理倡议人士提出的行动传达出讯息的论点,即使只是个人存在的方式,不论是行乞、躺在路上,或在公园扎营。我们会在后续章节中讨论某些法院对此类第一修正案挑战秩序维护法的判决,并提醒地方政府,若要成功发展和捍卫他们的立法,需要提出哪些法律论点。

但是,伯克利和西雅图的案例清楚地显示,若深入分析两位法官的判决,地方政府的法令和执法行动要在法庭上胜诉,不能仅依赖法律的内容,还得看被起诉的嫌犯是否能被其代言人描述为弱势、穷苦和歧视的受害者。面对这种情况,市政府将必须提出其整体的记录,证明当局在拟定法案和政策的过程中,的确公平考量穷人和无家可归者的问题,以求为"所有"民众提供和维持好的生活品质。有关这个方面,我们将在第六章详细叙述西雅图和旧金山的例子。同样重要的是,如何说服法院不要将贫穷和无家可归与威胁城市邻里安全、秩序和长期活力的反社会与犯罪活动一视同仁。

何谓失序：混淆失序行为与贫穷、无家可归的危险

我们完全支持法院致力于消除个人因"境遇"而受罚的现象。我们不愿回到在民主社会中显得不公不义的流浪法。我们与绝大多数民众一样，非常关心无家可归、贫穷和社会不公等问题；我们希望机会能被公平地分配，我们也要确保每个人都能适当就业，有基本的居所。

无家可归和贫穷，本身就是严重的问题。然而，我们认为有些法院，只要面对涉及这两种状况的案件，就产生境遇立法的偏见，在打击"特定目的"法规上出手过重。大致上，这些法院都没有分辨出针对"境遇"（如流浪和滞留法）与锁定具体行为（如特定目的滞留法）这两种法律间，实际存在的差别。此外，法院对于施行和执行那些不断加强明确性，以通过严格宪法检验的法律效应，有不切实际甚至无知的看法。这个问题我们将在第五章讨论。总而言之，和目前许多国家一样，我们的法院混淆贫穷、无家可归与失序行为，已造成严重的后果。

第一点，"无家可归"被用来作为概括许多反社会和／或非法活动的委婉说法，而"贫穷"也让所有穷人沾上恶名，忽略了多数穷人都是守法、有礼、尊重他人并负责任的事实。如两位长期为无家可归者提供服务的社工艾丽斯·鲍姆（Alice S. Baum）和唐纳德·伯恩斯（Donald W. Burne）所指：

> 通过延续无家可归者只是需要居所的穷人这种迷思……倡议人士强化且促进了美国贫穷问题最恶劣的刻板印象。绝大多数的美国穷人并非无家可归者。穷人不住

在街上、桥下或公园里；他们不会用购物推车或塑胶袋装着所有家当，不会穿着一层层破烂的衣服，或在别人的门前睡倒；他们不会在公共场所便溺，不会骚扰或逼迫他人，不会在路上索讨金钱；他们不会攻击在城市工作的人，也不会在街头晃荡，对着不存在的影像和声音大吼……

我们担心，把无家可归者单纯描绘成"穷人"以争取同情的政治策略，已经让许多美国人相信：所有穷人的行为都不符合一个礼仪社会的普遍标准。我们认为，这种做法不仅造成人们对无家可归者的反感，更加重了社会对穷人、移民和少数族群的敌意。

控告秩序维护法的许多原告，经常反映出这种"穷人"与"无家可归者"的混淆。当圣安娜市禁止于公有地扎营的法令被诉，加州最高法院发现，九名声称"无家可归"的原告，都有不同的理由在公有地扎营。从错过回到庇护所的巴士、无法在吵闹拥挤的庇护所睡觉，到市政中心附近比庇护所感觉更安全。其中一人根本不是无家可归者，另一人甚至没被起诉。同样，在乔伊斯诉旧金山市和郡政府一案中，四名原告无家可归的情况分别是：第一人先是受邀与女儿同住，但他拒绝，然后又嫌弃住房诊所提供的住屋不够好、找不到"合适的"室友，并拒绝睡在庇护所，因为那里都是无家可归者；第二人自己有居所，且最多只有少数几晚睡在街上；第三人也有居所，并接受市政府的协助和食物券；第四人也是市政府协助的对象，但因没有按时接受评估而被暂停资格。在市政府救助的整体对象中，那些无家可归者得到的资源和那些接受市政府提供住屋的人一样多，但许多无家可归者拒绝待在临时或永久的居所。显然，这些诉讼中自称"无家可归"的原告，并非全是非自愿地陷入这种状况的。但他们选择住在街上，却构成对其他人的干扰。

第二点，把所有无家可归者统归为一类，忽略了其中心理特别失常和／或具犯罪倾向的一小群人，他们有非常明显的情感、心理和生理需求。举例来说，纽约市在1989年的调查发现，那些睡在地铁的游民是特别忧虑且值得忧心的一群人，其中许多都有被捕前科，包括轻罪与重罪。大都会交通局估计，至少40%的地铁游民有精神疾病，其中大部分是长期酗酒和药物滥用者。更近期的研究显示，纽约民兵训练中心庇护所中，80%的男性滥用药物或酒精。鲍姆和伯恩斯发现，社会对"无家可归问题"的主流印象与实情相距甚远：

> 报纸、杂志、书籍和电视节目的报道，描述了衰退地区的失业家庭无家可归，或最近被裁员的个别失业者无家可归的情况。这些故事导致决策者、政治人物和倡议人士把问题局限在民众没有家所以才会无家可归上。我们接触的人，没有一个符合这些描述。最新的研究结果也显示，高达85%的成年游民长期酗酒、吸毒上瘾、有心理疾病，或其中两项皆有，通常还伴有严重的心理问题。

其他类似的信息显示，许多无家可归者的问题根源，不单纯是经济问题（这是倡议人士一直灌输给我们的印象），而是根植于心理疾病、长期酗酒、毒瘾以及经常是三者的相互作用。为沾染有这些问题的个人争取住在街道或地铁隧道的权利，通常完全无助于解决他们沦落至此的原因，还会让他们更容易受到周围环境与情势的伤害。本书作者凯林就曾目睹倡议人士试图说服纽约地铁的游民拒绝警员提供的食物和开往庇护所的免费巴士，回到地铁内。而每月最多有 12 个无住址的民众丧生，死因有体温过低、误触地铁第三轨被电死、为取暖被烧伤致死，以及谋杀。

第三个问题是混淆无家可归和犯罪活动。很明显有一小群自称无家可归的人，其实是利用这个身份掩护其犯罪行为。例如，在旧金山，负责清扫和维护公共公园、广场和街道清洁的市政府员工，都曾遭到露宿在这些地方的人威胁其人身安全；而清扫内含针头、人体排泄物的垃圾时，也承受着严重的健康风险。此外，这些人的宿营地，逐渐成为施打毒品、毒品交易的中心，附近社区的失窃案大增。这些吸毒或酒醉的人，直接睡在商店甚至住家门口，让居民、顾客和行人心生恐惧。

倡议人士宁愿延续那种，每个主动乞讨、在公园扎营露宿、随处便溺或公开性交易的人都是无家可归者的迷思，原因并不令人意外。毕竟，尽可能地放大无家可归的问题，能为他们的主张创造更大的急迫性。而几乎每一个反社会行为，都能被划入"无家可归"问题。例如，负责监视警察处理游民的纽约志愿者团体"街头观察团"（Streetwatch）成员布拉德·利希滕斯坦（Brad Lichtenstein），就曾批评朱利亚尼市长不该支持 1994 年秋天交付纽约市议会表决的一项禁止在自动提款机附近乞讨金钱的措施。他表示："若该措施通过，在逮捕纽约无家可归者的一长串理由中，又会增加一项。"虽然有些在自动提款机旁讨钱的人，的确是无家可归且不具威胁性的人，但更多这类人是抢匪和骗子，他们不见得是无家可归者。失序行为不是无家可归者的专属。

最后，混淆街道上发生的失序行为，与无家可归的境遇，会让大家忽略那些行为本身所造成的严重后果。斯科根的研究已清楚显示，除了让民众不敢靠近公园和街道，失序最后可能导致整个社区购物中心消失，威胁城市的商业活力和社会体制。有钱有势的人可以回避和逃离这种行为，穷人和劳工阶层则无处可躲。

面对失序问题，是否有更有效的方法，管理那些倡议人士口中的无家可归者？刑事司法法律基金会（Criminal Justicel Legal Foundation）的肯特·谢德格对不同的街头人权与失序之间的关系，已有最敏锐的观察。受到鲍恩与伯恩斯和其他人的启发，谢德格将无家可归者分成三类：贫苦者、身心障碍者和自愿者。贫苦者是真的一贫如洗，迫于某种紧急原因流落街头，需要暂时的庇护，且愿意重回正常生活（这个占相对少的比例，却是一般人心中认定的无家可归者）；身心障碍者包括严重的心理疾病患者和有瘾者，是人数最多的一类；自愿者是那些每天在街道上进行交易，包括犯罪活动的人，这已是他们的生活方式。在关于失序的争论中，贫苦者通常不是问题，身心障碍者和自愿者反复且持续的反社会行为才是问题。

不论是否真的无家可归，帮助身心障碍者和自愿者无疑是我们社会的责任。我们尚未竭尽一切的努力，找出更完备和更有效的方法，供应和对待他们特定的需求。但心理疾病患者与药物滥用者，进行非法交易和活动的街头人士，都不该被允许用反复跨越文明与守法行为的界线，威胁我们城市的社会活力和商业生活。我们对他们的责任，不能借由宣扬我们在保护他们的（和我们本身的）自由权利这种错误的认知，并放任我们的城市沉沦来实现。我们对他们的责任，也无法借由一个争取他们"有权"留在街道或地铁隧道，并从事非法行为的运动来完成。

了解我们如何沦落到目前的状况和失序程度，是解决邻里犯罪和衰败问题的第一步。但文中细述的社会改变以及法律和立法教条的演化，一直伴随着另一个同样重要的趋势：降低警方在传统秩序维护中所扮演的角色。若法律教条、立法和社会观念的改变，全都造成了城市失序的增长，那么警务策略的无效也难辞其咎。我们并未有效地运用警力去协助维持秩序，进而来降低和控制整体犯罪。相反地，20世纪的大部分时间，我们狭隘地限定警察的角色就是职业的犯罪打击者、不须融入地方邻里生活、只需回应更"严重的"犯罪和逮捕罪犯。而随着警方放下许多维护社区秩序的活动，失序也慢慢潜入了。

第三章

以往警务策略的失败

从最早期开始，美国警察为社区提供协助的范围远超过犯罪控制和执法活动。事实上，他们一直是维持社区和邻里街道秩序的基本要素。然而到20世纪，一种新范例主导了警务政策。在这种模式下，秩序维护被"打击犯罪"的焦点掩盖。作为职业的犯罪打击者，警察变成"刑事司法体系的第一线"，远离他们保卫的人民和社区，负责的对象也变成了他们职业的原则，而非人民。这个模式衍生出911报案体制，而今以此为中心的警务多是组织化的。警察本身也帮助塑造和散布这种将他们定义为职业犯罪打击者的新意识形态。与此同时，法院也看到充分的理由，用限制警察处理低级街头失序的自行裁量权，将警察滥权的可能性降到最低。

目前的问题是，职业犯罪打击者的警务模式已经失败，程度严重到某些警察已完全放弃他们能显著影响犯罪的想法。尤其是911体制榨干了警方的资源，让他们无暇发挥更有效的犯罪防治功能，自隔于邻里社区之外，在许多区域，警力的配置甚至完全不符合民众的优先顺序，或回应民众的需求。从19世纪初期到中期，即便是整体警务一大部分的维持秩序，在我们许多人甚至警察自己的心目中，已降低为非属警察的职务。

我们是如何陷入这个困境的？为寻找答案，在本章要探讨美国警务的发展，特别是那些已被证明，对如今管理犯罪的警务工作有重大影响的基本策略和方法的转变。警察投入秩序维护的历史经验和近来警务体制变革的后果，让我们窥见城市失序大增的原因和警方如何变得较无法协助维持或恢复秩序。更重要的是，它们呈现出一个逻辑上无法被推翻但却惊人的结论：若想恢复公共区域的秩序，必将付出庞大的代价，而在目前资源有限的情况下，其可能的代价将是改变警方的优先顺序和赋予民众在维护公共安全事务中扮演的不同角色。细说从头，我们必须先了解前一世代的警察首长们，为应付20世纪早期的问题所做出取舍的本质。唯有如此，我们才能看清我们现在必须要进行的取舍。

警务范例的失败：过时的改革模式与战士策略

世上没有任何一个国家的警察体系，像美国一样极度分散化和地方化。作为一个服务地方需求的地方机构，美国的警务自立国初期，便有多方面和广泛的功能。最初，警察的职务是维护和平和防范犯罪，如英国现代警力的创建者——罗伯特·皮尔爵士（Sir Robert Peel）所言："用和平的手段维护和平。"犯罪防治曾是警察的首要职务。警察凭借他们明显的存在（也就是他们会散布在众人之中）和处理可能制造犯罪的状况（例如失序、醉酒、赌博和卖淫）来预防犯罪。逮捕人只是他们的众多职责之一。

寻常可见的范例，如纽约市的宪章，便清楚展现在20世纪初，当地警察的广泛职责：

第三百一十五款，特此宣示警察部门和人员不分日夜之全时职责……特别是维护公众和平，预防犯罪，察觉和逮捕违法者、平息混乱、暴民和暴动，驱散非法或危险之集会和阻碍公共街道、人行道、公园与地方之自由通行的集会；保护人民权利与财产，守护公众健康，维护选举和所有公众会议与集会之秩序；为促进交通和公众方便，及适当保护任命和健康，而管理、指挥控制、约束和命令所有马匹、马车、货运车、汽车和其他载运工具，在街道、桥梁、广场、公园和公共区域之移动……移除所有在公共街道、公园和高速公路上之妨碍行为；逮捕所有街边乞丐；协助、答询和保护在公共街道、蒸汽船码头和火车站之移民、陌生人和旅客；详细观察和检查所有公共休闲地点、所有商家都有赋税或其他经营任何生意必需的执照、所有声名不佳或卖淫处所和一般娼妓常在或居住的处所、所有彩券营业处和保单销售处、所有赌博场所、斗鸡场、鼠坑和公共舞池，并且约束和遏制其中所有非法及失序的行为和做法；武力强制管理和防范在市内违反所有法律及条令的行为；而基于上述目的，逮捕所有违反任何法律或条令之人，以压制或施以惩罚。

请特别注意其中的有效字眼：维护、预防、察觉、拘捕、压制、驱散、保护、指挥、消除、协助、答询、约束和遏制。每一个字词都隐含着众多复杂的职务。警方提供给城市居民和新移民一系列的社会服务，原是他们保护职务的一部分，现在却没有得到广泛的认同。当时的警局有预留空间，给刚抵达城市的移民留宿几晚，直到他们找到工作和住处。① 最早的食物发放救济，也是从警局开始的。部分社会服务的对象不仅限于成人和无家的移民；19世纪城市警察的主要职务之一是寻找失踪儿童，并将他们送回父母身边或转至社会服务单位。

即便做了这么多好事，在19世纪末和20世纪初，警察仍饱受残暴和无能的批评。这是因为警察与地方政客勾结，用"暗箱管理"掌控市政。作为以选区为基础的政治体制附属物，警察不仅是提供选区服务不可或缺的单位，其职位任命也取决于选区的政客，这就导致警察必须对他们宣示忠诚。因此，警察腐败的形式之一，就是利用他们的权力，保住政客的位子。警方也接受报酬，换取他们可以马虎地执行不受欢迎的法律，尤其是针对酒类消费的次级法规。此外，欺压少数族裔，特别是但不限于非洲裔美国人，也是早期警务最为人诟病的一点。19世纪末改革者对警方的攻击，反映出社会的愤怒。埃贡·比特纳（Egon Bittner）直率地说："美国19世纪末的所有市政机构中，没有一个像城市警察一样，受到全体民众一致指责。根据每一种可得的说法，他们在每一个存在方面，都是一个纯粹的、全然的和不可原谅的丑闻。"这当然是夸大的描述，改革者有他们自身的社会和政治目的。最早期的城市居民——英国和荷兰殖民者——因为后来的移民取得政治权力而被迫迁离，便怨恨警方没有更积极地执法。19世纪末的工业家，担心警方对工人阶级的同情会导致他们不尽力遏止当时严重的罢工。失势的政客憎恨警方介入选举（不意外，在那个不甚文明的时代，警方都是为那些掌握他们职位的政治得势者服务的）。专挖丑闻的记者，抨击

---

① 埃里克·蒙柯南（Eric H. Monkkonen）估计，19世纪末的美国人口中，有10%—20%曾使用过警察的寄宿设施。

警察的贪腐和无能。神职人员也在布道时谴责警方贪赃枉法。密尔沃基可作为当时许多城市警察风纪败坏的典型。单在19世纪80年代：丹尼尔·肯尼迪（Daniel Kennedy）警长因虐待囚犯下台，罗伯特·沃森（Robert Wasson）警长因贪污被革职（他的手下以滥权和醉酒著名），莱缪尔·埃尔斯沃思（Lemuel Ellsworth）警长（首位共和党改革者）因收取回扣和无法控制警察部门而下台，而他的继任者——佛洛里安·里斯（Florian Ries）警长，也在发生一连串抢匪贿赂警察和警探的丑闻后被开除。

尽管外界的改革呼声不断，政府也执行部分零星的改革，如建立公务员体制、终结地方政客操控警察职位，但进入20世纪以来，警察仍被视为差劲的一群。而后，一个个后续的内部改革者，自行与美国社会整体的进步运动（Progressive Movement）结盟，发展出一套警务改革策略，主导了20世纪大部分时间（至少到80年代）的警务。在这个阶段，警方成为纪律严明和密切掌控的犯罪打击者，而不须承担秩序维护的工作；社工人员会处理那些问题，"真正的"警察只打击犯罪。在某些方面，这个策略非常高明。它大致排除了政治对警察的影响，大幅降低贪污，建立了一套普罗大众、政治与媒体精英和一线警员均广泛接受的警务范本；而在前述最高法院有关犯罪调查的各项判决支持下，它更大幅减少了警察滥权。不幸的是，这套策略却败在自己的主张上。

我们知道，当时美国的警察部门是由地方政客和行政区首长主导设立的。波士顿和纽约的首长学习伦敦应对都市化问题（失序、犯罪和混乱）的方式，推行美国化的伦敦革新政策。然后在20世纪初，第一位颇具远见的美国警察首长——奥古斯特·沃尔莫（August Vollmer）鹊起。他在1909—1932年担任加州伯克利警长期间，试图建立一个十足专业的治安模式，由自身的知识和能力管理，并独立于政治操纵之外。在当时，大多数警察甚至不需要拥有高中学历；他却主张警员要有更高的学历、专业自治，并更广泛地运用他们的自由裁量权。吉恩和伊莱恩·卡特（Gene and Elaine Carte）概述沃尔莫在伯克利推行的政策和他的治安哲学如下：

> 伯克利的成功，来自于沃尔莫能寻找优秀人才担任警员，并充分发挥其才能。专业警务开始于沃尔莫决定不论对或错，警员需要相当特殊的能力担当这份工作，这些能力是那些对治安的"崇高理想"毫不在乎的警员无法学会的能力。这就是为何他感到不可思议，民众对警员的认知竟等同一般劳工，对其职业的理想仅求一份体面的薪水和合宜的工作环境……
>
> 他期望每个人都是其负责区域的"警长"，担起他巡逻区内任何大小问题的处理责任……他应该与当地商家密切合作，建立预防机制，对区内的住户有足够了解，以察觉违法问题或异常需求……
>
> 换句话说，在沃尔莫的哲学里，巡逻警员不只属于一个专业的组织，他本身就是一个十足的专业人员，应通过严格的测试挑选，在先进的警察学校受训，被灌输服务与效能的理想。

沃尔莫的许多早期理想，都在20世纪后期发展的社区与解决问题警务运动中重现，我们将在后面的章节讨论。但这些理想并未成为主流，警务改革朝着另一个方向走去。沃尔莫的门徒，特别是20世纪的主流警务理论家威尔逊（O. W. Wilson），反而成为与沃尔莫的主张有极大差距的新警务观点的首要拥护者。沃尔莫希望扩大的警察功能，威尔逊和其他人却主张缩减。沃尔莫认同警察的自行裁量权和招聘高教育水平的警员；改革者却想大幅度限制，或取消自行裁量权，并认为没有必要招聘高中以上学历的警员。沃尔莫采取学院制的管理模式，改革者却推行军事化的指挥和管理。

威尔逊的观点为何能取代沃尔莫的，我们无法确定。纯正的职业精神，于当时仍在初创阶段，甚至不被认可。鉴于当时警方实践的程度，多数警察很可能不了解沃尔莫模式的内涵究竟是什么。此外，弗雷德里克·泰勒（Frederick Taylor）关于组织与管理的"科学模式"（抢先提出控制、工作例行化和单纯化等概念）当时正风行。而基于科学在20世纪初期的神秘感，"科学模式"或许是多数警务改革者心中更容易传达且更喜欢的版本。到20世纪30年代，就连沃尔莫自己都写出"科学"警务、"科学"调查与巡逻理论，以及"科学的"警员招募（通过心理测验）、巡逻路线的建构和巡逻警员的配置。无论如何，沃尔莫在其伯克利任职内感到无法置信的事——警务被定义为狭义的官僚工作，在20世纪30年代已成为多数警察工作的标准工作设想。

为消除政治对警察部门的影响、适当管理警员，并建立打击犯罪的优先顺序，主流的改革者提倡一系列的警务变革：

- 警察需放弃许多与服务相关的活动，他们的职务缩限于执法。
- 警察部门内采取权力集中化，辖区长官和指挥官的权力和影响力必须受限。
- 巡逻警员与社区的直接联系非常严谨，主要是通过开车巡逻和新发展的巡逻配置系统。在许多城市，警员与民众闲聊是被禁止的。①

- 为减少邻里社区和地方政客对警方的要求，巡逻区域的划分将不再依照社区分布，而是以犯罪率、报案和希望的巡逻次数为主要决定变数，"科学"构建责任区域。此外，民众对警察服务的要求，将采取集中化处理，最初是通过简单的电话和无线电系统，之后便采用电脑辅助分派的"改良式911"系统。
- 为进一步在辖区和社区扩大首长的影响力，许多特别小组先后成立——这些小组是从警力中"精挑细选"出最具才干的警员，隶属于中央警察总部，但执勤范围涵盖全市。
- 警员的招聘将根据一套心理筛选机制和公务员标准。
- 建立并保持一个"科学的"组织架构和管理制度。

换言之，警察的职责将从犯罪防治和提供服务，转变为通过执法将罪犯拘捕。在执行这些职责的方法上，警方与民众之间紧密的合作被更疏远和被动的程序取代，如迅速反应报案和开车巡逻都避免了警方与民众互动。最后，警务改革者要创造一种组织架构和易管理的程序，支持这些新的功能和方式。所有这些改变都与沃尔莫最初的想法大相径庭，且讽刺地与发展专业警务背道而驰。综合起来，它们代表一种全新的警务策略：改革模式。

---

① 1953 年的《纽黑文警局指导手册》（*Manual of the New Haven*），即是一典型范例："巡逻人员若在责任区边界相遇，除传达其警务相关信息外，不得相伴而行或交谈，而警务信息的交换需尽量简短；他们不得在责任区内与任何人交谈，除非是攸关其职务的事项，但此类信息和援助的提供，应与其职务内容一致。"

改革模式：警察职责、方法、组织和管理

在 20 世纪前半叶，美国警察对他们控制犯罪的能力，有很高的自我期许。一开始，汽车被视为一种带来很大优势的新技术：上级可经常到巡逻区域监督警员，巡逻警员的责任范围也可扩大。随着汽车数量渐增，愈来愈多的警员能分配到车辆。不仅能扩大责任范围，也更容易管理开车的警察——你很难在车子里"失踪"，尤其是配备双向无线电通讯的警车。20 世纪 30 年代，当汽车逐渐普及，警员改为开车巡逻后，有些人相信，城市犯罪将彻底被消灭。反犯罪策略开发出的方法，也以汽车和科技的使用为中心：

> 通过警用无线电工具，总部可立即通过广播将信息传达到每一个辖区分局和每一辆警车上。用警车即可传达从不同方向突袭犯罪现场的命令，迅速撒网和收网。罪犯通常可在犯罪现场或不远处被捕。若罪犯逃出网外，也能利用无线电指挥和进行追捕。

到 20 世纪 40 年代，最初在沃尔莫职掌加州伯克利警局时担任其手下的警员，之后成为学者和芝加哥警局督察长的威尔逊，也完成了他自己的警务方法理论。威尔逊的想法超越了警车能扩大责任区、增加工作效率和更易监督等简单解释层面。他提出的新理论是，警车巡逻对犯罪控制的冲击，其焦点在于预防性巡逻和迅速反应报案：警察随机且无预警地梭巡城市街道，能在守法公民和罪犯心中，同样制造出一种警察无所不在的感觉。此外，通过车内无线电，警察能迅速回应民众报案，而配给警察醒目、强有力的车辆，也能提升其权威感。威尔逊的理论被广泛接受,到20世纪中期,警方的工作,也就是打击犯罪,几乎全通过开车执行。预防性巡逻,是由警方快速地开车梭巡城市街道,由此创造一种警察无所不在的幻象,表面上吓阻罪犯,也让民众安心。开车巡逻提升了警察监督的能力,也增加了他们截断犯罪过程的概率。最后,开车的警察随时都能立即回应报案:"执行中"代表警员正在开车;"在服务范围外"代表警员正在与民众交涉。组织的压力让警员随时都要"执行中"——等待下一次被呼叫。

20世纪初期警务改革者大力鼓吹和实行的组织架构和管理程序,在很大的程度上遵循着弗雷德里克·泰勒的"科学"理论。泰勒的工厂模式提倡权力中央化、创造中间管理阶层,将工作标准化和例行化;增加控制层级、找到适当比例的工人监督者(即所谓的管理幅度),并统一指挥。整体工作能力被拆解的工人,被视为可轻松替换的商品,可无害地随意调动其职位。劳工被假设为对工作本身和其工作的产品少有或没有投资:若放任不管,工人会怠惰和/或惹上麻烦。长官监督、中阶管理层思考和下令,一线人员只要照做就可以了。因此,至少书面上,警察的工作被例行化了。警员被视为只有少许或没有自行裁量权的执法人员。"复杂"的工作,就交给卫生、社会福利、交通和联邦与州的执法单位,市级警员仅处理简单、剩余的工作。

虽然改革模式力推的这种组织架构和相关的管理形式,在20世纪四五十年代被誉为"专业警务模式",但这种认知却存在极大的误解:改革模式内的巡逻警员等同于工厂的一线作业员,许多城市的警员制服到今天还延续着这个传统,指挥人员、警长以上的阶层穿白领,较低层警员穿蓝领。事实上,改革者对一线人员的态度,相当轻蔑自大。[①]社会学家埃贡·比特纳认为,警员应具备诚实、忠诚、积极和发自内心的勇气等"美德"。他们不需要太聪明。而由于20世纪初期警界贪污和滥权日益严重,警务改革者的初衷就是控管。控管警员弥漫在改革策略的每一个方面。为让警员远离不当的影响,他们退避到警车内,与政客和所有民众隔离。要确保个别警员服从部门定下的优先顺序,报案统一通过911中心派发。为防范警方在与民众互动尤其是处理卖淫时贪污,社区警员被劝阻甚至被禁止处理管区内的娼妓、毒品等问题,以及和民众交谈。尽管改革模式的实行有地区差异,绩效评估项目仍反映出警务改革的明确焦点:逮捕数量、犯罪率和反应时间。

改革模式的扩散

"现代"警察部门轻率地接受这种新警务策略,采取上述职责、方法、架构和管理程序,因为它们结合了世上最好的要件:加强控制警员、引用"科学的"做法、紧缩警员权力的同时,还能赢得他们的支持,因为开车巡逻远比徒步走遍城市街道舒适多了,尤其是在恶劣天气时。那些继续实行徒步巡逻的城市,如波士顿,被"国际警察首长协会"批为食古不化。随着电脑在20世纪60年代降临,许多城市皆增设911系统,以改善承接报案的数量和反应速度。若有民众不喜欢这些改变,最后也只能顺从警员的专业选择。20世纪60年代末,波士顿终于装设电脑化的911系统,当民众继续打电话到辖区分局,警员会立刻切断线路。改革模式中的各种警方行动,是以定义确定的公民角色为前提的。民众是支持警方、扮

[①] 塞缪尔·沃克(Samuel Walker)是一位出版过多部与警务改革运动相关著作的历史学家,他对改革者鄙视基层人员的情况有以下说法:"基层警员是被改革'遗忘的一群人'。多数改革者看不起一般警察。"

演他们的耳目、当警方抵达时不得妨碍、出庭作证和基本上是对抗犯罪服务的被动接受者。民众影响或投入警务活动，都被视为政治入侵专业领域。

上述美国警察权力地方化，无法同时全面地改变，不同城市的做法有相当大的差异。尽管改革人士大致同意，消除政治力对警察部门的影响是基本要件，但要达成目标则需因地制宜。拒绝此类影响的目标，并非让警察无须对市政府负责，而是隔绝党派政治操纵对重要组织程序（如人员聘用、奖励和晋升制度，勤务分派和社区警员配置等）的影响，维护警方的专业尊严和政策独立。每个城市采用的方法不一，有时难免牺牲了权责性。例如，洛杉矶是通过一套极严密的公务员制度，控制所有警察部门内的晋升。然而在纽约市，警长以下职位的任命和晋升，仍继续遵循公务员制度；警长以上的职位由警政委员任命，警政委员则由市长任命。这两种制度的优缺点相当明显：在纽约市，任命和晋升制度为警务领导阶层建立了清楚的责任制，民选官员能通过最高政务官的任命权，决定警察部门的整体政策。风险是，一位肆无忌惮的市长可通过任命一个政治打手掌控警察部门，并根据党派忠诚控制警长以上的人事。在洛杉矶，公务员制度严控警察人事，市长无法要求警察部门绝对效忠。这种缺少权责性的结果，清楚显现在罗德尼·金（Rodney King）事件的后续处理中：当时的洛杉矶警察局局长达雷尔·盖茨（Daryl Gates）竟可主导自己下台的条件。更甚者，即使某位局长的任命是基于强烈的改革民意，如威利·威廉斯（Willie Williams），他执行改革的能力仍极度受限，因为重要的高层人事任命无法任其掌控。虽然这两种制度的目标，都是确保警察部门不受政治腐败的影响，纽约和洛杉矶两地，却有极大不同的结果。两者均互有得失。在纽约市，由任命警政委员，并授权其任命警长以上所有职位的市长，向市政府负责；风险是政治操纵。而在洛杉矶，所有职位皆涵盖在公务员体制下，大致消除了政治操纵警局；但这个模式的风险是欠缺责任制。

尽管有多种不同的模式出现，地方改革的基本精神，仍遵循改革模式。改革策略本身激励了警方，并抓住了大众的想象力。从当时的热门连续剧《警网》（*Dragnet*）开始，几代电视节目对警察的描绘，都是飙着飞快的警车、回应报案、对抗犯罪和坏人。这种策略下的警察，得到了强有力的象征：犯罪纪录片《正义难伸》（*The Thin Blue Line*）表现出对犯罪、毒品和暴力宣战，并打击犯罪。《机器战警》（*Robocop*）反映的就是一位重创街头犯罪的"战士"。

警察战士、"执法"和"刑事司法体系前线"等观点的兴起

到20世纪五六十年代，改革者已成功地隔绝了警方与外部影响，以致警察几乎不对任何人负责。任何影响警政的企图，不论其动机或用意为何，都被警方视为政治干预。孤立和陌生引发轻蔑和敌意。警务是警方的事，最好交给专业的人处理。多数首长认为，民众对警察部门无权置喙。[①] 20世纪60年代，最高法院对犯罪调查、民权伸张、越战争议和标记那个时代的城市不安的种种判决，更加重了这种警务策略的受困心态。就在这种全国性的混乱中，约翰逊总统成立了他的警务检讨委员会。

不须多说，大多数警察不喜欢所谓全国性的委员会，尤其是一个自由派总统设立、其成员充斥着自由派学者的单位，侵犯警察的

---

① 两个值得注意的例外是帕特里克·墨菲（Patrick V. Murphy）和克拉伦斯·凯利（Clarence Kelley）。墨菲最后成为纽约市警局首长和警察基金会主席。凯利是堪萨斯市警长，后成为联邦调查局局长。墨菲直言反对当时最主流的警察专业主义，这使他在同僚间极度不受欢迎。他们甚至试图把他排挤在纽约州警长协会之外。当然，墨菲的警长生涯就是建立在与众不同之上的。

事务。然而，讽刺的是，警务改革模式最有力的支持，竟是来自约翰逊总统的犯罪委员会。委员会确实看到了实行改革模式的缺点，应聘请更好的人员、改善训练、提升技术，扩增警察部门和部分职责，如整合后的犯罪实验室和针对少数社区的公共关系应加强等。委员会也确实建议研究徒步巡逻和团体警务等创新做法的效用。委员会的一个工作小组，甚至发表了一份有价值的综合性报告，内容完全认同警察事务的复杂性。然而，将警察职责局限在"打击犯罪"的改革派观点上，依然被强烈支持。首先，委员会确认警察是"执法单位"；其次，接受警察、检察机关、法院、缓刑、保释和监狱等单位，共同构成一个刑事司法体系，而警察是该体系最前线的概念。

委员会将警务与"执法"画上等号，是为了解决势力范围的冲突。警长们担心，若委员会写的是关于"警察"的报告，且用"警察"为一般性称呼，将贬低或低估警长在民众心中的地位。因此，为安抚警长并找寻一个更具广泛包容性的语词，形容美国所有的警察单位，不论是地方警察、郡警长、州巡警或联邦警探，委员会最后选用了"执法单位"。这种标签为一种明确、意识形态的警务观点提供了前所未有的支持。

警察是刑事司法体系最前线的概念成形，进一步加强了警察就是"执法者"的精确观点。刑事司法体系概念在20世纪60年代成形，美国律师基金会（American Bar Foundation，简称ABF）注意到，被捕者从警察手中交给检察官，再交给法院等，因此推论，至少对犯法者而言，这个过程似乎是一个体系。基金会研究员也发现，一个机构的改变会影响另一个机构：若警方逮捕的犯人增加，检方、法院和矫正机构都会陆续受到影响。而在这个时候，从生物科学衍生出的系统概念，即一套具有高度相互依赖性、内置回馈和自我管理的连贯自然秩序，正被引入社会科学研究领域中。

但就警察和其他刑事司法单位而言，引用系统分析是错误的。很明显，这些不同机构不属于一个自然秩序。更重要的是，它们也不是由某个单一或集体智慧设计和治理的。这些单位通常独立作业和管理，也有各自的目标。警察要扫除街上的"坏人"，并且"知道"他们有罪——否则就不会逮捕他们。检察官只要"能够起诉"的案子。法官要的是正确的程序和"正义"。警方和检方要把"坏人"送进监狱，监狱管理者面对受刑人过多的难题，则希望他们赶快出狱。这些机构或许对特殊的案例有一致的目标，但那不足以成为一个体系。此外，单就一个机构的行动对另一个机构的影响，也不能构成一个完整的系统。因为刑事司法机关不具备能够实现系统功能的系统特性：自我管理和整合各个部分以协力实现一致的目标。

不论将刑事司法比喻为"体系"是否有现实的根据，这种说法带来的冲击难以忽视。过去，警察一直被视为地方政府的一个管理分支，负责提供各种服务。被划为刑事司法体系的一部分之后，警察变成必须对那个体系、对法律和他们的职业负责。而警察原本拥有的更广泛的社会角色，也在体系模式中被进一步忽略。在改革领袖心中，总统的犯罪委员会强化了警察真正的职责：逮捕罪犯，并通过刑事司法体系处理他们。警察首长现在两面兼得：一个免除警方受到政治操纵的策略和现在国家委员会盖上打击犯罪的许可。警察的工作，就是逮捕罪犯和将他们提交给刑事司法"体系"处理。如果他们完成这项工作而犯罪依然增加，那是别人的错——法官轻判、检察官斤斤计较，或起诉不力让已知罪犯获释。"执法援助局"（Law Enforcement Assistance Administration）催生的学院刑事司法产业，成为散播此观点给那个世代学生的最主要载体。而此意识形态本身,也成为普遍认知的一部分:警察是刑事司法体系的最前线。

这种概念完全遗漏了防范,只有在技术面略提:犯罪防治可通过警察扮演刑事司法体系的最前线而实现,也就是执行逮捕。他们期望警察执行无意识的逮捕——不必使用任何判断或自由裁量去控制情势(或者避免情况失控),只需回应已经发生的危机。而后,逮捕将造成监禁(使入狱服刑的违法者无法再犯罪)、直接吓阻(潜在违法者因确定被捕而受到吓阻)、间接吓阻(潜在违法者察觉其他人因犯罪行为被捕而受到吓阻)和/或洗心革面(被捕者通过某种形式的社会或心理干预而洗心革面)。事实上,预防性巡逻曾被视为一种犯罪防治手段,但预防性巡逻隐含的警网遍撒的意义,顶多是个试验性的和未经证明的假设。最重要的是,警察无所不在的概念,不过是把警员的工作变成开车梭巡,而非直接与民众接触。为表现对其他犯罪防治形式的认同,某些警局设立了特殊犯罪防治单位,配置少量的人员,提供民众居家自保等建议。然而,在警界文化中,犯罪防治早已远离警方思考的主流,被分派到这种单位的人员,都被戏称为"空枪套",与那些情绪不稳、被主管下令禁止配枪,且负责某种非执法性质工作的警员归为同类。其他警局对防治犯罪的警员也同样轻视。警察"真正"的工作是开着警车、回应报案和逮捕嫌犯。

执法策略的崩坏

仍保持乐观的美国警察首长,面对20世纪60年代的犯罪潮,信誓旦旦地对市议会保证,只要能再增加警员数量,就能大幅降低犯罪。但即使在这些骚乱时期,战士策略的失败也很难再被掩盖。今天,几乎没有一个面向——维持安定,或控制犯罪、恐惧,或警员本身——是这种策略成功的地方。近代史上，最能象征改革策略失败的案例，莫过于洛杉矶的罗德尼·金事件和初审判决引发的后续暴动击垮洛城警局引发的结果。20世纪50年代，洛杉矶警局被威廉·帕克（William H. Parker）塑造成改革警务的全国模范：组织精简（相对于城市的规模）、以警车行动、军事化、全体适用公务员任命、阻绝政治影响。广播、电视和电影，处处可见对这项制度的吹捧。洛城警局在历任局长——帕克、埃德·戴维斯（Ed Davis）和达雷尔·盖茨（刚入职时曾任帕克的司机）的努力下，建立了清廉、强悍、正直的形象，足以成为美国各地警局的模范。但这一案件，便暴露出警员依然不受控制的问题，指挥架构也在危机中崩解。对许多警界人士而言，这不只是洛城警局的失败，更是整个策略的崩坏。

社会对改革模式的信赖，于20世纪70年代开始销蚀。首先，愈来愈多民众，尤其是少数族群，对警员冷漠、非官方的和粗鲁的行为提出抱怨。套用《警网》中的一句台词："事实就是令人不满。"更多民众也开始要求警方恢复徒步巡逻。各地市长也感受到了压力：在1972—1984年，波士顿的每一任市长选举，凯文·怀特（Kevin White）市长都提供社区步行巡警的政见。尽管警方厌恶徒步巡逻，包括纽瓦克、弗林特（密歇根州）、波士顿、巴尔的摩、阿灵顿郡（弗吉尼亚州）、沃思堡、纳什维尔和华盛顿特区，都在20世纪70年代中恢复了徒步巡逻。虽然当时仅有少数人注意到，美国各城市已逐渐形成一种以不同性质形式对付犯罪问题的需求。

第二，拦截性巡逻（专门在犯罪进行中逮捕嫌犯的巡逻方式）成效不显著。艾伯特·赖斯（Albert Reiss）在芝加哥进行的调查，发现，93%的逮捕是民众自发行动的结果（民众联系警方投诉犯罪活动）。相对于"一般认知"，随机的拦截性巡逻逮获的犯罪是如此之少，其对整体犯罪控制策略的贡献根本微不足道。

第三，开车巡逻能制造一种警察无所不在的感觉或吓阻罪犯的想法，也被1974年堪萨斯市预防性巡逻实验的结果推翻。该研究结果显示，大幅改变预防性巡逻的层级，对犯罪程度和社区民众的安全感没有影响。针对后者，警车驶过社区，在民众心中毫无记忆；因此，警方大幅增减巡逻频率，居民也不会注意。这个发现与徒步巡逻实验的结果明显相反，民众对徒步巡逻的次数增减相当敏感。以纽瓦克为例，执行徒步巡逻实验的研究人员和当时的警察局局长休伯特·威廉斯（Hubert Williams），还必须对民选的地方代表保证，被当作对照组也就是暂时取消步行巡逻的社区，会在事后得到补偿，才能顺利完成实验。

第四，改革策略组织架构与管理程序的基本假设——警员就像工厂作业员，不需要自由裁量，只要执行例行性、反复的活动，这些都被20世纪六七十年代所积累的研究结果推翻。警察基金会研究员玛丽·安·威科夫（Mary Ann Wycoff）简述了以下研究结果：尽管改革者历经数十年的种种努力，研究证据却一致显示，民众需要有形的警务工作，犯罪相关问题只占其中的一小部分，而警员是以高度自由裁量的方式回应民众的那种需求。实际执行的警务工作与改革模式的设想之间，有惊人的差异，如比特纳所述：

> 警察角色的官方定义是一个执法机关……部门内的组织和人力分配，反映犯罪控制的类别……受到表扬的永远是打击犯罪的英勇功绩，但多数警员的日常工作几乎得不到认同。这些警员负责现在通称的维护安定与秩序等工作，极少需要执行逮捕。那些真正发生逮捕的情况，多是为了维护安定的权宜之计，而非那种针对窃贼、强暴犯或

其他重大罪行的执法行动。每一种不同的勤务，都涉及各种紧急情况、消除妨害行为、调解纠纷和几乎无止境地恢复现代社会的正常生活，这些警员没有得到任何功劳或赞扬。有没有人承认，许多这些人类和社会问题都是相当复杂、严重和重要的，而处理它们需要技巧、谨慎、判断和知识。

这些理论与实务的不一致，对过去三十年来一线警员和警察工会的信念、态度和行为的影响难以言喻。警员的犬儒心态和孤立感增加，绝对包含在其中。

最后，警方演变出一种视整个社会（尤其是市中心的少数族裔青年）为"敌人"的"文化"。警员大多是劳工或中产阶级背景，对少数族裔社区所知甚少。警察的训练针对此类区域的问题和危险，但他们却不了解这些区域的特性。隔离在警车内，且只接触社区里最困扰和最惹人厌的一群，警察很容易对民众产生猜疑、偏见和恐惧，尤其是在少数族裔社区。那种"正义难伸"的心态确实有影响，警方自视为战士，保护好人对抗坏人；问题是，与许多地方社区民众少有接触的警察，很难分辨出哪些是守法公民，哪些是麻烦制造者。

警界领导人现在已普遍承认改革策略的失败。警察不再只被视为专业的执法人员。在一个民主社会中，警方的职责涵盖了保护所有公民，其中包括犯罪嫌疑犯的宪法权利；专注于重大犯罪，却忽略了心理病患、药物与酒精滥用者、娼妓和许多年轻人在公共区域的可憎行为所引发的恢复秩序需求。更甚者，改革策略也没有达成本身定义的目标：犯罪控制和执法。不仅开车、随机的巡逻被证明失败，关于犯罪、罪犯与受害者的研究也显示出警方在其他多个要素上的犯罪控制效果也相当有限，如犯罪时间和地点，以及罪犯与受害者之间的关系。

这些问题的发现，引导新一代的改革者将一种更广泛和重新定义的警察职责，纳入秩序维护、重整其组织架构和管理程序，以反映实际的警察工作，并开发新方法。但被当作改革策略象征的911系统，却成为一项严重阻碍。今天，911几乎主导了所有警务和民众对警察服务的期望。只要911以既有的形式继续存在，警务工作就无法使用新的策略。

911 警务的失败

迅速响应报案，是一个直觉上令人信服的概念：如果警察能快速赶到犯罪现场，就更能够保护或解救受害人、进行逮捕，并在犯罪当场捕获罪犯，进而更容易在法庭上将他们定罪。不论是打开窗户求救、跑到警察局、引起巡逻警员的注意，还是打电话求助，民众都适切地期望，警察会立即赶赴犯罪或紧急事件的现场。

迅速响应是自古即有的传统。中世纪前的英国，身体强健的男性被要求随身携带武器，以备罪犯袭击时，民众能立即拿起武器，追赶并制伏他们。民众反应紧急状况和追捕恶人的传统，延续到殖民时期的美国，发展出民兵团形式。直到城市成立警察部门，才承接了民兵团的职责。20世纪早期的警察，相当依赖车辆和无线电回应犯罪和紧急状况。确实，结合科技和日后产生的电脑，警方赶赴犯罪和紧急事件现场的时间比步行巡警更快，除了那些步行巡警刚好接近现场的案例。警方是如此确定迅速回应报案的益处，以致在20世纪70年代初以前，"完全警务"即代表警察回应所有报告，并在三分钟内抵达现场。即使到现在，回应时间（警局从接警到警员抵达报案位置的时间）仍被许多人视为警察效能和生产力的重要评估标准。迅速反应不仅被认为有效，也是应得的服务：任何人只要拨打紧急报案电话，都应该得到警察的服务。911系统因此成为近代警务的核心。

组织一个警察部门，使其能迅速回应报案，是一个涉及最新技术——电话系统、电脑和无线电，更别说车辆——的复杂过程。更精密的系统，如改良式911、车内电脑和将车辆位置投射在荧幕上，以便调度员看到最邻近报案现场警车的自动化车辆定位系统也被利用。然而，迅速反应对警察部门的影响不止于科技，还包括人员配置：警力必须安排在911尖峰时段。对责任区域的划分也有影响：巡逻责任区的划分，必须反映相对公平的报案数据，确保各社区的待遇相当和警员都有合理的工作量。迅速回应也主导了警员巡逻责任区的方式：为缩短回应时间，警员必须保持警戒，准备立即响应。这影响到警员的优先顺序：他们可能决定专注于特定犯罪问题，但又不断被召唤去处理报案。部门内的上下从属关系也受到影响：警员也许已经与上级规划好一份工作时间表，但一有报案电话，就必须抛开原先的计划。最后，911影响到警民关系：组织压力让警员必须尽量维持执勤状态，以快速回应报案。因此，与民众的互动必须急速、有效地进行。今天几乎没有任何一个警察的职责、方法或组织的面向，可免于911的重大冲击。完全整合在改革策略与方法内的迅速反应思维，让警员离不开警车和中央调度，警员活动必须以全市的优先顺序为重，并与拦截和预防性巡逻一致，不渗入社区生活（因为反之就是一种警民互动）。

从"完全警务"到紧急事件反应：迅速回应重要吗？

"完全警务"创造出庞大的需求。在20世纪70年代，警察服务的需求开始无止境地攀升：民众几乎事事都要找警察。几乎在每一个城市，这类需求都升高到警局难以负荷的程度。波士顿即是一个明显的例子：1975—1991 年，911 报案电话数量每年平均增长33%。这种趋势与指标犯罪的发生频率似乎无关，因为在此期间，指标犯罪数从 1975 年和 1981 年的 80000 件，下降到 1991 年的 62000 件。而同期非指标犯罪的报案数量，则从 35 万件增至将近 60 万件。

为何在犯罪率下降的同时，民众对警察服务的需求仍持续上升？我们不知道，但可以猜测。恐惧犯罪可能是一个原因；没有感觉到警察的存在也许是另一个因素；警局大力宣传 911 系统，可能也有部分影响。另一种解释是，民众对警方的需求远不止于紧急状况和犯罪控制：对于普遍性的社区问题，民众坚持报警处理。警方用忽略这类"小问题"——如青少年占据街角等——试图拒绝民众要他们进入社区的要求，但民众通常会故意"拉高层级"，例如报案说"有人持枪"，这种描述在多数城市，都能保证警方出动多辆警车、立即回应。民众拒绝只把 911 当作紧急报案系统，再加上对徒步巡逻的需求，也许正是改革策略无法满足民众之警务需求的早期征兆。

不论确切原因为何，911 在 20 世纪 70 年代的负荷大增，促使研究员和警方思考反应时间内各种变数的影响。虽然有过更早的研究，第一份根据源于警局之外资料（准确性较高）的反应时间研究报告，应是 1976 年发表的堪萨斯市预防性巡逻实验的附属报告。利用堪萨斯市的资料，该实验的主任研究员托尼·佩特（Tony Pate）与同僚详细调查了回应时间与民众对警方相关处理之满意程度的关系。警方之前假设，报案回应时间愈短，民众对警方服务的满意程度愈高。佩特却发现，民众满意度与警方回应时间之间，还有一个变数：民众对回应时间的预期。换句话说，绝对的回应时间不及民众对警方的预期反应和实际的抵达时间重要。举例来说，若警察在五分钟内抵达报案现场，但民众的预期是八分钟，民众通常会感到满意。相反地，若民众的预期是三分钟，他们就会不满意。

第二个于 20 世纪 70 年代中期在堪萨斯市进行的反应时间研究同样重要。不只是针对其结果，而是该研究乃第一个完全由警局独立设计和执行，加上民间研究员协助，用以分析警察方法效能的大型研究计划。显然，在堪萨斯市警局局长克拉伦斯·凯利（Clarence Kelly）等警界领袖的带领下，警方的孤立开始瓦解。这项研究是为了确定回应时间的变数对逮捕行动的影响。结果令人震惊：警方迅速的回应，只占 3% 的重罪逮捕。如此微不足道的影响的主要原因是民众的行为：民众一般不会在犯罪发生后立刻报警。多数民众，不论受害者或目击者，都会延迟 20—40 分钟报案。有些受害者和／或目击者是因为惊吓过度；其他尤其是被亲友攻击的受害人，根本不确定是否该报警，经常会先找某位亲近的人征询意见。还有许多人因为太害怕，必须确定罪犯已完全离开附近才报案。某些商家害怕营业场所发生暴力，特别指示他们的员工，必须先确定入侵者已离开现场才能报警。几乎每一位受害者，都会在事后仔细衡量他们的情况。有些人，经过谨慎考量或征询亲友意见后，决定报警。也有很多人，同样在考虑过后，决定不报警。因而大约半数的重大犯罪没有被通报。

堪萨斯市第二次的回应时间研究，其重要性和与直觉相反的结果令人震惊，以致 20 世纪 70 年代后期，另外四个城市（杰克逊维尔、皮奥里亚、罗切斯特和圣迭戈）在国家司法研究院（National Institute of Justice）的资助下，也进行了相同的研究。这些研究获取的结果都一致：不到3%的重罪逮捕是警方迅速回应报案的结果。该报告的首要作者——威廉·斯佩尔曼（William Spelman），甚至利用他收集到的民众行为与警方回应资料，计算出排除所有延迟报案的影响。在这种条件下，斯佩尔曼发现，每一千件报案中，仍只有不到70件是迅速回应促成的逮捕。警方再一次大受震惊。

报案数量大增和迅速回应的效用受到质疑，使得警方的思维在20世纪70年代末产生基本的转变。"完全警务"（立即回应所有报案）的概念被舍弃，911成为针对重大报案的紧急反应系统。"区别反应"的概念和以严重程度排定处理优先顺序的报案分散方案，也随之诞生。根据这些方案，警方只会立即反应最高优先级的报案，其他则利用电话处理，或要求民众前来警局，或在方便的时段派遣警员前往。后续的研究显示，若有适当的执行，民众并不反对此类程序，但若接电话的人员详细解释其他的处理方式，而警方之后也确实做到了，民众会十分满意。

然而，回应时间研究的结果，制造出一个政策窘境。在许多案件中，911系统和警方的回应，带来美好和令人感动的结果。例如，一个年幼女孩在父母受伤后拨打911，但无法说出她的地址，改良的911系统自动记录其电话号码，及时拯救了女孩和她家人的性命。① 这类故事有极大的吸引力，电视节目也乐于大肆炒作。但在整体程度上，911科技扭转犯罪事件结果的案例少之又少。斯佩尔曼关于911的政策建议，发表在标题为"可能无法减少民众报案时间的方案"一节中："没有任何证据显示设置911系统能大幅减

---

① 新罕布什尔州格拉夫顿郡（Grafton County）警长查尔斯·贝里（Charles Berry）提供了另一个故事。警方接到一通年幼的孩子打来找她"妈咪"的电话。因为采用改良式911系统，警察很快锁定了来电地址，迅速派遣人员前往。"妈咪"正在地下室洗衣服，拒绝回应小孩要她立刻上来的要求。从父母和电视上学到打911电话的小孩，于是打给警察，要警察命令她的"妈咪"立刻上楼。

少民众报案时间……民众舍弃911改打总机，延迟仅增加约十秒钟，以超过五分钟的整体平均报案时间而言，不算是显著的数字。"

911警务的代价：警民互动

有鉴于这些结果，我们有必要详细检讨911警务的利弊。暂且不论其成本，即使成本相当庞大，但可以理解，就算只为了一点点益处，社会也许都愿意付出。其他的911警务成本，也能用数字表示。但我们只讨论两项最重要的：911警务对警民互动的负面影响和犯罪发生后错失的犯罪防治，与恢复社区完整功能的机会。

"建立关系"的重要性　警员走出警车，并且通过步行巡逻和其他方法，有系统地与民众互动，就会产生效果。我们以20世纪70年代凯林在新泽西州纽瓦克市观察的徒步巡逻实验为例。这是由白人警员，在20世纪60年代种族冲突记忆未散的时代，负责巡逻黑人居多的区域。两位警员巡逻纽瓦克的某个街道，他们碰到一位带着小孩的黑人孕妇在公交车站被另一名酒醉的黑人男性骚扰。孕妇与小孩显然非常害怕，两位警员都认得那名男子，并直呼他的姓名："乔，你不能骚扰这位女士。"当乔表示拒绝，其中一位警员紧抓住他的肩膀，逼他转身，然后带着他离开那位女士。乔继续抗议："我没做错事。"他的街头同伴站在附近的大楼下看热闹，也开始说话："噢，乔想要被逮捕。"那位警员带他走开约十米，然后告诉他："我这次放过你，但继续走，我不准你再骚扰那位女士。"乔继续抗议，而当警员放开他后，他故意上前两步，然后企图绕过警员，走回到那位女士和小孩身边。两位警员立刻抓住乔，将他制伏在地，戴上手铐，然后呼叫警车带他回警局做笔录。在等候警车的二十分钟内，乔继续抗议、发酒疯。其中一位警员控制他，另一位则与民众交换意见，包括那位被骚扰的女性和她的小孩。乔的街头同伴从未上前帮忙，反而嘲笑他的行为。最后，警车抵达，警员把乔推进后座，警车开走，现场聚集的民众也纷纷离开。

如果警员与民众彼此不熟识，这起事件的结果将会非常不同。对许多白人警员而言，在一个多数行人都是非洲裔美国人的街道上进行这样的逮捕，都会是恐怖的情境。但在这个案例中，现场的气氛相对平静。事实上，在徒步巡逻的过程中，纽瓦克的白人警员轻松地走遍市内街道、与民众交谈、对街头混混解释他们为何必须行为检点、命令民众"保持行进"，并偶尔进行逮捕。实际上，这些警员就是在执行我们第一章所描述的、最理想的警察公权力——一种警民彼此熟悉，且认同他们维护街头秩序的共同利益所交涉出的权威。

警察走出警车会发生什么事？首先，警民的需求如此一致，他们会彼此接纳。即使在20世纪70年代，警察首长竭尽一切方法隔离警方与民众接触，他们还是找到方法建立了关系。不论社区性质为何，民众都喜欢看到警察出现，居民、商家欢迎他们。慢慢地，警察认识更多人——公寓管理员、社区的政治人物和"重要人物"、餐厅老板和员工、好奇地主动接近他们的小孩。不久，警察便能看出那些想制造麻烦的帮派分子。他们吸收关于社区标准、麻烦制造者、问题、社区动态等信息。套用纽黑文市警局局长尼克·帕斯托（Nick Pastore）的话，警方与民众"建立了关系"。警民互动，与"战士"（恐惧、势单力薄、不认识任何人、不了解该区历史的陌生人）干预社区争端，或执行"扫荡"或"取缔"，是完全不同的。纽约州立大学教授戴维·贝利（David Bayley）曾研究世界各地的警察行为，对这个变数有以下说明：

南芝加哥肯特伍德公园区的黑、白居民均表示，警察对居民的行为，会根据他们任务的性质有明显的差别。最好的是被长期派任、徒步巡逻的社区警员。他们知道许多人的姓名，经常可分辨出当地居民和特地来这里看电影、吃速食的游客。这些警员被视为朋友。次佳的是定时开车巡逻社区的辖区警察。他们在选择干预时较不会存在歧视，这些警员大多是总部派遣来处理报案的，他们把秩序维护的工作留给徒步巡逻的警员。对社区居民行为表现最差的是那些其他辖区来本地餐厅吃饭或支援紧急呼叫的警员。他们用怀疑的态度与人交谈，毫不遮掩其侵略性，仿佛他们的责任就是要"控制一切"。

第二，警方与社区民众"建立关系"，是塑造彼此正面互动的必要前提。存在这种关系的地方，若有警员偶尔犯错，他或她在社区以往的名声能让民众相信这的确是个无心之过，不是无能或种族歧视。相对地，警方与民众接触时，也能更放心和更信任。另一方面，警民隔离，将彼此的日常接触限定在911系统内。相较于纽瓦克警员逮捕乔的平和场面，一位中西部大城市的年轻警员开车经过一个公有住宅区时，说了一句话："住在这里的每个人都讨厌我们。"不幸的是，根据他的经验，这种厌恶是可以理解的。一位民众拨打911报案，警方据以回应：当他们试图了解问题，其他居民只是消极地或不悦地在旁观看，没有提供任何讯息或帮助，有些人甚至用明显带有敌意的眼神看着警察。但警察错了：那个住宅区的居民曾对凯林表示，他们担心无法保护自己的小孩或财产，并且知道警察会迅速赶来且尽快离开，不会在他们的社区长期驻守。警察感受到敌意，但居民只是反映出每天面对帮派、毒品贩子和其他恶徒试图威胁、骚扰，甚至利用暴力控制他们的恐惧。

对警察本身而言，受到孤立的结果是产生一种被围困的心理。因为他们只对重大犯罪进行干预，而与民众没有其他关系。但不论是日常的遭遇或更严重的骚乱，警察与其责任社区隔离，确实妨碍了他们有效地执行基本的公权力，迫使警察无度地依赖武力。被视为社区的陌生人，警察感到必须使用"先发制人的强制手段"，如恐吓和威胁，甚至直接诉诸武力，最后是逮捕。许多警察即使面对最轻微的反抗，甚至明显的顺服，都倾向使用先发制人的强制手段——命令、威胁、身体动作、拿出武器和其他权威工具。因为警方相信，他们必须"战胜"任何对抗（理由充分），不论他们对抗的人是谁，民众（经常是年轻男性）不管有罪无罪，都必须"顺服"。最糟糕的是，被动的911警务能在警民之间制造出如此大的隔阂，以致威胁城市和社区的安定。美国在20世纪60年代，几乎每一个重大的城市暴动，都是从警民冲突而起的。所幸，这类暴动相对较少。然而，警民对抗的问题一直存在，原因不外乎可疑或不守法的民众、恐惧的警察不熟悉该区的民众、警员接受的训练缺乏应对种族和少数族群问题的技巧、当情势具威胁性倾向先发制人的执勤方法，以及着重控制警员而非服务社区的整体警政策略。

虽然在许多情况下，警察的确有必要使用先发的强制手段，但这不应该是指导警务的一般原则。这种强制手段用在保护一个民主社会，不仅不道德，也可能制造出违反其本意的抗拒，导致形成警方变得更加激进，年轻人日益愤怒和叛逆的恶性循环。当危机发生、警方需要信息和支持，强制手段只会确保民众不愿伸出援手——不论是曾经惹麻烦的年轻人，还是曾目击搜查行动或本身曾被误搜而心存怨恨，或不满警民敌对关系的其他民众。因此，我们提出的第三点是：当警察在社区建立地位，联结当地民众、累积信任并减少恐惧时,他们不必实际动用武力,便可控制民众在外行为的能力将大幅提升。而当确实有必要使用武力时,与社区熟悉的警员更有可能得到当地民众的支持和信任。

错失犯罪防治与损害控制的机会　根据定义,911系统是被动、非主动的,功能是回应犯罪或紧急状况,而非防范这些事情发生。借由保持警民之间的距离,911制度剥夺了警方得到可能对犯罪防治有高度价值的深入消息和联络人。而警民之间的联系,恰是犯罪防治的中心。

广义而言,犯罪防治的确包括维持平静、人群控制和暴乱控制工作。类似"洛杉矶金事件"引发的暴乱,有可能再次发生。若能与居民和民众"建立关系",警察在社区内即拥有发挥节制和安抚影响的潜在能力。贝利在《最佳防御》(*The Best Defense*)一书中,这样说明警察的预防能力:

> 担心和害怕群众暴力的发生,警察首长面临残酷的选择。他们可以无所作为,那会让他们难以自圆其说;或者他们可以事先做准备,这通常代表加强针对暴动的训练,包括成立特别的反暴动单位。积极策略的问题是,可能会造成挑衅的感觉,因此警察部门通常会避免这样做。目前的做法大多是私下担忧,但没有任何公开行动。难怪警察首长忧心忡忡。
>
> 然而……还有第三个选择,也就是积极但不挑衅的做法。警察首长可以采用局限在社区内的计划性方案和问题取向的警务哲学。我相信,这两种方法的结合,可构成都市暴动和失序爆发时的坚强抵御。

这不代表警察一定能防范每一次骚动,但即使动乱真的爆发,真正的预防性警务将包含协助民众控制损害,并恢复社区的正常运作。

1994年夏,在康涅狄格州纽黑文市,两名黑人妇女和她们的四个小孩从公共住宅搬到一个居民多是白人的安静住宅区。很快地,在旧宅即有的争端被两名妇女带到新居,最终演变成暴力冲突。有人对隔壁邻居的房子开了17枪,显然被误认为是新来者的住家所为。邻里的紧张气氛升高。大约一个月后,两名妇女为她们其中一个人的兄弟举行生日聚会。庆生活动移到室外,且通过庭院的扩音器传送出大声的音乐和噪声。曾被误击的隔壁住家从晚上10点半起报警三次,警察在午夜过后不久抵达。之后警察离开,但稍后折回,双方发生激烈交火,造成十名警员受伤、十人被捕,宴会上有人用一台音响砸了邻居家的窗户。隔天下午,又一块石头打破另一个窗户。此时,指控满天飞:种族歧视、非法搜索、警方的行为像"禽兽"、警员被推撞、"聚会持续了好几个小时",等等。社区气氛因为这个事件,变得严重紧绷,而爆发涉及更多邻居的进一步冲突的概率非常高。纽黑文警方只能坐视:他们已经回应并且平息了骚乱。然而,分别探访过两家人之后,警长帕斯托决定采取行动。他联络了一位地方调解员查尔斯·皮尔斯伯里(Charles Pillsbury),为两家人展开协调程序。经过几周的调解,最后一个程序是举办一场包括冲突的两家、其他邻居和亲友,以及警方全数参与的社区野餐。现在几个月已过,这个社区仍保持平静。

虽然纽黑文警方无法防范突发的邻里冲突,但当事件爆发后,他们采取行动控制伤害,并协助社区自我恢复。在确保长期平静的意义上,警方绝对是一股防范的力量。警察在这三个项目上,都有深植的利益:防范、控制损害和恢复个人、家庭与社区的功能。911

紧急反应制度的取向，忽略了这些重要利益，也因此无法有意义地满足犯罪防治的需求。

针对谋杀等指标犯罪，愈来愈多证据显示，警方注重"生活品质"议题和轻度犯罪，运用与911警务明显对立的方法，在降低指标犯罪率上，有重大的影响。以纽约市为例，到1995年6月30日，持枪谋杀率比前一年降低了40.7%，而根据联邦和地方官员的说法，这大都要归功于警方执行的"生活品质"方案。我们将在后续章节更详尽地讨论这些数据，但我们可以在此断言，911警务紧急反应制度的被动本质，在指标犯罪防治领域，没有提供多少帮助。

警察快来

假设这些研究是正确的：无论通讯系统多么先进、警车有多快、警员多么积极，迅速回应报案都是一个失败的方法。那些徒劳无益的修饰：自动车辆定位系统、改良式911或区别优先顺序，都无助于大幅降低犯罪和失序。若研究结果为真，这就是一剂难吞的社会政策苦药。可观的经费已投入这些系统，政客甚至包括某些提倡社区警务的人士，继续大力推动迅速反应报案，以致许多警察首长很难对民众说实话。有些警长已经放弃，肯尼迪政府学院研究员戴维·肯尼迪（David Kennedy）引述其中一位警长的话："民众期望我们在他们报案后出现，那是不容置疑的。相信任何其他答案都是幻想。"其他首长则更有勇气。1984年到1989年的纽约市警政委员本杰明·沃德（Benjamin Ward）参加了一场纽约市警察基金会赞助的社区会议，其间一位民众表示："我们已经有徒步巡逻的警员，现在我们要更快的回应。"沃德回答："你不能两者皆要。它们就是合不来。"大体上，迅速回应制度的效果极差，但外界的期望却如此高,使得警察和政治人物更容易试图在技术上顾及 911,实际上却慢慢减轻对 911 的依赖:报案转接系统、分散警力(部分警员巡逻,另一部分开车回应 911 报案)和新的人力配置方法(某些时段警员需直接与社区民众合作,某些时段则专门回应报案)。

尽管有上述与 911 警务相关的代价,但如果这项制度没有用,它就是没用。而如果它没用,市政府和警察官员仍继续宣传其效用,导致民众被误导,相信不存在的安全感,那就是官员们失职。继续行销 911,警方和政治人物也在无意间阻碍了其他可能更有效的处理紧急事件和犯罪回应政策的发展。

这些政策是什么?民众也许开始了解警察工作的限度,并知道他们必须承担部分保护自己、家人、邻居甚至路上陌生人的责任。这个责任,包括在居民和所有街道使用者之间培养一种警觉性,以建立其领域内的控制;而虽然欢迎陌生人进入社区,也要在面临威胁时,传达出社区团结的强烈讯息。实体设施和空间使用可专门设计,以用来协助和鼓励居民与民众监督和控制这个区域。最后,民众本身必须帮助社区形成一种秩序感,让伺机而动的人不敢测试居民或邻居自我捍卫的能力。

20 世纪 80 年代中期,波士顿一位妇女在一座桥上被攻击。民众听到她的求救声立即报警,但二十分钟过后,受害妇女仍在呼救,警察也没有出现。又过了二十分钟,她还是没有得到任何救援。这件事曝光后,媒体和民众均感愤慨。市长雷蒙德·弗林(Raymond Flynn)下令调查,而由市长任命的一个委员会建议了多项改变,包括设置改良式 911 系统。但这不只是警方的失职,整个社区也有责任。民众怎能以为,他们报了警就算完成了公民的责任呢?社区中年老或力衰的居民,为何没有用闪烁其屋外照明设备、大叫,或打电话给其他邻居等方式制造骚动,做点什么呢?为什么健康的年轻人——男人和女人，没有走出来，展现他们的存在，就算只用人数来吓阻攻击者，或者若有必要，用球棒和其他武器赶走他？我们可以假设许多答案，但非常中肯的一点是，数十年来，警方不断宣传犯罪是他们的事情，民众的责任是报案和扮演称职的目击者，处理犯罪最好留给专家。

新改革：警务再发现

　　警察适当的角色究竟是什么？显然，我们需要警察处理紧急事件、援助民众。他们也必须协助民众建立对地方范围的主导权、支援他们，并帮助他们解决社区问题。有时警察会进行逮捕，甚至在民众变得过于激进时，保护违法者。但这个争论的中心点是，我们不应该把警察放逐在警车内，以等待呼叫或缩短回应时间为由，阻止他们解决社区的问题。没有人计算过让警察在车内干等的财务成本，相对于那些迅速回应很少造成的正面结果，究竟是多少。也许算出来是天文数字，成本大到无法接受的程度。① 这不代表警察无须迅速赶赴紧急事件现场，他们当然需要。但这确实证明了，警力配置、责任区分配、计算工作量、规划警务和决定优先顺序等议题，都应该是依据犯罪的防治方法，而非一种被动的执法模式。

　　美国的警务正在改变，民众确实注意到这个事实，但其改变的规模、样貌和结构轮廓并不会立即显现。然而，警务策略的转变，

---

① 为做到迅速回应报案电话，警局通常把开车巡逻的目标时间订在整体执勤时间的40%—60%。这种安排一般认为是理想的，但随着报案数量增加，许多城市的警察愈来愈难保持这样的巡逻时间。无论如何，若要计算自由时间的成本，结果都会是占任何警局预算的极大部分。若再计算警察加班执勤以确保迅速回应报案的成本，即使只针对严重犯罪或紧急事件，每一次成功回应的成本（成功率只有3%）都可能高到整个社会和政界无法接受的程度。

可通过一个范例来了解。20世纪90年代初,在布法罗某个贫困区,共有11位9—16岁的女孩在15个月内遭受性侵。虽然在第三起性侵案发生后,警方便确定这是一名连续强暴犯在跟踪年幼女孩上学时犯案,他们却一直等到五个月后,才散发嫌犯素描像或公开相关信息,这还是《布法罗新闻报》要求的结果。到那个时候,另外八起性侵案业已发生。刑事局长辩称,之所以没有及时公开是因为新闻报道会让强暴犯警觉,会妨碍他们的调查。当地居民和父母惊骇不已,但布法罗警方仍自认称职:在罪犯进行犯罪时逮捕,并在事后调查。这些警员的决定展现出塑造传统回应方式的执法意识形态:警方的工作就是逮捕罪犯。布法罗警方可能曾用其他方法试图抓住强暴犯:确实,他们增加了巡逻频率,他们也可能用过定点监视(警员监看某个攻击可能发生的地点)。但这些手段的目的,是当场活捉罪犯。拦截方法的实际操作结果竟让社区的儿童成为诱饵,尽管这并非警方的本意。

现在逐渐赢得支持的新警务模式,与布法罗处理连续性侵案的策略完全相反。虽然它经常被称为社区警务或问题导向警务,我们应该称此新的警务模式为预防性模式(Preventive Model)。首先要注意,这个策略以极不同于旧改革策略的方式来定位警察工作:阻止下一次性侵!当然,要达成这个目标的方法之一,是指认、逮捕和监禁性侵犯。但除了单纯的执法,预防性警务方法会立刻动员社区,通知所有居民和官员(通过新闻通稿、社区会议、电话、通知学校职员和儿童等)关于性侵案的讯息,以及至少其犯案模式和任何可取得的叙述性讯息(直到第三起强暴发生后,警方才确定这是连续犯,代表警方在当时便概略了解其犯案模式和过程)。父母、孩童和其他民众都能被动员起来,共同采取个人和/或团体的预防性行动。所有的方法汇加,即可减少伤害程度。注意到遭到性侵危险儿童的心理受创。许多人也为他们的朋友感到悲伤。他们需要保证、知情和了解。学校和父母需要外界指导，如何面对孩子的担忧和保护他们。连续性侵这类事件，势必会损伤社区和邻里的人际关系。怀疑，破坏了此刻最需要的邻里间的互助与互信。警方的一部分责任是帮助修复已经造成的伤害，除了受害者和其家属，还有其他儿童、他们的家人和整个社区。

无可否认，上述布法罗的案例是狭义执法的极端呈现，但在逮捕型的警察部门，这种案例并非特例。儿童变成"诱饵"令人不悦，但这绝非太强烈的说法。预防性方法会在一开始就阻止这类事件发生。所幸，警方正朝着这个方向前进。以1994年的波士顿为例，市中心社区的儿童，曾通报数起某名男性试图引诱他们上车的案件。每一起案件的模式都很相似，警政委员保罗·埃文斯（Paul Evans）立即联络市警局和民间机构，会见民众，通过媒体发出声明，并用其他方式动员父母、邻里和社区资源。当然，有些儿童会因为自己的恐惧和这些宣传变得过度敏感，通报从未发生或夸大的事件。但这总胜过有更多儿童受害、被绑架或被杀害。

1961年，当警方仍相当自信于其执法策略的效用，且相关研究尚未出现之前，简·雅各布斯即提出另一种街区安全的观点。她认为警察不是街区安全的中心，而是附带的一部分：

> 首先要了解的是，城市的公共安定（人行道和街道的平静）主要不是警察来维护，尽管警察仍属必要。它主要是由民众之间和民众自己执行的一种错综复杂的、几乎无意识的自愿控制网络和标准来维系。在某些城市区域（较旧的公共住宅区和人口流动率非常高且行人经常身份可疑的街道）保持公共人行道的秩序，几乎完全落在警察和特

殊保安身上。这种地方就像丛林，当正常、偶然的执行被打破，再多的警察也无法强制恢复文明。

警察在这种模式中，是社会的"最后手段"。他们用偶尔的秩序维护协助民众，帮忙恢复被破坏的秩序，并且在情况需要时，发挥他们采取强制行动的能力。

这种公众与警察关系的观点并非新论，罗伯特·皮尔爵士早在1829年创设伦敦大都会警察部队时，便发表了一份执法原则（The Principles of Law Enforcement），铭记同样的价值观。这些原则是：

1. 警察存在的基本任务，是防范犯罪和失序……
2. 警察执行其工作的能力，有赖于公众对警察之存在、行动、行为的认可，与警察赢得和保有公众尊敬的能力。
3. 警察必须保证，自愿顺服法律的民众能得到并保有大众的尊重。
4. 民众合作的程度，足以确保减少的、符合比例的、必要的武力使用……
5. 警察追求和维护公众利益的方式，不是迎合公众意见，而是持续展现绝对公正的法律服务、完全独立的政策，且不考虑个别法律之要旨是否符合正义；乐意提供社会所有成员其个人服务和友谊，不论他们的种族或社会地位……
6. 警方仅可在说服、建议和警告等方法确定无效后，使用必要程度之武力，确保法律之服从或恢复秩序……
7. 警察应随时与公众保持关系，体现警民一家的悠久传统：警察是公民中唯一能够领薪，为维护社区利益执行全职勤务的成员。

8. 警察的行动需永远符合其职责，且不得滥用司法权报复个人或国家……

9. 检验警察效能的是犯罪与失序的减少，不是警察对抗这些问题之可见的行动证据。

皮尔的原则，直到今天仍足以作为对警务规划和发展有效与有益的警民关系的指导。

若我们遵循皮尔的原则，现代的警察和民众必须做出哪些改变以恢复我们城市的秩序？我们必须避免使用被动的911警务策略，回到一个注重犯罪防治与秩序维护的基本警务策略模式。重要的第一步是不再推广911和迅速回应。政治人物和警察必须拿出领导能力，明确地告知民众911让社区付出的代价。与警方合作的民众本身也要再次接受他们有共同的责任，在犯罪防治与秩序维护中扮演审慎、有效和合法的角色。究竟该由民众、民选官员还是警方引领这些改变并不重要，我们将在下一章提出一个由警方发起、重建纽约市秩序的范例，并探讨秩序维护产生的惊人效果。

第四章

收复地铁：纽约市的生活品质方案

我们要如何展开恢复城市秩序的过程？在许多城市中心，失序问题如此严重，以至于秩序维护必须先从"收复街道"运动，为每天外出搭乘公共交通工具上班、上学、购物和进行日常活动的公民重建最低程度的文明与安全开始。基于警察每天的工作内容，他们特别适合带领这样的运动。最后，若要成功，警察必须与政治领袖相互合作，民众必须支持他们的努力，而法院也要确认其行动的效力。警察的确拥有在相对较短的时间内，为维护社区秩序和降低犯罪做出重大贡献的潜力。

在纽约市，推动警方改变其优先顺序的源头，是民众对其邻里社区生活的普遍不满，民众开始要求警方与政治领袖拿出作为，恢复秩序。很快地，民众开始自行组织和行动，促使警方和官员正视他们对秩序的要求。结果是一系列秩序恢复方案的出台。我们在此仅讨论其中几个例子：首先，是20世纪70年代末在时代广场（Times Square）和布赖恩特公园（Bryant Park）实施的做法。这是当时的市政府与警察合作，收回布赖恩特公园控制权的早期实验。① 该策略包含许多"破窗理论"的要素,但最后因缺少警方支持而被迫放弃。警方退出后,由民间发起和资助的收复布赖恩特公园行动,转向另一个方向,创造出今天被称为"城市珍宝"的成功。布赖恩特公园已成为利用策略规划吸引民间企业以成立商业改进区(Business Improvement District,简称 BID),投资地方社区的许多成功典范之一。

另一个重大成功,是收复纽约市地铁系统。这个方案最初仅针对地铁车厢上的涂鸦,后来加入治理无家可归的游民。恢复地铁秩序除其本身的意义之外,对纽约市警察局(New York City Police Department,简称 NYPD)的反犯罪策略同样重要。地铁秩序维护政策的执行负责人捷运警察局(Transit Authority Police Department,简称 TPD)局长威廉·布拉顿(William Bratton)后来被纽约市市长朱利亚尼任命为警政委员。布拉顿将之前在捷运警察局的做法带到纽约市警察局,让社区警务和维持秩序成为焦点。

此外,其他几个角色和力量同样重要。影响最大的是邻里协会和公民团体。除了使警方回应他们的需求之外,他们也亲自上街,恢复对社区的控制。同样,检察官开始尝试主动接触社区,试验不同的"社区起诉"方案。我们更不能不提到布拉顿的第二任和纽约市警察局在历经一次以"生活品质"议题为焦点,特别是"抹车仔"问题主导的市长选战后,所进行的基本变革。在 20 世纪 90 年代初,民众对秩序的微弱要求,明显转化为急迫的行动呼吁,成为

---

① 该行动源于科克市长任内,负责治安施政的副市长赫伯特·斯特茨(Herbert Stuyz)。斯特茨的影响力从纽约市扩及全美。他的三位门徒——杰里米·特拉维斯(Jeremy Travis)、卡尔·魏斯布罗德(Carl Weisbrod)和约翰·范布兰特(John Feinblatt),日后在全国的治安工作中都扮演了重要角色,努力恢复公共区域的秩序。魏斯布罗德率先使用民事责任对抗失序行为。特拉维斯成为纽约市警局副法务长,推行一个全国赞誉的方案,也是通过民事手段管制失序行为。范布兰特则投入社区起诉的发展。

一项最优先的政治议题。在这种氛围下，新的城市共识形成，警察和民间自发的回应逐渐接近，以一种同步、整合的方式相互合作。

然而，本章欲凸显的重点，主要是警务策略的改变过程：观察捷运警察局和纽约市警察局，如何历经这段剧烈改变和调整方向的时期，正是新的预防警务模式之实际操作和其潜在利益的绝佳范例。这两个单位，在分别投入秩序维护和不同形式的犯罪防治时，都经历了反复的调整和适应。抗拒来自警察部门内和社区的其他源头。提倡自由民权和保护弱势的倡议人士，抨击这些方案是牺牲穷人、少数族裔和弱势族群的权益，去服务富人的利益。捷运局和纽约市警察局都被控告。更甚者，在1995年6月，纽约州法院在相关立法附加在州政府预算送复议会表决之际，将所有"生活品质"方案的相关违规合法化，让这些违法事项免受州刑事法庭管辖，更证明了司法在这里的落后，无法了解失序代表的破坏性力量和失序与犯罪及城市衰败的关系。

即使如此，警方的努力，至今已在某些方面产生惊人的效果。警方不仅赢得广大民众支持他们的方案，地铁也恢复了秩序，某些轻微罪行也大幅减少，甚至完全在街道上消失。初步迹象也显示，生活品质方案确能降低暴力犯罪：地铁抢劫案骤降、全市的谋杀案件也减少了。虽然我们还不了解这种关系的确切性质，但目前警方的努力范围已扩张到秩序维护以外，许多警察都相信，恢复秩序与降低纽约市犯罪率有直接关联。

迅速发展的改善生活品质需求：民间与政府的方案

十字路口行动方案（Operation Crossroads）

20世纪70年代后期，在当时纽约市市长的重要幕僚赫伯特·

斯特茨（Herbert Sturz）的倡议下，纽约市警察局开展了一项名为"十字路口行动"的试验，目标是整顿时代广场，特别是解决卖淫、非法兜售、赌博、诈骗和毒品交易等普遍且令民众和商家极度困扰的问题。在此之前，警方打击这些行为的主要做法是严厉扫荡。确认问题区之后，纽约市警察局便动员一组警员，逮捕现场所有的不法分子。这种方法的效果很有限，因为逮捕行动一过，那些人又重回街头，法院最后也宣布扫荡违宪。

"十字路口行动"采用一种新方法。受过训练的观察员先确认失序行为特别严重的区域，警方则在这些地点采取高曝光率、低逮捕率的策略，来干扰和吓阻此类活动。警方会用教育、劝诫、诱导和一般非强迫性方法抑制失序行为，逮捕是最后的手段。与纽约市图书馆（New York Public Library）相邻的布赖恩特公园，提供了测试"十字路口行动"的绝佳场所。公园管理委员戈登·戴维斯（Gordon Davis）在园内毒品交易量冲上史上新高后，威胁要关闭该公园，因此警方开始在当地实施低逮捕策略。结果相当惊人：贩卖、购买和施用毒品的人数大降85%，而从事"正面"活动的人数增加了79%。此外，警员的存在，不论是定点驻守或走动巡逻，显然比绝对的警员人数更能有效地掌控情况。

警方在"十字路口行动"的秩序维护工作，明显达到民众赞赏的改善街道状况的目标。但布赖恩特公园的"危机"一解除，警方便取消了这项计划，把重要人员转调他处。他们还不想丢弃传统评估警员绩效和指定责任区的方式。而公园内的情况则再度恶化。到了20世纪80年代初，又达到了危机等级，行凶抢劫成了家常便饭，毒贩骚扰每个为使用图书馆而进出公园的民众。图书馆前后任董事长理查德·萨洛蒙（Richard Salomon）和安德鲁·海斯克尔（Andrew Heiskell），以及预备投资三百万美元的洛克菲勒（Rockefeller）家族，开始对市政府施压，恢复当地的秩序维护工作。接着，"布赖恩特公园重建财团法人"（BPRC）在20世纪80年代成立，由丹尼尔·比德尔曼（Daniel Biederman）负责。但反对势力成功地阻止具体计划施行长达十年，甚至不顾在20世纪80年代中期，有两位民众在公园内被杀。

终于在1990年，比德尔曼得以实施重建的具体计划。他的策略是，确认那些其他公共区域得以维持有序、安全和友善的环境的基本要素，然后使之重现于布赖恩特公园。以洛克菲勒中心为范本，他列出了十项基本要件：维持最低程度的卫生（公园必须干净、没有垃圾）、安全感（各项设施都有全天候的守护）、适当的照明（公园不能在入夜后即落入掠夺者手中）、实体设施的维护（涂鸦和破坏公物需立即处理）、优良的营业场所（高品质的餐饮服务区）、美丽的花草物木、干净和管理良好的洗手间（民众再也不须随地便溺）、精彩的娱乐节目（吸引游客前来）、关键的设计要素（公园在视觉上一览无遗，有宽敞、无障碍的入口，至少有一座喷泉，在实行一般性社会管理的同时，让民众感到愉快），以及明确公告规则，让每个人都知道其应有的行为表现。重建工作还包括雇用与训练民间保安人员、严格挑选食品商贩，将说明公园规范的告示设立在明显易见的位置；娱乐节目事先规划。布赖恩特公园在1992年重新开放后，便成为重建运动的模范。

中央车站合资公司与商业改进区

布赖恩特公园的民间秩序恢复模式，以另一种形式应用到商业区，创造出民间改进区，也就是房地产所有人自愿增税，运用这笔钱改善其区域内的生活品质。商业改进区最初的存在理由，主要是借由维护商业区的实体环境与安全，以确保其生存能力和恢复秩序。而后，商业改进区的焦点从实体扩大并纳入了失序行为。今天，纽约市共有33个商业改进区，其中最活跃且成功的，当属中央车站商业改进区，其管理团队同样由比德尔曼领军。

自1988年开始运作的中央车站商业改进区，涵盖曼哈顿中央商业区的75条街。这是高租金的商业区，内有多个历史与建筑地标（如克赖斯勒大楼、每日新闻大厦和圣巴托洛美教堂）、知名饭店、商家和许多公司及夜店。中央车站合资公司（The Grand Central Partnership）的责任是整顿该区。每周七天，穿着制服的清洁工清扫大街、捡垃圾、清除涂鸦和垃圾箱。一个多重服务中心则提供热食、咨询、职业训练和安置无家可归的游民。中心是由之前接受职业训练的员工负责作业。此外，合资公司还提供多语游客服务、赞助纯属公共性质的表演（包括一场吸引数千人的艺术节表演），并推行若干针对改善街道、交叉路口、路标、路灯和建筑物正面实体外观的计划。为了吓阻犯罪，每天上午7点到夜间11点之间，有将近五十位穿着制服的保安以步行方式巡逻，并通过无线电与区内三个纽约市警察局辖区保持联系。这些服务都是由民间自行出资供应的。

自1989年12月至1992年12月，该区的报案数量减少42%。可见这个方案是有效的。但还是有人反对：最近，中央车站合资公司被控容忍甚至鼓励其聘用做访查员的前街友，虐待某些"无家可归者"。这项指控主要来自"无家者联盟"（Coalition for the Homeless）。该团体反对所有政府和民间组织对街友的限制和服务，除非先由他们指定。虽然双方矛盾的证词有时模糊了事实，就连自由派的《纽约客》杂志，都为合资公司辩护："公平而论，合资公司的计划，为无家者所做的事，远超过联盟的三明治和抗争……回顾过去，合资公司可谓发挥了一个必要的功能：它测试了一个强大新概念的极限。"

整体而言，这些政府和民间组织为解决纽约市失序问题所做的努力，早在警方准备考虑或进行内部策略改革之前便已开始。警方的落后，或许也反映出他们与民意隔绝的程度。虽然民众能对民选官员施压，并自组商业改进区之类的团体，运用民间资金的力量，但他们却一直难寻适当的途径，敦促警方对公共秩序的需求做出有意义的回应。确实，在警政委员沃德的主政下，纽约市警察局开始转向社区警务，但那只是一项附加勤务，被放在纽约市的主流警务之外。最先认真看待恢复秩序的，反而是交通警察。

地铁经验：变革的先锋

纽约地铁，是关乎这座大城市社交生活与商业生存能力的重要大众运输系统。早在20世纪的前25年即完成大部分建设的纽约地铁，现共有26条运输线，涵盖465个车站、共230条道路；尖峰时段车厢用量超过5000个。平均每个工作日运量达350万人次。除了在数字上胜过其他重要的运输系统，纽约地铁还有两大特色：它是24小时营运的；它是单独提供民众在市内交通的都市系统，不同于华盛顿特区的地铁（Metro）和旧金山的湾区运输（BART）主要运输民众进出城市。纽约市地铁在每一个市区的社区都有停靠站，即使最混乱的区域也不例外。因此，这是真正为那些最需要公共运输的民众提供基本服务的系统。

虽然地铁列车和轨道，都在20世纪80年代中期更新，但许多车站都已陈旧不堪，散发出缺乏专人维护的强烈讯息。两个特别引人注目的问题，在这期间造成了严重的生活品质危机，加速其损坏并打击了民众对地铁安全的信心。一个是涂鸦，另一个是被统称为"游民问题"的失序行为和轻微罪行。当乘客数量开始下滑，民众对地铁状况的不满明显爆发后，纽约大都会运输署（Metropolitan Transportation Authority，简称MTA）署长罗伯特·基利（Robert Kiley）和纽约市捷运局（The New York City Transit Authority，简称NYCTA）局长戴维·冈恩（David Gunn）终于了解，要全面恢复地铁生机，必先重建秩序。

地铁涂鸦和失序行为

看着现在洁净的地铁，很难描述在20世纪80年代初期，涂鸦曾是个多么棘手的问题。当时，各个涂鸦者的标志、口号和画像（他们的标签），几乎覆盖了每一节车厢。对诺曼·梅勒（Norman Mailer）这类辩护者而言，涂鸦是一种充满生气的创作形式，根本不值得警方取缔。许多人，甚至包括那些艺术品位不同于梅勒的人，也认为警方有比处理破坏公物这类轻罪更重要的事情要做。但在其他人，如哈佛教育学教授内森·格莱泽（Nathan Glazer）眼中，涂鸦象征着涂鸦者、其他不守秩序者，以及"抢劫、强暴、攻击和谋杀乘客的罪犯……都属于同一种无法控制的掠食者"，也象征政府官员无法保护地铁环境不受甚至仅受相对轻微的损坏，更别说重大罪犯了。格莱泽于1979年发表在《公共利益》（*Public Interest*）上的文章《论纽约地铁涂鸦》（*On Subway Graffiti in New York*），曾激起大家思考涂鸦对城市环境的潜在破坏。

格莱泽当时写道，消灭涂鸦的行动历经六年仍毫无成效。他绝望地认为，这可能已是无法解决的问题。这种布满地铁车厢的青年亚文化，似乎已成为纽约文化的一个永久部分。林赛和科克两任市长都曾推动大规模的反涂鸦行动。拘留和强迫那些年轻人清理车厢的做法失败，原因除了缺少经费之外，还包括涂鸦者借此学得关于颜料和清除技术的专业知识。把车厢停放在"安全地点"也行不通，因为范围实在太大，难以防卫——涂鸦者只需剪断围栏，而媒体压力也让当局不敢利用攻击性的守门犬。相关的毁损公物逮捕数字年年增加，不受任何措施的影响。

这些做法一再失败，大众普遍对此问题感到绝望。多亏捷运局局长冈恩在1984年5月推行的"清洁列车方案"（Clean Car Program），使纽约地铁车厢的整洁度傲视全美。这是相当直接的想法：被纳入方案并清理过的列车，若上面还有涂鸦，则不得再被使用。涂鸦者绝不会在干净的列车上看到他们的标签；他们可以继续在其他涂鸦上作画，但决不能破坏干净的车厢。最初，列车陆续被调离服务、清理，然后加入清洁列车方案；任何后来新绘的涂鸦都会在两小时内被清除，否则就要暂时停驶，直到清理完成。捷运警察在清理过的列车上全天候巡逻，或在特别的停放地点保护干净的车厢。破坏干净车厢的涂鸦者，会遭到特别的逮捕和起诉。

这个行动的成功有几个原因。第一，冈恩决心彻底执行该方案：他无法容忍涂鸦，并将清除涂鸦列为他主政的最优先项目。此外，该方案直攻涂鸦者的基本动机，那些人的目的就是要让他们的作品被看见。绝不让被涂鸦的车厢行驶，无疑是制胜的策略。当潜入停车站的涂鸦者只是重新装饰已覆满涂鸦的列车，不去破坏干净的车厢，官员们便知道，他们终于赢了这场战争。

最后，冈恩执掌的纽约市捷运局不再用执法策略对付涂鸦者。早期的处理方式，是让警方以执法名义逮捕他们。警方也确实一再重复地逮捕涂鸦者。但更多车厢被画上涂鸦，逮捕数量也不断增加。警方自认他们已"善尽职责"，而捷运局其他部门，如维修部，也继续"照常工作"，把涂鸦视为警方的执法问题。冈恩则采取了新的做法。他知道涂鸦是混合了破坏公物的行为、不良的维护、无能的领导和缺乏解决方法的复杂问题。在他的严密监督下，一个负责每年增加干净列车数目的跨部门工作小组成立（纽约市捷运局几乎年年超越预定的清洁列车目标数字）。就在五年之内，地铁列车的涂鸦完全消失。1989年5月12日，最后一列覆盖涂鸦的列车被清理完成，恢复行驶。

尽管涂鸦战役大获全胜，但在20世纪80年代后期，地铁的违法问题仍相当严重。最碍眼且具侵犯性的近身乞讨，几乎无所不在。除了安静、被动的乞丐，还有昏昏沉沉的吸毒者四处跌跌撞撞、骗子或服务机构的人员（经常无法分辨两者的差异）告诫乘客他们有义务帮助那些穷困的人，并强迫"捐献"，乞讨者激进地把手或杯子伸到乘客眼前，要求他们给予金钱。教会和社会福利机构试图将某些车站当作食物和衣服发放中心，引来更多失序行为。通常受赠者一拿到衣服，就在车站正中或月台上当众更衣，而由于缺少厕所设施，许多游民就在公共区域便溺，甚至包括车厢内。有时，游民占据了整节车厢，大咧咧地躺在几个座位或地板上。每晚约有1200—2000人睡在地铁上，且人数急速增加。

逃票和骗票行为猖獗，制造出更大的违法氛围。常见的逃票手法，包括跳过或反压十字转门（在十字转门上施加反向压力，然后滑入站内，不付车费）、吸取硬币（用异物阻塞硬币存放处，然后吸出一个使用过的硬币）和最无法无天的——破坏所有硬币收取口、保持入口开启，然后向所有入站乘客收钱。在高峰时段，最后一种做法经常造成混乱，困惑的乘客被导向一个出入口，态度恶劣的年轻人拿走他们的车费。基利署长便曾目睹其中一次惨况和现场警察的明显放任行为。明显的无政府状态让恶少更胆大妄为，他们破坏硬币收取口、找出迅速开启闸门的方法。只要几秒就能窃取数百或数千个硬币，然后逃入地铁或街道。投币箱外加防护罩后，这些人转而攻击和抢劫定时收取硬币的地铁员工。估计仅各种逃票和骗票手法造成的损失,每年至少高达六千万到一亿两千万美元,更别提乘客和现场员工的愤慨、沮丧和恐惧了。伴随一连串的失序和轻罪,重罪和抢劫也在1987年迅速增加。

　　大致上,媒体把地铁的状况描绘成整个社会游民问题的另一个反映。纽约大都会运输署与纽约市捷运局的官员也抱持同样观点,把问题贴上"游民"标签。结果是,处理地铁失序的初期方法,自然反映出同于一般大众的假设:无家可归的游民是社会制度疏忽、住房供给不当、经济情况改变和财富分配不均的受害者,他们需要工作、治疗和暂时的庇护所,直到他们能自力更生为止。一开始,当局派出关怀员,主动接触那些经常或长居在地铁的游民。纽约大都会运输署与纽约市的人力资源局(HRA),以及纽约大都会运输署创立的"美国志愿者"(Volunteers of America,简称VOA)团体密切合作。为支援关怀员的工作,捷运警察局成立了一个15人的游民工作特别小组。这个单位的警员每晚与关怀员开会,并陪同他们到游民聚集的地点,鼓励游民接受当局的帮助。

　　但这些努力几乎毫无效果:绝大多数的地铁"游荡者"(超过九成)拒绝被安置。他们最常用的理由是地铁比庇护所安全。而倡议人士也用安全议题,要求当局允许游民滞留在地铁站和车厢内。但运输署统计的1989年资料显示,平均每月有6个游民因可预防的(非自然的)原因,死在地铁系统内。最严重的是12月,死亡人数高达14人。在其中一个12月的周末,就有4名街友在地铁内丧生:一人被列车撞死、一人被另一个游民杀死,剩下两人的死因是失温。此外,心智最失常的游民喜欢躲在隧道深处、外在环境不仅可怕且严重威胁生命的地方:高温的第三轨有受电击的危险;潮湿、寒冷、黑暗的隧道充斥着老鼠、害虫和秽物,当中满布被丢弃的注射器和针头;一旁的机电室还有外露的破损电线。只有受训过的捷运警察能进入隧道的这些区域，但倡议人士辩称，应该允许游民留在那里，而不是把他们集体送到庇护所。显然那些选择留在地铁的游民和他们的代言人，若非严重误解安全的意义，就是以安全为借口，掩饰他们对公家庇护所的政治观点。

然而，占据地铁、拒绝庇护的游民愈来愈多，地铁的问题也随之恶化。这些情况让乘客数量明显下滑，逼迫当局花费数十亿美元大幅改善基础设施，并实施提高地铁服务品质的都市回春计划。虽然当时纽约市的经济衰退也是地铁载客率滑落的因素之一，运输署所做的行销和焦点团体调查却发现，最主要的因素是对犯罪的恐惧。乘客在调查中反映出这种忧虑：97%的乘客会在进入地铁前采取某种防范动作，75%的乘客尽量避免穿戴昂贵的衣服和首饰，69%的乘客刻意回避"某些人"，68%的乘客刻意回避特定的月台位置，61%的乘客回避特定的列车车厢。这些答案，显示问题的核心是民众对"游民"把地铁车站、中央车站和佩恩车站变成大型替代庇护所的不满。再者，民众对地铁游民的态度也在改变：同情已转变成集体的反感。在关心贫困者和游民之余，民众发现纽约地铁中种种不文明的行为，竟变得如此普遍（醉酒、呕吐、随地便溺、公然吸毒、威胁和侮辱乘客、公开性行为、威胁性乞讨），因而开始要求恢复秩序。

1989年4月，基利召集属下的三位捷运警察主管，包括捷运警局、长岛铁路警局和北大都会警局，要求他们提出解决地铁、中央车站和佩恩车站游民问题的办法。有鉴于涂鸦问题的胜利，基利和冈恩特别不满警方一直无法拟定一个实用的计划来解决失序问题。但警局首长的回应多是推诿之词：警方没有任何授权去对游民采取任何行动；他们至今尝试过的做法全都无效；游民是社工的责任，不是警方的；以及最典型的借口，警方忙于处理抢劫案的增加。然而，一周之后，捷运警察提出一个方案：清洁小组将进入游民聚集的区域、用水管冲洗并积极地清理这些地方。另一个强化的警察游民工作小组则会驱离游民来支援清洁工作。而维护小组将把所有剩余的杂物运走。时任捷运警察局法律顾问，现任北大都会警局局长的迪安·埃瑟曼（Dean Esserman）曾相当反对这个方案，称它为"突击清洗"。所幸，基利和冈恩拒绝了这个提案。

最后，基利和冈恩决定建立一个多层次、跨部门的研究小组，发展警方恢复地铁的计划。当时担任纽约大都会运输署警务顾问的凯林，也在1989年6月成为该研究小组的顾问。受命参加研究小组的捷运警察，对整件事情抱持怀疑态度，他们从未涉入此类工作，且对最高层真正接受他们观点的意愿，完全没有信心。对这些警员而言，公开、明确的授权，是高层解决失序问题决心的最关键考验；他们需要明确的授权去处理失序，他们要这项授权众所周知。其中一位警员对小组表示："当某人因为我'否认游民的权利'而用一把雨伞打我，我要能够指着一块上面清楚写明那是我的职责的标示。"他们担心，这一切都是为了"掩护上级长官"。他们都很熟悉前纽瓦克警局局长、现任警察基金会主席休伯特·威廉斯说过的一个故事。市长打电话给警察局局长说："在午餐时间，有流浪汉在公园里骚扰女上班族。你别做任何非法的事，但把他们弄走。"局长叫来副局长，下达指令："在午餐时间，有流浪汉在公园里骚扰女上班族。你别做任何非法的事，但把他们弄走。"同样的讯息一路下达到负责那座公园的巡警，他们都知道，真正的讯息是："做你该做的事，别惹出麻烦。"捷运警察局提出的"突击清洗"就是这种性质：第一线的警员执行最困难的部分，不顾其道德性或合法性，尽其所能地解决问题。捷运警察需要纽约市捷运局坚定地支持他们，即使他们被告上法庭。因此，凯林的第一项任务，就是让第一线警员相信，没有所谓"肮脏的工作"需要他们去执行；纽约大都会运输署的行动将公之于世、具合法性，且采取高道德标准，让倡议人士和民权律师无可置喙。从工作小组的第一次会议开始，与会者便反复质疑："我们为什么要做这件事？""有谁能因此得利？""我们要如何确保真正困苦的人不会被我们的行动所伤？""这个行动在法庭上站得住脚吗？"

研究小组的第一个任务是准确地理解地铁既存的问题。他们回顾涉及捷运问题与游民的文献资料，并与其他警察和交通单位沟通，以便了解其他部门的规划或经验。他们也和社会机构联系，预先告知有可能需要他们提供的更多服务。研究小组还花时间在地铁内详细观察实际状况、拍摄不当活动与位置的照片和影片，并与游民、捷运员工和警员交谈。

在这个过程中所发现问题的多个方面和多种形式都远超过团队成员的预期。虽然游民是加重地铁乱象的一个因素，只有少数真正无家可归的人，会在那里找寻庇护；但最大的问题是相对多数的地铁使用者（某些看似游民，实际上根本不是）所进行的无耻、非法的行为。他们其中有一大部分是严重的酒精与药物滥用者，和／或重度的精神病患者，许多都以地铁为家。

很偶然地，警察研究小组的一位成员理查德·格林吉（Richard Gollinge）队长，已经在他的辖区内处理了失序问题。格林吉是公开的"破窗理论"支持者，也是一位强悍的警察，曾管理过特别的反犯罪小组。对他而言，处理游民问题只是警察该做的事，虽然他是自冒风险在做这件事，且没有得到上级长官的批准。他知道，捷运警察在地铁内，比都市警察在街道上处理喧闹和失序的行为更有优势：相较于街道而言，民众在地铁内的行为，应受到更大程度的管制。因为一个电气化、高速的运输系统有其固有的危险性，而且乘客是付费使用的。格林吉已经准备在地铁系统中运用上级的授权，他的手下都被严格下令尊重乘客，不论他们的身份地位，但要积极地执行规定。

格林吉就他自己的方案以备忘录的形式，向他的手下清楚说明他们维护秩序的责任。这份文件将失序问题定义成行为，而非经济状况；描述需要关注的特定行为；提醒警员，游民不是他们执法的目标，以及警察应该采取反应的特定活动。格林吉不仅明确表达了他对手下警员的期望，还实际带领他们进入地铁，执行适当的任务。虽然当时没有留下文字记录，但格林吉的辖区与其他地方有明显的差异：鲜少有人席地而卧和行为不当。可以想见，格林吉的努力引起民众注意，而在缺乏内部支援的情况下，他们受到喜欢引起媒体注意的倡议人士和民权团体的攻击。不过，格林吉有限的努力，已为发展全面的捷运警务政策提供了基础。

即使有格林吉的模式，研究小组仍面临若干挑战。捷运警察局也检讨了自身的观念，以确保未来能据以执行。研究团队先考虑所有既有的地铁规范是否符合宪法、改变中的法律、社会和道德传统。最初的假设是，原有规定和地铁的整体规划，都会在法庭上受到挑战。不能承受法律严格检验的规定，原本就不该被采用或执行。其中一条禁止阻碍交通的规定特别麻烦。这条规定模糊到足以引来官司和困扰负责执行的警员。一个人躺在一条畅通无阻的道路中间，算不算阻碍交通？一个人突然停在楼梯口以确定方向，算不算阻碍？某人把行李箱放在月台上，无意间妨碍了别人移动，算不算违规？这个人是否阻碍了交通且需要警员注意？警察担心，面对这些和无数的相关问题，需要太多的自行裁量。研究小组拍摄地铁实际状况，并演练执法情境之后，成员们发现，问题不在于阻碍交通，而是躺卧。因此，他们决定要求捷运局董事会修改规定，明确锁定躺卧行为,并废除"妨碍交通"的规定。董事会乐于配合。

最后被采纳的规定,是禁止如涂鸦、逃票或损害车费收集箱与十字转门、拉客和乞讨、饮用酒精饮料;或在受到酒精或药物影响,无法维持安全举止之下进入捷运设施或交通工具;乱丢垃圾、在既有卫生设施之外便溺;躺在地板、月台或楼梯上,或阻碍上述地点之自由通行等行为。为有登记的慈善团体募款、公开演说、散发传单和其他与演说相关的活动,可在某些地点进行,前提是不得威胁捷运使用者的安全。捷运警察局与法务人员和检察官办公室合作,拟定了一份执行政策。

民众对这项计划应该知道多少,很早就引起过辩论。反对公开的主要是捷运警察局高层,而乍看之下情有可原:鉴于媒体、一般大众和政治人物对此事的关注,民众可能对这个很难达成的目标产生必定成功的期望。研究小组的想法是,如同涂鸦一样,处理失序是一场至少需要五年的长期战争,但他们仍刻意提高曝光度:在高度期望和不存在的期望之间,小组成员相信,得到和保持最高层官员注意力的唯一方式,就是制造一种捷运警察局决心采取行动的公众印象。凯林也赞成提高曝光度,并主张当中涉及的政策议题应该完全摊开在公众之前,以便达到教育目的。过去地铁问题被定义为"游民问题",这是个不幸的误称,污名化这群以地铁为家的穷苦民众,并成为大量微罪和重罪等行为的借口,也让警方无法尽到他们的职责,甚至引来若干无济于事的"解决方案"。基利必须做出最后的决定,而他选择了"开诚布公"向民众说明秩序维护策略的原则和方式。当局发布的讯息包括:

- 因违反规定而造成的失序感和恐惧。
- 失序与犯罪的关联。

- 游民尝试以地铁空间为家所付出的安全与健康代价。
- 纽约大都会运输署与纽约市捷运局的善意行动之既有成果，并将继续为真正的无家可归者提供适当的服务。
- 重新控制地铁秩序有待长期努力。

规划过程的最后一个挑战，是确定方案正式实施的日期。凯林主张自 10 月 1 日开始。这是为了让警方有时间累积处理失序行为的经验和技巧，并在天气转凉之前让那些以地铁为家的游民有机会寻找和适应其他的庇护所。负责制作标志、手册和与其他单位协调的纽约市捷运局，原建议延到 12 月 5 日开始，但那将是严重的策略错误。凯林可以预见倡议人士将利用媒体攻击新方案，大喊："圣诞快乐，纽约的穷人和游民，我们送的礼物是把你们赶出地铁。"听过两方的意见后，基利决定方案正式实施的日期是 1989 年 10 月 25 日。警员加紧接受训练，数百万份传单和手册发放给地铁乘客，新规定张贴在地铁系统所有明显位置，违规者也收到形似车票的警告单，提醒他们在方案实施后若再违规将受到处罚，其他警察部门、服务单位和运输单位都听取了计划简报，而每一位捷运警察都拿到一本手册，当中详细说明秩序维护行动的法律基础和基本理由。1989 年 10 月 25 日，"执法计划"（Operation Enforcement）正式实施。

克服司法挑战　针对纽约大都会运输署的行动，倡议人士对基利提出两项要求：允许游民待在地铁的"角落和夹缝处"，并保留乞讨的权利。基利对两者均坚决不退让：没有所谓的角落和夹缝，不得乞讨。计划实施后，维权者和纽约公民自由联盟，几乎每晚都在地铁内的游民聚集处，与试图执行新规定的警察对峙。许多事件都是刻意安排的：一名男子走进地铁，身后跟着电视摄影机、律师和民权人士。在镜头拍摄下，这名男子故意在十字转门前躺下、阻碍出入。一名警员上前要求他离开，男子拒绝，警员再次提出要求。这时，随同男子的律师便会质疑警员采取行动的授权，在镜头前威胁控告处理此事的警员。这种一再重施的伎俩，结果大都是违规者被逮捕或被赶出地铁，或警员退开不理，不让对方达到制造媒体事件的目的。

1990年11月28日，两个游民及其拥护者向联邦地方法院提出集体诉讼，控告纽约市捷运局以违反捷运局规定为由，侵犯地铁游民的言论自由权。三周之后，联邦地方法院法官伦纳德·桑德（Leonard Sand）发出口头命令，暂停执行乞讨禁令。几乎所有事先准备的宣传单、公告和标志都已列入禁止乞讨的规定，结果这些东西都必须撤回重做。暂停执法命令在1990年2月成为永久禁令。

法院在扬诉纽约市（Young v. New York City）一案的立场，赋予行乞和乞讨完整的言论自由权。根据宪法第一修正案，法律学限制纯粹言论的法律，特别是政府试图管制内容或观点的基础，可据以推定违宪。内容管制很少被允许，且通常被施以标准严格的检查，必须提出极具说服力的公共利益和严密制定且必要的实现方式。政府若要对言论施加"内容中立"之限制，通常有较大的余地，因为在这部分法院一般根据较低的"合理"标准判予，只要其限制是精确锁定以实现明显的政府利益，并提供可替代的传达管道。与接受"严格审查"相比，受到这种较宽松标准审查的法令或条例，更有机会过关。受到严格审查的法条，必须通过平等保护原则和第一修正案的试炼。

第一修正案不仅保护单纯的言论，还包括所谓的表达行为，也就是行为与表达"不可分地结合"在一起，该行动的用意是为了传达特定讯息，并且有合理的可能使那些观看或接收者，能够了解该讯息。第一修正案保护的表达行为，如学生戴上黑色臂章，抗议美国投入越战，在示威游行中焚烧美国国旗和为不同的诉求游行。但表达行为得到的保护不同于纯粹言论，美国最高法院已认定，管制表达行为中的非言论要素，有时或可被视为符合第一修正案自由之附带限制，是一项重要的政府利益。这些案例可适用于较宽松的审查，其管制需在政府的宪法权力内、为促进显著的政府利益、内容中立，且不得超出促进政府利益的必要程度。如上述法院采用的审查程度，不仅有理论上的意义，也是预测法院会不会认同一项法律，或以违宪为由将其推翻的重要指标。面对第一修正案的挑战，该采取何种适当的标准审查特定的法律，将取决于该法是限制纯粹的言论或表达行为，及该限制是否内容中立。此外，还有两个重要因素：言论发生的"场所"和该法是否构成一个有效的时间、地点，或态度限制。

就"场所"而言，法院必须衡量政府在其财产上限制言论或行为的利益，与那些试图使用该财产为表达场所者和标准使用者的利益，以判定依该财产的特性，是否允许管制言论。在传统的公共场所（主要指街道和公共公园）和指定的场所（那些特别为公众用来表达行为所设立的区域），只有在维护强大利益的必要时，才能以绝对针对该目的的方式，管制言论内容——换句话说，必须符合严格审查标准。但在一个非公共场所，一个非针对公众传达设立的区域（如一个军事基地、一条从停车场通往邮局入口的走道、一个由公务人员工作的机场海关），政府或可根据该财产的使用目的，在必要时管制言论和表达行为，只要该限制不针对某个特定观点。法院也将以较低的合理标准，判定此类限制。最后，不论发生的场所为何，受到第一修正案保护之不同形式的表达（不论是口头的、书面的，或象征性动作），也可能受到时间、地点和态度的限制。只要是内容中立，这类限制都应依据合理标准受审。

第一修正案法律学的四项要素——管制是否内容中立、是否影响言论或表达行为、限制适用之场所类型，以及是否为正当的时间、地点和态度限制——是扬案的关键要素，也是今天几乎所有秩序维护法条被诉的核心。

针对捷运局的管制，桑德法官认为乞讨是受保护的言论，因为它无法与慈善请求明显区别。最高法院曾判定，组织化慈善团体的恳求，内含言论自由利益，因其经常交杂着告知或寻求支持某个特定目标或观点的言论：没有恳求的行为，"此类信息和诉求可能消失"。虽然法官认为捷运局的管制并非依据内容，他声称捷运局实际上已证明，地铁系统能容纳适当的自由表达，并在某些地点明确地允许慈善组织加以利用。因此，他视地铁为一个指定的公共场所。至于该法条是否为有效的时间、地点和态度限制，他判决不得全面禁止在地铁内请求和乞讨，因为该法条不够精确。至于捷运局提出的利益——保护民众免于骚扰、胁迫和诈骗——没有显著到足以限制乞丐的权利。他指出其他未受挑战的法条，即是可允许之时间、地点和态度限制——如禁止用刻意打扰、惊吓、造成他人不便，或构成破坏安宁的方式请求。

一方面，桑德法官的判决是一场灾难。那些违规者和厌恶警方的人士欢欣鼓舞。撤下布告和海报特别令人泄气：许多原来竖立告示而今空白的地方，更像是一次重大挫败的具体证据。另一方面，报纸社论在判决出炉后一面倒的抨击，出乎每个人的意料。新闻和报纸社论过去对捷运局的执法政策一向极度怀疑，且倾向于支持游民。但桑德法官关于乞讨的判决，显然触动了纽约市的敏感神经，几乎每一家报纸社论都反对和／或嘲弄这个决定。报社的批评从详尽的法律分析，到"这位从未搭过地铁的郊区法官，凭什么告诉纽约市民该忍受什么？"够了，地铁的秩序必须恢复。

纽约大都会运输署法务人员上诉地方法院判决的速度，让当初信任冈恩和基利不顾一切打击失序、誓言恢复秩序的警员大感振奋。地方法院判决的暂停执行令，在几周内便取得。最后，纽约大都会运输署成功上诉。第二巡回上诉法庭不同意地方法院判决的大部分理由，因此推翻其判决，确认捷运局禁止在地铁系统内所有乞求和乞讨行为但允许慈善团体在限制区域活动的管制有效。上诉法院判决书主笔阿尔蒂米拉法官主张，乞求不是言论；他不同意地方法院的乞求应适用于慈善请求之保护的主张，并断定慈善团体为散播信息、讨论和提倡公共议题所做的请求没有掺杂乞求行为。他特别指出，捷运局的管制，包含允许在系统内的限定区域进行慈善活动，即是明显区分了乞讨造成的有害影响和第一修正案对团体慈善请求的权利保护。甚至，捷运局此举并未制造出一个公共场所。阿尔蒂米拉法官接受捷运局的判断，相信乞求和乞讨的相关问题无法被控制在有限的区域内，但可通过完全的禁止来解决。

阿尔蒂米拉法官也针对乞求能否被视为一种表达行为，与特定讯息"不可分地纠结"，而受到第一修正案保护提出说明。他的答案是否定的，理由是多数乞求的人，目的是收取金钱。若有某些乞丐确实有意传达出特定讯息，如无家可归或政府的照顾不足，他认为目睹这种行为的地铁乘客，不太可能分辨得出那个讯息，因为地铁的环境反而会让他们感到被骚扰和被威胁。

阿尔蒂米拉法官不仅判定乞求不是表达行为，他更进一步评估管制表达行为之法条的效用。他的初次庭讯清楚显示，此案涉及的管制并未针对压制表达内容；更有甚者，他认为提供一个安全的环境和防范骚扰与胁迫，有极大的政府利益，而"阻止乞求唯一有效的方法……是通过……全面禁止"。在达成这些结论的过程中，阿尔蒂米拉法官大量参考了捷运局为自行评估乘客之"生活品质问题"的经验所进行的研究结果。乘客指出，乞讨者及其施加的令人不悦的碰触、耽搁、妨碍及胁迫，使他们感到持续地被骚扰和威胁。另一个由乔治·凯林所做的研究也上呈法庭，其结果显示：由于拥挤的月台、斜坡与楼梯和列车内的实体空间有限，地铁系统内缺少自由的活动能力，当乞讨者接近时，乘客会产生一种无法离开的压迫感。该研究发现，在这种情境背景下，展现威胁性的行为，将造成受伤或意外的危险。

据此，阿尔蒂米拉法官判定，即使乞求和乞讨构成受保护的表达行为，捷运局的管制仍不违反第一修正案。他认为，地方法院的说理，反映出"过于服从乞求者与乞讨者声称的个人权利，以致严重损害大众的利益"。

领导危机 在地铁政策的法庭战进行之际，解决地铁问题的实际作为却在1989年底渐渐示弱——众多警员和中层管理人员殆忽职守。1990年1月，《纽约时报》一篇报道直称此计划失败。虽然这是草率的判定（许多警员仍在努力维护秩序），但情况确实不容乐观。从一开始，基利和凯林便注意到，虽然基利支持的研究小组能提出规划、拟定和执行训练计划，并发展必要的支援服务，但最后主导政策的还是捷运警察局的领导阶层。尽管研究小组要求更多"白领"（队长以上）参与，在地铁内提供类似格林吉的领导，尤其是在晚上，自由派人士与警员对峙情况最多的时候，但他们却很少出现。更糟的是，警察工会明确反对这项计划。对警察高层和工会而言，警察的业务就是"执法"。一位巡逻警员就曾对凯林气愤地大吼："你从哪里得到失序是警察职责的想法？我们的工作是打击犯罪。"因感到被迫从事有损警察尊严的事情，他更加愤怒。很清楚地看到，除非捷运警察局本身进行激烈的变革，恢复秩序的努力将在几个月内化为乌有。

1990年4月，威廉·布拉顿受聘领导捷运警察局。他的主要任务是振兴恢复地铁秩序的工作。为迅速激励该局，布拉顿与高层警官会面,创造出一个紧密的管理团队、重整警局组织、发布一份行动计划、拟定一个与公众沟通的行销计划,并制定新的地铁执法方式,同时在地铁各处公布。布拉顿更大力提拔格林吉从队长直升为一星警长——这在纽约市前所未有。

布拉顿的所有行动,都是要清楚地建立捷运警察局新的"业务"观念。不论是和警员开会、上电台节目说明、与指挥人员开会,或规划执行方案,布拉顿的一言一行全都弥漫着新的任务主题。这个主题有两大要素。第一,捷运警察局的任务是"为纽约民众收复地铁"。① 这个主旨隐含了两层意义,一是承认严重问题的存在(地铁必须被**收回来**),二是行动的承诺(地铁**必须**被收回来)。布拉顿承认,运输署和其警察部门的政策与实际作为,导致地铁和火车站"沦陷"至目前的混乱程度。问题不只是青年帮派、游民、酒精和毒品,纽约大都会运输署和捷运警察局的整体政策,也无法维持秩序。此外,布拉顿强调,只要运输署和警方的策略大幅调整,地铁即可收复。当局的作为可以恢复秩序和防范犯罪。新主题的第二个要素是地铁系统的三大祸患——逃票、失序和抢劫——在概念上和顺序上,其实是一个问题。解决其中一个,就解决了全部三个。

在布拉顿的领导下,警方恢复秩序的行动立即增加。首先,警方被鼓励告知民众他们的不当行为,若有必要可警告他们;当他们继续违反地铁规定或法律时,警察可将他们驱逐出地铁,或逮捕他们。布拉顿上任几个月,不当行为的驱逐数字即增加三倍,甚至在迈可尔·奥康纳(Michael O'Conner)于1992年接任捷运警察局局长后,仍持续成长(参见图4.1)。

---

① 在接受电台访问和亲自宣布政策后,布拉顿和他的波士顿口音给民众留下了深刻印象。某次他在百货公司购物时,店员请他再说一次要买的东西,他重复后,店员立刻认出他的声音,亲切地向布拉顿介绍自己。

如图 4.2 所示，轻罪与不当行为逮捕数几乎遵循同一个模式，自布拉顿于 1990 年 4 月上任局长后立刻跳升，然后持续升高。与此同时，如图 4.3 所示，关于警方积极执法将导致投诉增加的恐惧是毫无根据的。

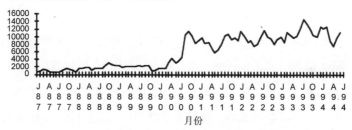

图 4.1
纽约市地铁驱逐数，1987 年 1 月至 1994 年 7 月

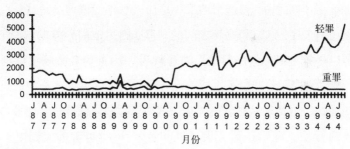

图 4.2
纽约市地铁逮捕数，1987 年 1 月至 1994 年 7 月

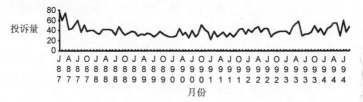

图 4.3
纽约市地铁民众投诉量，1987 年 1 月至 1994 年 7 月

虽然恢复秩序是首要目标，但减少逃票也是重要工作之一。为确保这些行动是公平的，全市各地皆部署了特别反逃票小组：不论穷人或富人，拒付车费者皆一视同仁。而为确保执法方式不致太过严厉，逮捕现场多设有"笔录专车"，逃票被捕者现场完成笔录后即被释放。毕竟，虽然逃票造成地铁系统每年损失数千万美元的营业收入，但就个案而言，逃票行为不过是一两美元的盗窃罪。根据当时纽约市正规的逮捕登记程序，警员应将被捕者带到市中心的警局总部，这会让违规者损失一整天的收入和时间，更别提罚款和相关的不便，及警员执勤的时间了——对这类"小"过失而言，显然过当。

反逃票工作执行初期，警员发现，那些因逃票而被捕的人，其中有很多若非携带非法武器，就是重罪通缉犯，而且许多是在地铁犯下的案件。在某些社区，高达十分之一的被捕者是重罪通缉犯，或携带非法武器。这是预期之外的收获。虽然犯罪将随着失序程度降低而减少早在预期之中，但这个结果还是让人意外。或许正是这一点让警察更相信失序、逃票和抢劫之间的关联，因为他们一再发现，许多逃票者也是抢匪和"失序行为"的违规者。因此，当反逃票行动展开后，严重犯罪跟着减少了。相对地，警方的士气大振——他们真的能改变现状。很快地，逃票—失序—抢劫三部曲，已被第一线警员视为整体的行动。曼哈顿研究院（Manhattan Institute）的《城市月刊》（City Journal）编辑理查德·维吉兰特（Richard Vigilante）在某个地铁站外被抢后，攻击者立即逃入站内。一个便衣反逃票小组正好进入十字转门，这时追赶抢匪的维吉兰特大声求救，抢匪跳过十字转门，立刻被捕。事后，维吉兰特感谢警员的协助，他们马上表示："所幸我们刚好在这里。但我们有一位很好的新局长和很棒的新策略：抢劫、逃票和失序，解决一项，就解决全部。"

车站经理计划　改善地铁环境不只是警察的责任，民众也扮演着重要的角色。虽然处理地铁失序的第一步由基利和冈恩跨出，1990年4月聘请布拉顿担任捷运警察局局长的却是当时的纽约市捷运局局长艾伦·奇波（Alan Kiepper）。冈恩已于1990年初离职静养。奇波同样关心恢复秩序的问题，但他认为，应该就地铁的"生活品质"做整体的改善。以提升地铁使用者的友善度和改善地铁车站环境为目标，奇波设立了车站经理一职——相对高层与高薪的全职人员，其职责是协调地铁当局提供给个别车站所有服务。如同当时许多其他政府官僚单位一样，纽约市捷运局是通过各部门组织化的功能运作，因此，在各个车站，清洁问题是由一个部门负责，安全是另一个部门负责，维护又是另一个部门负责。在车站经理一职出现之前，任一车站都没有单一的负责人。

　　一开始，车站经理非常认真地看待他们改善地铁生活品质的职责。乘客经常看到他们，尤其在高峰时段，他们让大家知道和确定，现在有专人"负责"。他们特别坚持，地铁使用者要遵守地铁规定。车站经理毫不迟疑地惩戒吸烟者、训斥喧闹的年轻人、驱赶看似"包围"收费处（抢匪最爱的目标）的人、警告那些躺卧的人，他们已违反地铁规定，并用其他方式守卫"他们的"车站。更甚者，他们监督公共厕所，确保有适当的维护，并防范有人在里面"定居"。他们看到烧坏的灯泡，便马上替换；看到污水外流，则迅速让清洁人员清理。

　　虽然主要的大站，如时代广场、34街和42街（中央车站）都有专门指派的车站经理，但多数地铁车站，最多只能在部分时段有车站经理服务。而每个车站有车站经理值班的时间，每周不超过40小时。然而，车站经理在主张其权力上，异常地有效。实际上，他们在维护秩序和控制地铁犯罪中，扮演了三重角色。首先，他们等同于简·雅各布斯在《伟大美国城市之兴衰》（*The Death and Life of*

Great American Cities）中所描述的"店主"，邻里街道的生存能力于他们有深刻的利益。"商店经理和其他小商家，通常强烈支持秩序和安宁……他们厌恶衰败和停滞；他们讨厌让顾客为自身安全紧张。他们是绝佳的街道和人行道守护者。""拥有"一个地铁车站，赋予车站经理们完全不同于一般官僚的工作热忱。当42街车站的灯光灭了，那不是某个中央单位主管工作单上的一个灯光问题；对车站经理而言，那是"我的"车站里的灯坏了，而"我"必须去处理。这种所有权情境，也在维护标志和厕所、驱赶违规者和无数影响车站环境的事务中上演。

此外，车站经理会主动了解并监督能帮助警方、其他捷运员工和地铁使用者本身的环境改善状况。一个最明显的例子就是关闭很少使用的通道和封锁月台远端部分——这些未使用到的角落和隐蔽处，可能是吸毒、饮酒、性交易和其他类似活动的地点。虽然车站经理本身无权关闭此类区域，但他们可以找出问题，而借由他们持续的关注，纽约市捷运局便可提供必要的行动，解决问题。①

最后，车站经理的存在可减少犯罪机会，为"情境犯罪预防"

---

① 在较小程度上，这种活动反映出纽曼的想法。他认为多数公共区域的设计，尤其是公共住宅，压抑了居民的领域"天性"和其他在公共区域有既得利益的人，因此造成那些领域被罪犯踩躏。纽曼在代顿市五橡树社区的做法，就是用城市环境设计预防大型公共区域发生犯罪的展现。
在纽曼介入之前，五橡树社区的情况非常严峻：
1991年夏，市中心北部的中产阶级几乎完全处于崩溃边缘。
郊区上下班的人在交通高峰时期在州际公路旁边的一个住宅区躲避堵车。掉漆和腐烂的门廊，说明房屋的破败和主人常年不在。公然的毒品交易、卖淫和偶尔响起的枪声从社区破旧的外缘一直延伸到内部。在传统的警务打击失败之后，这个城市和社区组织已经濒临绝望时，迎来了奥斯卡·纽曼。
纽曼的措施集中在通过限制交通行人和居民来恢复对街道居民的控制管理。结果，他关闭了35条街和26条小巷。根据罗纳德·布朗斯坦（Ronald Brownstein）的统计，在当年年底，交通拥挤度下降，社区监督活动增加，房价上涨了15%，暴力犯罪下降了一半，而对入室盗窃、汽车偷盗和破坏公物的逮捕也急剧下降了。

做出贡献。"情境犯罪预防"的重点，不在罪犯或犯罪之源头，而是增加罪犯成功犯案的必要难度、增加罪犯作案时的必要风险，并减少犯罪活动的报酬。在地铁站，强化防护十字转门的硬币收集处，就是增加犯罪难度的一个方法；车站经理更积极地看守，增加了罪犯的风险；而清除涂鸦则是减少罪犯的报酬（他们看不到自己的作品）。

地铁车站经理的设立，在当时是一连串改善地铁服务和恢复秩序行动的强大辅助行动之一。虽然捷运警察才是最关键的角色，但一个整体的解决方案、整合不同政府部门的功能，都能让整个行动的效果更大。

那些关心邻里社区失序、恐惧和犯罪问题的人，自然很想知道地铁的经验能否移植到一般的社区或邻里中。毕竟，地铁与社区有明显的差异：地铁系统的空间受限，有正式的出入口；相较于社区的复杂度，地铁系统是"单纯的"；地铁仅提供单一的服务，乘客付费使用，在一处地方只停留相对较短的时间。此外，捷运警察不必持续回应911报案，因此他们更能专心处理地铁中的问题，不受干扰。或许正是如此受限的环境，警务政策和作为才能更及时和更有力，因此更容易看到成果。

结果是，地铁经验的确能在两个方面为恢复纽约市街道的秩序提供一份蓝图。首先，捷运局采用的政策为纽约市警察局日后发展和运用到全市的做法，提供了一个原型。第二，负责在地铁实行这些变革的人，如威廉·布拉顿，后来成为朱利亚尼市长任命的警政委员。而布拉顿在地铁得到的两项重要经验，对日后处理纽约街道问题有相当的助益。恢复秩序能减少犯罪。再者，犯罪减少的部分原因，至少是因为恢复秩序的行动让警察接触到携带武器和犯下重罪的人。这些原则都可延伸适用到纽约市警察局。

纽约市警察局的转变

纽约市警察局调整犯罪控制策略，纳入更大的秩序维护成分，比捷运警察局落后了几年。事实上，在纽约市警察局甚至还未注重秩序维护前，警方对待乞讨者的方式和纽约州刑法的反乞求条款，已经被告上法庭。1993年的警政委员雷蒙德·凯利（Raymond Kelly）推行了一项对抗抹车仔的行动，可谓纽约市警察局解决失序和生活品质问题的开端。被任命为警政委员后，布拉顿便开始执行原本由凯利委员完成的计划，但他需要更强烈的方法，才能恢复纽约市的秩序。

在前几任市长任内，失序并非纽约市警察局一个主要和明显的问题，尽管前几任委员曾为某种秩序维护方案打下基础。本杰明·沃德委员（1984—1989年在任）开创了社区警员计划（Community Police Officer Program，简称CPOP）；然而，该计划受限于分配的警员人数过少，在警局内部引发了强烈的反弹。稍后，戴维·丁金斯（David Dinkins）市长和李·布朗（Lee Brown）委员（1990—1992年在任）成立了一个策略方案，在全市部署社区警务，并额外增加5000名警力。尽管许多个别警员努力对抗失序——尤其是属于社区警员计划的人员，但纽约市警察局的固有文化仍将处理强迫抹车、乞讨和其他微罪等问题视为有损警察尊严。

初期的失败：街头乞讨问题

纽约市警察局在20世纪80年代末和90年代初，对失序行为的相对缺少关注引发了日后的问题。控告纽约市捷运局的同一批人，将他们的反秩序维护主张，对准纽约市实施州刑法条款中禁止"以乞求为目的滞留街道"的行为。这一个法条的引用次数，稀少到多数警察和市政府官员根本不知其存在的程度。少数警员曾据此进行过几次逮捕，但当时乞讨者还算不上纽约市警察局关注的焦点，警员大都不知道这个法条，相关的执法训练也不存在，而纽约市警察局的政策说明书甚至没有提到这一点——这些事实都让市政府显得不堪一击。当市政府的一位法务代表请凯林协助他们准备辩护内容时，他发现纽约市警察局上下对这个官司漠不关心，仅愿提供最少的信息。凯林只好找到他的友人兼学生——首席副委员雷蒙德·凯利。在他出面后，纽约市警察局才全力配合。市议会似乎也不太关心此案，尽管那些负责此案的律师都相当用功地研究相关议题，并展现出高度的专业精神。

禁止乞求法条以为，个人"因乞求目的而停滞、逗留或徘徊在公共区域"，即是触犯了停滞罪。如同对地铁的控告一样，针对纽约市的官司也是一起集体诉讼，原告是一群住在纽约市，并在公用街道、公共公园内乞讨的"贫苦人士"。这些人全部未曾因为这个法条被逮捕过，他们顶多曾被警员要求"离开"。纽约市警察局以被告身份回应，原告挑战的法条，是解决街道失序状况的基本工具，因为乞讨者倾向于聚集在特定区域，其行径愈来愈嚣张，并对居民和地方商家构成威胁。警方描述乞讨者自行停留在银行、公交车站、自动提款机附近和停车场，经常阻碍人行道，或具威胁性地跟随行人。警方进一步指称，乞讨者通常会从事更严重的犯罪，持续增加的犯罪活动，最后将摧毁整个社区。主审的联邦地方法院法官罗伯特·斯威特以完全不同于上诉法庭在纽约市捷运局一案所采用的理由，推翻这个法条，判决其违宪。

相异于上诉法院的判决，斯威特法官认同乞求应视同慈善的恳求，因为两者均给听者传达了同样的讯息，应受宪法第一修正案的保护。他进一步指出，乞求是一种表达行为，其行动与表达无法回避地交缠在一起。针对在公共场所（市区街道）发表受保护的言论，或可受到时间、地点和态度管制，以及限制表达行为这两方面，斯威特法官认为，这个法条一开始即不符合内容中立标准，因为它在组织化慈善团体的恳求与乞丐之间构成歧视。他断定，这种差别待遇的根据是乞丐传达的讯息内容，而社会经济条件与机会，迫使某些人依赖乞求谋生。他也发现，该法条完全禁止乞求，让这个讯息没有其他方式来传达。

斯威特法官用可观的时间，衡量其中涉及的各方利益，不仅是乞丐和政府的利益，还包括那些特定听众和一般大众的利益。根据斯威特法官的看法，听众的利益在于接收可得的信息，尤其是关于社会状况的，以免于受骗和无知。观众有接收信息的利益，个人也有离开、移开目光、拒绝回应或用某种其他方式逃避对方"纠缠"的能力。斯威特法官认为，在观众与乞丐之间，如同政府或公众与"发言者"之间，利益的天平略微倾向乞丐传达讯息的一边。就连政府维持公共秩序、预防诈骗等利益，都无法挽救这个法条。无视多个研究资料，证明乞求和乞讨等失序行为与更严重犯罪之间的关系，斯威特法官写道："一个平静的乞丐对社会不构成威胁。乞丐顶多是犯下了贫穷罪。一个或一百个乞丐对社会传达出的讯息可能会令人不安……答案不是把这些人都变成罪犯……而是应解决造成他们存在的根源。"

第二巡回上诉法院认可下级法院的判决，认为乞求应被视为表达行为或一种沟通行为，受到第一修正案保护。主笔的迈纳法官对争议法条采用严格审查的原则，判定该法确实根据内容限制公共场所的言论。他也依据时间、地点和态度原则审查该法条，结果全不通过。他特别指出，州政府的利益，不足以全面禁止公用街道上的和平乞求，并且没有留下其他途径供乞讨者发声。他具体比较了之前针对地铁的官司，认为地铁系统的特殊条件是允许管制乞讨的主要原因。迈纳法官以西雅图的法规为例，该市禁止妨碍人行道或车辆交通的激进乞讨行为仅限制特定、具体的行为。而纽约市的法条甚至禁止口语演说和沟通行为。看来，纽约市警察局还没开始约束乞讨行为，就已被法院制止了。

纽约市警察局的第一次成功：抹车问题

然而，凯利委员（由丁金斯市长于1992年任命）仍决心处理抹车问题。主动为停在路上或路边的汽车抹拭前窗，然后索讨金钱的行为，在20世纪90年代初的纽约市相当猖獗。抹车仔通常以3—6人一组，少数地点会多达14—16人，通常以20岁上下的年轻人居多。这类活动最热门的地点是隧道出入口、桥梁、交叉路口或堵车时的高速公路。有些抹车仔固定在某一地点，其他则偶尔现身。勤奋的抹车仔一天可赚40—60美元；若待得更久甚至可赚100美元以上。在许多地点，这种半强迫的擦窗服务从白天到夜晚地进行，全年无休，但最活跃的时间还是温暖的月份。

抹车仔的行为程度不一。许多人非常努力，在车阵间穿梭，甚至爬上卡车的保险杠擦洗窗户。有些抹车仔态度良善，会与驾驶人闲话家常，自认他们的举止不会让民众感到被威胁。若驾驶人挥手叫他们离开或开启雨刷，许多抹车仔都会退开。然而，某些抹车仔的表现，明显是算计过的威胁：若驾驶人拒绝，这些人会趴在车盖上，阻止车辆前进，甚至不顾信号灯转换；有些抹车仔直接对着车窗洒肥皂水或吐口水，弄脏驾驶人的车；两人、三人，甚至四人围着一辆车，不顾驾驶人的反对擦洗所有车窗。少数抹车仔明显只是可怜的游民，疲惫不堪且正处于严重的酒醉或吸毒后的状态，昏昏沉沉地在车阵中晃荡，对着驾驶员和行人比画。他们只拿着几条破布或几张报纸，很少是真的擦洗窗户，或拿到"小费"。

凯利委员在1993年夏天联络凯林，以协助纽约市警察局控制抹车问题。凯利最近与妻子开车进入市区时，也曾被抹车仔"服务"，其中一人还在他的挡风玻璃上吐口水。凯利自己亲身经历了愤怒和挫折，因而更能体会民众面对这类攻击的无助和恐惧。于是采用类似地铁研究小组的问题解决途径，凯林与纽约市警察局人员、时任副局长迈可尔·朱利安（Michael Julian）和警官史蒂夫·米勒（Steve Miller），开始低调地观察和拍摄抹车仔的行径。他们让便衣警员开着没有警察记号的车通过十字路口，接受抹车服务，顺便"采访"抹车仔和社区警察，并翻查警局的犯罪记录。研究期间被捕的抹车仔，其背景资料大致类似捷运局当时对游民的研究结果。民众对抹车仔的普遍印象是一群"际遇差"的无家可归者。当时的纽约公民自由联盟主席诺曼·西格尔（Norman Siegel）呼吁政治领袖"给那些抹车者提供住屋和工作，更能解决这个问题"。但研究小组收集的资料却呈现出完全不同的景象：在六十天实验期内被捕的抹车仔中约四分之三的人有合法的住处；他们之中高达半数的人过去曾因抢劫、攻击、强盗、盗窃或携带枪支等重罪被捕；而将近半数的人之前曾因与毒品相关的罪名被捕。抹车仔不只是制造困扰的一群人，他们有能力制造重大伤害。民众有充分的理由感到畏惧。

对少数认真执勤的警员而言，处理抹车仔是极度令人沮丧的工作。由于开车和特殊单位的警员全都忽略抹车问题，社区警察只能孤军奋战。那些不肯处理这个问题的警察，却是以最大声抱怨抹车仔不值得警方费心的人。更令警员感到无力的是抹车仔的反应。由于抹车是微罪，只能处以罚款或罚做社区服务，因此警员只能开"出庭传票"（Desk Appearance Tickets，简称DAT）给抹车仔。这类微罪犯通常不会出庭，也不会缴罚款，因此"出庭传票"也被纽约警方戏称为"消失传票"（Disappearance Tickets）。和其他部门一样，未到案的传票会送到通缉服务中心集中处理，但这些传票自然排在更"严重"的事情之后。抹车仔很快发现这一点，并干脆直接告诉警员："省下你的传票，我已经有很多了。"

一位巡逻警员的简单评论，正是解决此问题的关键。他建议："如果我们能有传票未到案的逮捕令就好。"有道理，虽然抹车不是可判刑的重罪，但不出庭却是。微罪的传票对中央通缉单位也许不算什么，对那些试图恢复社区秩序但遭到轻蔑和嘲笑的警员却有很大意义。在当时的曼哈顿区检察官、现任纽约州刑事司法委员罗伯特·摩根索（Robert Morganthau）的顾问保罗·谢克特曼（Paul Schectman）的安排下，初次发出传票的警员，都拿到了所有未到案抹车仔的逮捕令。之后，所有曾收到传票且未出庭的抹车仔都立即被警员逮捕，并送进监牢。迅速且确定的惩罚，在几周之内便将抹车行为消灭殆尽。

纽约市警察局的新任务

反抹车运动是在1993年丁金斯—朱利亚尼的市长竞选期间进行的。当时，抹车成为纽约市所有缺点的象征。朱利亚尼以打击犯罪为主要政见。他打着前任联邦检察官的名号，自认为特别有能力解决纽约市的犯罪问题；如同许多地方政治人物一样，他也熟悉民间疾苦，了解失序和恐惧对纽约市的影响。当选后，他指定布拉顿担任纽约市警政委员。

这项任命成为解决纽约市失序问题的关键，有几个原因。第一，新委员将必须对纽约市警察局内部进行重大变革。作为一位外部空降的首长而言，布拉顿完全没有改革的包袱。纽约市警察局的高层几乎都在20世纪80年代中即上任。更甚者，在1993年，纽约市警察局爆发了一连串的贪污丑闻，虽然没有危及最高层，却在部门较高阶层形成一种寒蝉效应，导致警官和中层管理人员不愿揭发贪污或滥权。许多基层警员也抱持"少做少错"这种明哲保身的工作态度。纽约市警察局被许多人形容为傲慢、无效率的官僚机构，无法控制犯罪，也管理不了警员。虽然纽约市警察局在书面上对社区警务做出了承诺，该局却仍深陷在狭义的执法策略思维中。布拉顿除了来自外部之外，他曾在捷运警察局成功执行预防性秩序维护政策，并重组和重振该部门，这些都让他成为朱利亚尼市政府警政委员的不二人选。

接掌纽约市警察局后，布拉顿采用并执行了许多类似民营企业执行总裁（CEO）用来重组和整顿组织的方法。他也带来很多当初在捷运警察局率先尝试的做法。他将55位最高层首长的权力向下转移到辖区指挥官（以队长为主）手中。与此同时，他也表明辖区指挥权只会赋予那些最顶尖、表现最好的队长，未来晋升的主管也会从这一批队长中选拔。这个讯息传递出去后，许多不适任的纽约市警察局辖区首长自请退休。这让布拉顿有更大的空间提拔年轻、积极的队长职掌各个辖区：平均年龄从60多岁降至50多岁。

布拉顿还在其他方面主动出击，包括重新掌握失控的预算，特别是加班费；改善警员训练；利用工作小组研究部门问题；让辖区主管打击贪污，并调查警员意见，以决定如何改善警局管理和他们的工作品质。他减少了特别小组的数量，并设立多种内部沟通渠道（如影片和内部新闻稿），方便他自己和其他重要高层直接发送讯息给第一线警员。最后，布拉顿建立了清楚、可考量的部门目标，他对外公布了七个策略计划，从市内改善生活品质，到制止家暴和打击贪污。

这些变革都很重要，且包含许多领导者努力拯救一个濒亡组织的标准步骤，布拉顿在新警务策略——社区警务的执行上，仍丝毫不马虎。社区警务的内涵，已实质融入纽约市警察局新的警务策略。其中的重要基础，是培养警察对社区更大的责任，并投入解决地方问题。

布拉顿关于纽约市警察局的社区警务策略，以犯罪为中心。他的逻辑是：首先，虽然警务涉及广泛和无数的职责功能，警察的核心任务就是犯罪控制，目标是失序、恐惧和指标犯罪；第二，警察有能力防范犯罪；第三，警察必须积极工作，同时尊重自身的行动：积极控制犯罪不一定要显得好斗，尊重公民也不代表懦弱。最后，虽然全面性的组织变革可能需要数年，但若适当激励和指导警员，犯罪控制的成效将可速显。对布拉顿而言，社区警务能够"抑制犯罪"，而他深信，警员和民众都知道他是对的。

社区警务在布拉顿心中，绝不是其他许多警政首长所谓的软性、社会科学的名词。那些人以为，社区警务与警察数十年来认知的"犯罪打击"角色对立。在这种观念下，许多警员对执行社区警务充满反感：这是一种对犯罪示弱的策略，没什么效用，强调社会工作，更关心违规犯法者的权利而非社区利益，而且还要建立友善的社区警民关系。如同当初在捷运警察局一样，布拉顿必须说服纽约市警察局的警员改变心态和观念。

布拉顿先站在警员的立场思考，即以犯罪为出发点，然后引导他们跳脱传统、狭义的执法观点。通过传达我们已知的失序、恐惧与犯罪的关系给警察，再帮助他们诠释到自身的经验，布拉顿引导纽约市警察局实现了若干初期的成功。抹车问题的快速制胜，立刻引起民众和基层警员的注意。如同搜查地铁逃票者进而搜出武器，让捷运警察局了解对抗失序就是解决整体犯罪问题的有效手段一

第四章 收复地铁：纽约市的生活品质方案

样,纽约市警察局也在过程中有类似的领悟:某人因在公园小便被置留讯问,结果让警方得到讯息,没收了一小批武器;一名机车骑士没戴安全帽,在详细检查之下,发现他竟然携带了一把九厘米长的手枪,侧袋中还有另一把枪,而他居住的公寓甚至还藏有若干强大武器;一个叫卖热门商品的小贩被讯问后,引导警方抓到一名专门处理武器赃物的罪犯。这些案例都具体证明,处理小问题就能遏止大问题的发生。如同逃票者不一定都是重犯一样,微罪犯者也不全是重大罪犯,但却有可能知道其他重大罪犯的讯息。接触这些微罪犯者,等于向所有罪犯发出警告,并让警方有合法渠道取得更重大问题的讯息。

为成功执行其警务策略,布拉顿需要授权他的新辖区主管,同时建立让他们完全负责的机制。针对这两个目的所发展的程序,犯罪控制策略会议(Crime Control Strategy Meetings)让那些主管把注意力集中在其社区的各种状况,创造出一种对地方社区负责的态度。每周三和周五,从上午 8 点到 11 点,纽约市警察局各辖区指挥官都在总部聚集,召开这项会议。固定列席的人员有犯罪控制副委员杰克·马佩尔(Jack Maple)、纽约市警察局巡逻队长路易斯·阿内莫内(Louis Anemone)、侦查队长查尔斯·鲁瑟(Charles Reuther)、五大自治区首长和学校、区检察官办公室以及假释部门的代表。

每次会议的形式都一样:各辖区长官,由探长和辖区其他代表陪同,上台发表该辖区现况的正式报告,包括失序相关问题、犯罪防治与控制、辖区警察采取的解决方案和结果。辖区的指标犯罪资料、逮捕的地理分布和数据、枪击受害者与事件、因重罪假释或违反假释令的辖区居民,及其他可反映该区生活品质的资料,全都公布在台上的大型荧幕上。资料依每周、每月和每年整理,并与去年的统计相比。副委员马佩尔和其他代表就强暴案上升、抢案居高不下、大型盗窃案减少等特定问题询问辖区长官。而辖区长官也知道，他们不仅要相当熟悉眼前公布的资料，还必须能在被询问时说出一番道理。其他辖区的长官可根据他们本身的经验，建议特定问题的解决方案，或就一般性问题分享信息。讨论的主题，总离不开布拉顿的犯罪控制四大指导方针：准确且及时的情报、迅速部署、有效的方法和持续的追踪与评估。最后，在每一次简报的结尾，都会介绍一位在处理社区问题上表现特别突出的巡逻警员。因为这些问题与其他任何犯罪一样，攸关民众的生活品质。

犯罪控制策略会议激励了纽约市警察局。这些会议以一种精巧又简单的方式，结合了分散授权至辖区、建立权责机制、生动呈现警局提供社区服务的新程序，并强化了布拉顿的警务愿景。更重要的是，这些会议的严肃性、与会者的层级、同僚的出席、持续的质问和挑战，以及整个程序极高的可见度，都迫使辖区长官持续关注他们的社区。

通过这些变革，纽约市警察局经历了一次重大的组织整顿和再教育，全面接纳以生活品质为主导的犯罪防范和控制。虽然组织变革的要素尚未全部到位，但纽约市警察局的策略已有实质性的、大幅度的转变，不再是过去那种名目上、只有最高层和少数独立单位支持的改变。充分利用早期的胜利和严重犯罪显著减少，新领导阶层不仅要改变纽约市警察局的结构，还要转变其整体文化。

最近，这些成果面临一项新威胁，这一次不是法院的挑战，而是司法官僚体系的代表以"清除积案"为由，试图在州预算案中偷渡一个条款，将所有轻罪合法化，解除州刑事法庭的负担。实际上，这个条款会让市政府丧失逮捕犯下轻罪且不服从规劝者的权力，抹车即是一例。最后让抹车得到控制的手段，是让拒缴罚款的抹车仔得以被捕。把这些行为合法化，等于夺去警方逮捕那些坚持违法者的权力。后果的严重程度难以言喻，警方将难以恢复或维持秩序。法院的官员，不论是否有心把这个条款偷渡到州法中，都等于直接帮助了那些假"自由利益"之名，欲让都市混乱永久长存且夸大警方滥权恐惧的激进自由派人士。

新城市共识与全面性的生活品质方案

且不论上述的司法插曲，警方维持秩序和犯罪防治的行动，逐渐与民间和公共部门的其他努力结合并协同并进。纽约市议会和纽约市警察局与纽约公民自由联盟合作，共同草拟了新的乞讨法规，取代了被最高法院判定违宪的旧乞讨法。这项1994年10月12日于市议会提出的法规，以华盛顿特区1993年的乞讨法规为准。该法禁止在公共场所做出以下举动：以恳求（包括要求或乞求）捐款相关目的，或销售商品和服务，而接近、追随个人，或对其陈述，该行径有意或可能造成理性之个人恐惧身体伤害、损失或失去财物，或被胁迫施与；被拒绝后继续恳求施与；在恳求时未经同意故意碰触个人，或故意阻挡、干预特定个人在人行道或车辆内通行；并对人使用暴力或威胁姿态。此外，在距离自动提款机、支票兑现营业处所或私人财产20英尺内恳求，没有得到所有人允许，都属违法。最后一点，不得向汽车驾驶人请求捐献和推销任何商品或服务。

新法规反映出纽约市政府在生活品质方案上的进化。类似的试验性行动也在其他领域进行。例如，一个三年期、公私合作、专门针对生活品质类犯罪的新社区法庭，在1993年成立，目的是将司法正义带回社区。紧邻市中心北部警局的市中心社区法院属于曼哈顿的时代广场区。它是专门处理该区内生活品质犯罪的传讯庭，处理包括扒窃、卖淫、涂鸦、少量持有毒品、小额盗窃和无照经营等轻罪。不肯认罪的人，交付市区的刑事法庭审判；但将近70%的被传讯者都愿意认罪，并由社区法院判刑。大约80%的判决是在犯案的社区执行社区服务（通常于24小时内立刻执行）、加入社会服务计划，或两者皆有。其他判决可能包括坐牢、接受咨询或药物治疗。在电脑资料库的帮助下，法院可立即调取每个被告的犯罪资料（涵盖逮捕讯息、犯罪前科、之前服刑的记录、药物滥用记录、心理疾病史、就业和居住地址资料等）参考，以做出最适合被告的判刑。法院也会监督每一个被判刑者的进展，若包含持续性的治疗或服务，法院可能会要求他们定期报到。团体治疗和短期社会服务的服刑率相当高（分别为77%和72%），那些没有执行社区服务的人，都很快被捕、改判坐牢。

社区法院的成功运作，有赖于其管辖的三个辖区的警察与社区的合作。由该区居民、执业律师、社会服务单位行政人员和准公家机关之官员所组成的社区咨询委员会，帮助法院随时了解社区的问题和担忧，并集合必要的地方资源，提供社会服务支援和社区服务计划。超过15个地方团体负责监督社区服务服刑者的执行成效，包括各种公共区域（街道、公园、公交车站和地铁站）的清洁与美化活动、发放食物给游民、粉刷公共住宅、清除涂鸦、为公益组织处理邮件和打扫法院。多数的违法者在被传讯和判刑后，不是马上回到街上继续犯罪，而是立即到社区内执行可见的服务。迅速且确定的惩罚，对被告和社区都有意义。在结束社区服务和咨询疗程后，若干违法者反而变成法院或其他相关工作计划的义工。

市中心社区法庭得到纽约刑事法庭行政法官罗伯特·基廷（Robert Keating）的强力支持。他主管的单位、市长办公室、地方社区居民与商家、纽约市警察局的长官与基层警员，全都是热情的支持者。然而，曼哈顿区检察官仍批评市中心法院的运作，认为与其他刑事法庭相比,占据了太多资源。的确,资金一直是这类计划的主要问题之一。三年试验期过后,市中心法院必须依靠公家和民间单位(包括企业)的资助才能继续运作。虽然市中心法院的成功促成了第二个社区法院得以在拥有近八千名公共住宅居民的布鲁克林红钩区设立,但目前仍欠缺必要的资金。显然,生活品质计划的结果,必须能证明其存在的价值或花费更多金钱支持秩序恢复与维护的必要性。所幸,目前为止的结果不仅肯定了执行中的方案,在某些方面的表现更可谓惊人。

评估恢复秩序的成果

今天,对那些在纽约市居住和工作的民众而言,随着城市的秩序恢复,地铁和许多街道与公共区域的改变是令人愉快的。涂鸦已从地铁车厢消失,中央车站、佩恩车站和港务局公共汽车站的设备也有剧烈改变:只要到其中一个车站走一趟,即可感受到差异,看到整洁的环境,并且注意到民众互动时展现的相互尊重。布赖恩特公园也被恢复成一个令人愉悦的场所,中央公园的大部分已被收复,抹车仔远离街道,20世纪80年代末逃离纽约市的人现在重游旧地,都为地铁、公园和街头环境的改变惊讶不已。有关纽约市的新闻报道,经常强调这些改善。整体而言,不用看统计数字,民众在纽约市的体验已经不一样。过去许多人认为在纽约市生活困难重重,现在他们都有一种全新的城市幸福感。

在生活品质上,已有明显改善的证据,低层次犯罪与失序事件也减少了;更新的发展是指标犯罪数量也大幅下降了,这不只是民众的真实体验,更反映在犯罪数据上。布拉顿于1990年在地铁实行秩序维护策略后,地铁内的犯罪数量便持续下降至今。图4.4显示，1990年以前，所有重罪（包括抢劫）案件持续增加，而抢劫在地铁内特别猖獗；但隔年（1991年）开始，数字便逐年下降至今。这些惊人数据否定了传统的犯罪控制概念，自从实施积极的秩序维护策略后，地铁的重罪案件骤降了75%，抢劫也减少了64%。事实上，严重犯罪已不再是纽约地铁的主要问题了。

图 4.4
纽约市地铁重罪与抢劫案数，1988—1994年

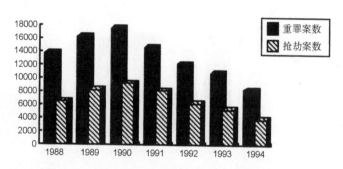

虽然地铁的秩序维护方案没有经过实验阶段即施行，至少有两项因素可证明秩序维护行动造成犯罪减少。第一，犯罪的减少，几乎就在布拉顿实施警察秩序维护行动之后，立即显现。第二，虽然捷运警察局本身也进行过许多组织性和行政上的变动，但技术性的改变仅针对逃票和恢复秩序，没有实施反抢劫或打击重罪的措施。犯罪率的改变单纯只是警方努力的结果吗？不，不太可能。我们认为，最有可能的原因是大都会运输署对恢复秩序的投入和承诺，这包括清除涂鸦、目标物强化（增加违法者接近目标物的难度）、借助车站经理计划实现公民领域维护概念以及警察的努力。

纽约市的整体数据，也能看出相同的模式。1995年起，民众受害的概率已远低于1970年之后的任何时期。图4.5和4.6显示，暴力犯罪率大幅下降，尤其是1994年，布拉顿胜任警政委员的第一

年。当中某些数据的下跌幅度更是前所未见。例如，谋杀率的跌幅，居美国所有城市之首。1994 年，全美的谋杀率减少了 5%，纽约市的跌幅则高达 17%。此外，抢劫案数量也在 1994 年降至 1973 年以来的最低，攻击事件同样减少了。1995 年的初步统计数据甚至显示所有暴力犯罪的下跌速率，全都超过 1994 年。①

图 4.5
纽约市谋杀率，1988—1994 年

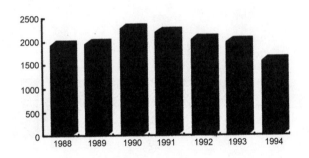

图 4.6
纽约市抢劫与攻击案数，1988—1994 年

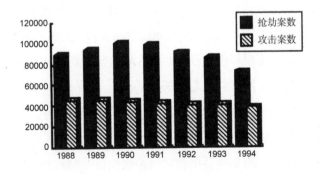

---

① 强暴案并未显著减少，而这些资料也很难解读。这或许反映出强暴案没有减少也可能是妇女报案的意愿增加了。目前仍缺少更详尽的研究，我们无法确定何者为真。

和针对人身的犯罪一样，纽约市的财产犯罪同样减少了（参见图4.7）。1994年的入室盗窃率比1993年减少了10.9%，偷窃减少了10.8%，汽车盗窃则减少了15.2%。1995年的初步报告再次显示这些犯罪率的减幅加速。

图 4.7
纽约市财产犯罪数，1988—1994年

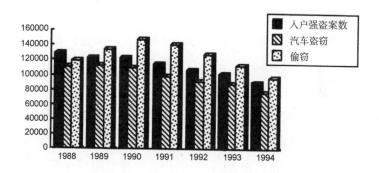

除了观察数据本身，我们也能再次从纽约市民的体验中，检验秩序维护行动导致整体犯罪减少的结论。多数市民都相信，他们的城市正在经历巨大的改变。虽然我们访谈的民众也许没有随机样本的代表性，但对他们而言，纽约市的生活品质无疑已有可喜的改善。其中一项调查特别具有代表性。知名的昆尼皮亚克学院（Quinnipiac College）定期调查纽约市民最关注的事项。针对1995年11月6日公布的报告，媒体报道："史上第一次，昆尼皮亚克学院的民调显示纽约市民把失业选为'目前纽约州最重要的问题'。"同年4月，名列前茅的问题是赋税。之前的每一次调查，纽约市民总是把犯罪列为最大的问题。加上地铁、公园和许多区域街道的改变，过去五年来，纽约可谓彻底改头换面，我们认为恢复秩序是最主要的因素。

第四章　收复地铁：纽约市的生活品质方案

由于纽约是一个媒体中心,且当地的秩序维护行动是警方控制犯罪的基础,布拉顿的政策是否就是纽约市犯罪率大降的功臣,也引发了不小的争议。在犯罪学界,这个辩论自然相当激烈。犯罪减少是否是警方行动的结果,引发了若干社会科学中最棘手的因果关系争辩。我们如何知道犯罪真的减少了?那些数据是否被操弄?民众是否因为忧心贪污而改变了报案习惯?这些改变会不会只是短期的走势,长期仍将回归之前"正常的"水平?如果犯罪确实减少,该如何解析其效果?司法判刑扮演了什么角色?监狱人犯为何增加?是否有社会结构性的改变,造成如贫穷人口减少这种转变?这些和其他许多问题都是合理的质疑。

这个辩论也是充满敌意的,因为当中涉及深层的意识形态。一方辩称,贫穷、种族主义和社会不公造成犯罪,而由于警察对这些社会结构性问题难以施力,他们的作为对犯罪问题也不会有多大帮助。另一种我们抱持的较乐观的看法是,假设不论犯罪问题的"根本原因"是什么,要降低犯罪,不一定只有消灭犯罪根源一种方法:事实上,不论是什么原因造成犯罪,警察通过适当运用策略和不同方法,都能影响犯罪率。这种看法的关键问题在于警察能否和如何协助邻里与社区,创造出允许其他单位(家庭、邻里、教堂、社区机构与政府和商家)处理这些社会基本问题的条件。

我们认为,反映出纽约市指标犯罪持续减少的数据,就是这些过程和效应的证明。具体而言,我们相信纽约市的犯罪减少是确实发生的,而且与警方和社区的行动有关,过程如下:规划一个城市二十年的发展,培养一个强大的社区运动、组织商业改进区和民防机制,清理地铁的混乱、恢复公园环境(通常由民间执行、维护和监督)、成立社区法庭并与检察官建立密切联系,然后选出有魄力的新市长和警察首长,能够大声地对民众说:"顺便一提,我有三万八千名警察,将被指派与市民合作,并且对他们的工作成果和行为负起最大的责任。"在这种条件下,若犯罪没有减少,我们才会感到意外。

纽约市的许多恢复秩序方案,也在全美各个城市推行。这个运动正在蓬勃发展。它与20世纪60年代的"刑事司法体系"模式有根本上的差异。老旧的模式不接受民间参与维持秩序和控制犯罪,并坚持这类事务要留给专业人员处理。我们不讳言,社区与警察协力维持秩序的运动,在这个阶段仍需要更精细的改善;但透过社区组织、公民议会和犯罪观察团体,民众自发的参与、草根力量的投入随处可见。私人和企业安全组织也主动与一般民众及公家机构建立新关系。社区与问题取向的起诉,法庭和矫正工作,正开始普及,并发挥着影响力。一个以社区为基础的犯罪预防范例轮廓,已显然可见。

改变以社区为基础问题取向的维护秩序方法和降低犯罪策略,在城市中已展现出惊人的初步成果,但仍带有实质的风险。旧有的"系统"模式是被动的,其公权力的行使相对狭隘和节制。社区模式的特色是主动和干预,警方密切融入社区,试图在问题恶化前予以解决,并在某些程度上,合理化民众主动的干预,防止犯罪发生。这类警民行动必须出于广泛的授权和更大的合作网络。这类权力的使用该如何控制,才能同时保护所有公民的基本权利,是民主社会的一大议题。

第五章

以社区为基础的犯罪防治

纽约地铁和其他公共区域，如布赖恩特公园的惊人改变、地铁的秩序恢复成功复制到地面上来，都让纽约市的秩序恢复方案和现行的警务实验成为全球目光的焦点。从新加坡到加利福尼亚，从沙特阿拉伯到英格兰，各地的警察和政治领导者纷纷向纽约市警察局取经，他们甚至亲临旁听犯罪控制策略会议。但犯罪学者和学术界仍在辩论纽约近年的犯罪降低，究竟有多少甚至哪个部分能归功于积极的秩序维护和警方的改革。针对市长朱利亚尼和警政委员布拉顿对失序和犯罪的强硬谈话，有些人批评说纽约市正在退回过去"警察当家、民众退到一边，让罪恶战士定义和解决问题"的老旧心态。其他人，尽管相信布拉顿在执行社区警务上有重大进展，仍担心媒体和少数政治、警界领袖及学术界人士会错误解读纽约市的现状，从而危及重要且珍贵的警务策略改变成果。

这一切都指向一个问题：社区警务的内容究竟是什么？在不动如山的911策略上，增加额外的徒步或单车巡逻勤务（即使在某些社区拥有具体的恢复秩序授权）就算是社区警务吗？在总数400位警察中，有8位左右属于社区警力，算是实行社区警务吗？纽约市警察局采行的积极秩序维护行动，搭配强大的反犯罪取向，是与社区警务相悖吗？因为社区警务在民众心中已有相当重要的地位，这些都是严肃的问题。有些人相信，社区警务只是一套无法定义的概念，或是在警察形象与名声严重损毁之际，用来恢复民众信心的公关骗局。虽然这些批评的基本假设即是错误的（社区警务并非无法定义），但他们确实说对了重点。加班徒步巡逻的警员和极少数的社区警员，根本无法构成所谓的社区警务。在现实中，社区警务是一个全新的范例，其重点是以犯罪防治取代老旧的被动警务模式。

社区警务必须采取多种形式，因为在个别社区，甚至城市内的各个辖区，都需要强调不同的要素，才能反映独特的地方需求、传统和价值。然而，不论其执行方式如何，社区警务的要件都是恢复公共秩序和警方投入秩序维护工作。

社区警务、积极的秩序维护和生活品质议题

本质上，纽约市警察局现行的变革与社区警务的基本要素是一致的。这些基本原则是什么？

首先，是相信广泛的警察职责不仅仅是针对重罪的执法行动。警察的工作包括保持公众秩序和安宁、保护宪法自由权利、确保民众安全、解决冲突、协助陷入危险或无法自救的人、解决危及民众和社区的问题，并回应紧急事件的处理。帮派分子占据公园，让守法民众与儿童无法使用（如旧金山的情况），这就是警察的问题，即使那些帮派分子并未犯下严重罪行。一直以来，警察总是承担许多这类基本的防范犯罪和保护民众与社区的职责。

社区警务在多个层面上，也包含着警察对民众的依赖：防卫社区的授权、社区问题本质的信息和解决问题的协调合作。以巴尔的

摩的博伊德布斯区（Boyd Booth）为例，当地民众必须与警方密切合作，才能从毒贩手中夺回街道的控制权。这不代表警方本身无须主动采取行动，当民众尚未发现问题存在或社区失控程度已达到民众无法自行组织时，警方有必要主动采取行动。

社区警务的兴起，代表着将警员视为工厂作业员的组织架构和管理程序完全失败。警察的工作与工厂工作不同，不是简单的例行公事，而是相当复杂的：通常由一两位警员出勤，在没有直接监督的情况下，他们必须自由裁量如何处理问题。当警员面对复杂的生死决定时，他们无法依靠直接的监督或死板的规范，而是要应用通过长期的教育和指导所得到的一般知识与技巧，才能成功应对特定的情况。社区警务的目标之一，是发展能够配合这种复杂工作的管理技巧。警官必须成为导师和教练，而不是监督者。他们的焦点是协助警员解决社区问题，而不是严格遵循组织规定。

根据同样的原则，社区警务回避一般的方法，如预防性巡逻和迅速回应报案；反而较偏重特别的方法，锁定特定问题，并发展民众与城市、政府及民间机构之间的合作。纽约市的抹车问题得以消除，不是因为"派出警车"，而是因为检察官与警方协力合作，以及合法使用逮捕令。要解决更大的问题，如地铁失序，则需要众多单位和机构的共同努力——从公关部门到车站经理，到社会服务单位。根绝地铁涂鸦得以成功，也是通过负责维护的各单位、检察官和地铁警察的一致投入。

因为问题多属地方性质（需要在这个层级确认和设计回应），最高层的警局若要回应社区的需求，必须将权力分散到较低层的警察单位。因此，巡逻责任区、区域和辖区，因与邻里和社区的划分一致，警方也应以相对稳定的基础分派警员到这些地理区块。用特别小组取代地方巡逻警员去处理社区问题，不见得有效。在其他条件相同的前提下，巡逻单位与社区和民众既有的亲近关系，使其更能在个别社区的标准之内处理问题。解决纽约抹车问题的功臣，不是特别小组，而是社区警员。巴尔的摩的博伊德布斯区需要警方特别行动小组来建立秩序，但一般社区只需徒步巡逻的警员即可维持秩序。

社区警务也认可警察有多重目标，并如实反映在其广泛的职责中。减少犯罪绝对是一大优先目标，其他还有依据法律和适当的文明与道德标准维护治安、降低恐惧、保护社区，以及帮助民众解决问题。最广泛的目标是帮助社区维持一个安全的环境，使其中基本的单位（家庭、教会、学校、商家）能有效地运作和发展。不论哪个社区警员或辖区指挥官，要建立目标的优先顺序和选择实现目标的方法，都需要发挥相当程度的自由裁量权——其逻辑成形的过程，应受到公众的监督。

纽约市警察局的策略转变，几乎每一个方面都与社区警务的基本原则一致。警方的职责扩大且明确纳入秩序维护，警方与公民团体和私人保安机构合作防范犯罪，辖区警长获得大量的新授权以实现社区目标。纽约市警察局现在真的完整地实行社区警务了吗？不。但就像美国许多其他地方的警局一样，纽约市警察局也正朝着这个方向努力，或许速度更快。

然而，在强调积极的秩序维护之际，纽约市警察局在某些人眼中似乎超出了社区警务的范围，且有意重振改革模式警务。纽约市警察局现行计划的几个要素，乍看之下可能支持了上述说法。首先，该局相当明确地以积极的秩序维护作为整体策略的基础。警政委员布拉顿曾使用能引起基层警员共鸣的语言激励士气，如社区警务也能"强硬打击犯罪"。布拉顿这种强硬的说法，加上朱利亚尼市长对犯罪一贯的不妥协立场，让许多人担心所谓的积极可能演变成好战,尤其是在少数族裔社区。社区警务的推广者,除少数例外,大都不愿强调社区警务或秩序维护行动的犯罪控制能力,而是以生活品质、降低恐惧或解决问题等更广泛的概念为主。

虽然目前的纽约市警察局策略大力强调回应民众需求,并与公民和公立、私立机构合作解决问题,该局也在积极主动建立大规模的问题扫描能力,以便必要时能主导社区问题的解决。纽约在这方面并不是特例。各种警务科技,如弗吉尼亚州诺福克警长达雷尔·斯蒂芬斯(Daryl Stephens),佛罗里达圣彼得斯堡采用的问题取向守护和犯罪模式及地理分布,密苏里州堪萨斯市和印第安纳波利斯的"热点"分析,都类似纽约的分析方法。在适当的使用下,这些扫描工具能让警方尽早发现若干问题,以便及早消灭或动员社区解决它们。这并不代表民众被排除在解决问题的过程之外,而是强调警方在犯罪防治和秩序维护等领域的完整能力。

最后,虽然布拉顿相当注意现存的社会、种族和经济不公,但他不认为在这些问题解决之前,警方不能处理犯罪。相反地,纽约市警察局现在支持的信念是处理犯罪有助于实现社会正义,或至少为其实现铺路。一个社区若连送货卡车都因害怕被游荡的年轻人抢劫而不愿经过,社区的经济不可能繁荣。同样地,纽约市警察局的方法并不独特:问题解决途径的假设是处理广泛的社区问题(从废弃车辆到有害废弃物),除解决问题本身,也能增强社区自我保护的能力、改善其生活品质,为其他经济与社会单位的繁荣打下基础。

纽约市警察局现行策略的这些要素,可能不符合某些社区警务推广者的"软性"犯罪控制主张,但也不能就此认定纽约市警察局要回到过去的改革模式上。事实上,外界对纽约市警察局是否真正投入社区警务的质疑正显示出这种新的警务范例是多么容易被误解。对许多人而言,社区警务所强调的"社区",意味着"软性"、不激进或友善的警务风格。经常使用的社区警务计划范例，如学校的"友善警员"计划，更强化了这种观点。

但在基本层面上，改革模式的积极度远不及社区警务。虽然看似积极——警车呼啸而过、警笛大响、警察亮出配枪，但改革模式的核心是消极的。相对于外在形象，改革模式把警察限制在警车里，防止他们融入社区，不鼓励警方与民众接触，强调被动而非主动。自由派人士支持这种策略，因其符合他们对社会守护的观点：警察不能干预年轻人、心理疾病患者、酒醉者和街头游民，除非他们犯下严重罪行或扰乱安宁。最激进的自由派人士甚至主张禁止警察安置游民——美国公民自由联盟曾在巴尔的摩成功实现了这个目标。那些至今仍抱怨警方不该浪费时间维护秩序的自由派人士，又开始重提旧调。过去的警界领袖支持改革策略，是为了增强对警察部门的控制，是限制政治和其他民间力量影响警方执法的优先手段。这两个观点都有若干正当性：警方曾经有系统地侵犯国内次级团体的自由利益；抓出并驱逐恶警是一项重要的组织职责。然而，过去二十年间，自由派公民已认定，当警方将维护秩序重定为重要优先工作时，自由派人士与警察之间的默契联盟即结束。结果是产生了一连串针对警方的诉讼。

不论明确与否，自由派人士都了解，警方朝向社区警务发展，投入秩序维护和问题解决，就是比改革模式更积极、更具干预性的警务策略。他们是对的。旧的警务模式只处理事件，一件惯常的邻里纠纷爆发了，警方回应；它再次爆发，警方再次回应。在实务意义上，事件没有所谓的历史或未来。为符合其被动、不干扰的模式，在事件爆发之前，警察都会避免采取行动。

这种"不干预"态度，不适合用在维护秩序和解决问题上。维护秩序让警察与民众经常且更密切地接触，尤其是触犯各种行为规范而非重罪的人。解决问题针对的不只是"事件",而是造成事件的"问题",包括其历史和可能的未来发展,都属于警察的工作。因此,假如某个警局在几周的时间内,重复接到15通发自同一栋公寓的报案电话,一个问题取向的警局势必会想:"何必等到下一通报案电话?到时可能有人已经受到严重伤害了。"如同秩序维护一样,问题解决让警方从被动转为预防性姿态:阻止下一个事件、失序、犯罪、伤害。相对于许多普遍的观点,以秩序维护和问题解决为焦点的社区警务,其最初的本质,就是比传统的911警务更积极、更具干预性,这也成为许多潜在问题的根源。

实行积极秩序维护存在的问题

在纽约和其他地方,作为社区警务基础的秩序维护,确实足以引起各方的疑虑。在最低程度上,美国的"严重犯罪"仍居高不下,特别是多数警界高层都是在专门对付"严重犯罪"的改革模式中成长的,注重秩序维护似乎有违直觉。但这个顾虑可被简单化解。锁定微罪是有道理的,因为我们绝对承担不起社区在秩序失控之后伴随而来的堕落和瓦解。此外,纽约市的初期报告显示,指标犯罪率可能与针对秩序维护的生活品质方案密切相关。

然而,比上述顾虑更重要的是民权人士、游民或少数族裔倡议人士、警界领袖、学者,甚至积极性秩序维护推动者本身,忧心警方能否确实公正地、以不干扰公共安宁的方式维持秩序。尽管不一定会发生,秩序维护警力的确可能压迫社区内的少数族裔和边缘人士。20世纪60年代的警民冲突和暴动,许多人仍历历在目,加上近年洛杉矶和迈阿密的暴动,大家都极力避免警方重蹈滥权的覆辙而被视为挑衅者而非安宁维护者。此外,少数警官相当厌恶下令执行秩序维护行动,害怕此举被视为警方"扫荡"少数族裔群体。确实，纽约市地铁若干处理游民的早期提案，也显示出少数警官对警察难以洗刷滥权形象的忧虑并非毫无根据。

另一个重要推论更强化了上述种种顾虑，那就是：警方要维护秩序，势必会产生自由裁量。过去三十年来，即使最细心、最成功的警界主管，也都回避这个问题。较早的执法改革模式预先把警察职责限定在相对狭义的范围：重罪和直接反应重罪状况（若某人犯下重罪，他或她即可被捕）。这看似简单，但基本上是错误的：警方处理的每一个问题，几乎都起于复杂的人际互动或现象，这需要警方从众多潜在的反应和回应中，选择最适当的处理方式，这当中只有少数需要真正的"执法"。换句话说，警察（第一线警员、主管或高层）在日常工作中，都要使用自由裁量或判断。这不只是处理特定问题时偶尔需要的解决方法：警察必须教育、劝诱、安抚、告知、警告、威胁甚至强迫，所有行动都依据他们本身的专业判断。这是秩序维护和自由裁量的内涵。

要了解这种自由裁量为何是秩序维护的必要部分，我们或可参考 1982 年，芝加哥警方在一个混乱的大型公共住宅区——罗伯特·泰勒之家（Robert Tayler Homes）所采取的行动：

> ……（罗伯特·泰勒之家）问题持续，其中最主要是青年帮派恐吓住户，并在住宅区内招揽成员。当地民众期望警方对此"展现作为"，警方也决心采取行动。
>
> 但要怎么做？虽然警方可在帮派成员违法时立刻进行逮捕，任何帮派仍可在不违法的情况下组织、招收成员和聚集。而只有极少数与帮派相关的罪行可径行逮捕。因此，若逮捕是警方唯一的反应，居民的恐惧势将无解。警方很快会感到无助，居民也会再次认为警方"放任不

管"。最后警方采取的做法是把已知的帮派分子赶出住宅区。引用一名警员的说法是:"我们踢走坏蛋。"居民都知道且赞同这种做法。警方自认与帮派是住宅区内势不两立的两大阵营,而帮派分子绝不能赢。这种看法也强化了该区内默许的警民联盟。

任何熟悉警察作为的人,都了解所谓的教训坏蛋代表了哪些方法,其中多数是口头上的威胁和警告。另一位芝加哥警员对于如何处理不遵从命令的帮派分子,也有类似的描述:"我先说一次'请',再说一次'请',然后我会把他们踢出去。"这位警员说到做到——他从小在芝加哥的公共住宅区长大,绝不容许帮派胁迫他的亲友和邻居。

这个社区明显需要秩序维护行动,但警方面临一个困境:针对如何处理此类情况的官方政策大都相当模糊或根本不存在。警方从未以处理芝加哥帮派衍生的问题,就分析民众的问题、评估警方既有之权力、发展必要的额外公权力和制定必要的指导方针与方法,进行过一致的研究。眼看无辜民众成为帮派的猎物,个别警员只能依靠自己有限的能力提供帮助。令人意外的结果不仅是警察偶尔会越界被控滥权,而且他们处处受限。这些帮派让警方特别头痛,他们公然抗拒警察,挑衅警方与他们对战。但由于警方需遵守一般的规范,接到报案后才能派出警车,因而警局经常让一线警员感到孤立无援,只能依赖自己的临场反应和特别小组偶尔的扫荡。扫荡只是短期和效用有限的安慰剂,通常只会恶化当地居民和警员的关系:大规模的扫荡孤立了无辜受牵连的青少年(和他们的父母),对真正的麻烦人物毫无意义,因为逮捕对他们而言根本不算什么。

许多民众、律师和法官根本不相信秩序维护行动能够夺回社区的控制权。的确，在这种情况下，警方滥权的可能性相当高。但民权人士主张的警方只能在非法犯罪行为发生时，才能对严重的社区问题采取行动，并非解决之道。这种观点不论从社会问题的复杂度，还是从警方职责来看，都是不切实际的。用刑法和执法程序的标准，加上详尽的保护，局限所有的警民互动，是忽视警方依据民法、刑法保护公众健康与安全的广泛公权力。这种不切实际且狭隘的观点和政策，会造成无政府状态和混乱的风险：不单单是掠夺者横行，还可能迫使民众自行组织防卫团体，某些警员执法过于狂热。与此同时，若警察没有明确的授权去有效处理他们亲身遭遇和民众要求他们注意的问题，他们经常在无意间变成"坏人"，通过他们的自由裁量，私下地"做出必须做的事"。这在控制或限制失序行为时最常发生。越界似乎不再那么困难：当警员没有明确和实际的"规则"可遵循时，警方为民众采取的热心行动，可能会变成或被社区部分民众解读成滥权。除了警员明显需要自由裁量外，若缺少立法和其他许可方针的支持，这类行动在长期看来也很可能失败。

事实上，罗伯特·泰勒之家的问题，自1982年后持续恶化。武力更强、行为更恶劣的帮派继续恐吓居民。芝加哥的前任公共住宅监管人维森特·莱恩（Vincent Lane）努力帮助居民在无时无刻的枪击威胁下，夺回部分控制权，公宅员工也试图维护建筑的居住品质。每当严重的枪击案发生，莱恩就发动紧急的逐户搜索。但"自由利益"胜过一切，代表四名公宅住户的美国公民自由联盟反对莱恩执行的安检措施，包括防止帮派分子携带武器进入大楼的金属探测器、访客需提供有照片的身份证明和枪战发生时警方无须搜索令即可执行逐户搜索的政策。讽刺的是，美国公民自由联盟反对住户团体加入诉讼，并试图向所有住户保证，联盟和四名原告住户即可适当地代表所有144000名公宅住户的利益。最恼人的是，这种傲慢的主张竟被韦恩·安德森（Wayne Anderson）法官接受，他甚至拒绝承认所有住户投票选出的协会代表（他们支持莱恩的政策）。我们不相信，罗伯特·泰勒之家可怜的少数族裔居民的利益，在面对警方可能的滥权之下，能够真正得到保护。那么，问题究竟该如何解决？

秩序维护的基础

　　警察滥权的高度风险提醒我们，虽然所有背景的民众也许都赞同控制秩序（如斯科根的研究所示）的需要，即使秩序维护行动可降低恐惧和严重犯罪，并改善社区生活品质（经验可证），这些调查结果尽管必要，却不足以成为警方投入秩序维护的根据。警方还需在所有秩序维护行动中，加入额外三项要素。

　　首先，警方与地方社区需建立持续性的伙伴关系，这种关系为警方提供真正代表社区行动的授权，最后并可引导形成社区秩序与文明标准的适当共识。这种伙伴关系的确切本质、建立程序和社区共识如何演进，我们所知甚少，仍需要大量研究。但社区成员的参与是最基本的，因为秩序维护方案和社区警务的最终目标是恢复主要由公民实行、警方促进或支持的社会控制。社区内的秩序维护行动若要公平地执行，这个伙伴关系需广泛涵盖所有经济、社会、种族、宗教族群和其他团体。警方必须运用他们的公权力，公平地恢复和维护社区所有族群和层面的秩序，不论任何特定个人或团体的特殊性质。最后，这个伙伴关系必须是动态的，持续更新和改造，这样警方的行动才能如实反映社区居民的授权。

　　第二，警方可能会对少数族群和穷人滥权的问题，其实是保护所有公民个人权利的基本问题。民权人士从未忘记提醒我们，当警方执行秩序维护行动时，个人权利便可能受损。因此，维护秩序的实利主义理由，必须与保护所有公民的宪法自由和政治自由一致，而秩序本身必须在这个范围内生成。换句话说，不论他们以秩序维护之名采取任何作为，警方的行动必须完全合法。警方所依据的法律和社区的授权，不是让他们侵犯个人权利的行为豁免，但同时，警方必须能够在个人行为威胁公共秩序时，以维护社区利益之名进行干预。

最后，我们必须认可和接受警察使用自由裁量权，同时设法规范其使用。就此，美国城市的警察不论在公共住宅区、少数族裔社区或商业区，都需要这样最重要的东西：回应民众要求，协助维持最低程度的秩序时的合法权力。这项授权必须充分明确和具体，以确保个人自由不受侵犯，但也需要足够的普遍性，以便警方应对现实状况中的模糊性和复杂性——也就是说，他们必须有权在必要时运用自由裁量权。最后，这种自由裁量权必须用法律和政策详细地限定和控制，以确保警方公正地使用公权力，并且在维护秩序、加强守法公民对社区控制的同时，也确保对多样性的容忍。

不幸的是，若关于警察自由裁量的相关问题没有完整解决，社区警务可能无法实现其秩序维护的所有潜能。这是本章后续内容的焦点。我们将更完整地探讨并回答下列问题：自由裁量权为何如此重要？相关的问题是什么？不允许自由裁量的风险是什么？自由裁量权应如何规范才能发挥最大效用？

了解警察的自由裁量权

警察在工作中行使自由裁量权，在某些方面是相当明显的。多数人都亲身经历过，或希望警方行使自由裁量权。交通执法是最好的例子：任何因超速被警察拦下的人，都希望警察能自由裁量，给他一个警告而非真正开罚单。其他的刑事司法机关也会使用自由裁量：检察官可决定是否正式起诉某个犯罪者，或经由认罪协商，以较轻的罪名起诉，交换嫌犯供出其他共犯或主动认罪。监狱官员和法官，面对收容人犯过多的问题，也可能自由裁量让罪行较轻的囚犯提前假释。

然而，这种自由裁量的规模、程度和普遍性，并不为一般大众或许多政治决策者了解。因为自由裁量虽然运用在刑事司法机关的每一个层次，但却经常是隐形的，公众看不到也难以监督。例如，在州检察官办公室，区检察官可设定民众大都不知的认罪协商政策。在警务方面，警官可单纯要求他们手下的警员进行许多逮捕工作，借此决定社区警务的优先顺序；警长和警官指派或重新指派警员到不同的社区，这种自由裁量可影响这些区域的公共安全；而警政首长可决定针对各种失序行为之地方法规的执行政策。虽然那些中高层警官行使的自由裁量权，对第一线警员每天在市街上行使的自由裁量权没有明显的冲击，但中高层的自由裁量权却能在可观的期间内形塑警局的整体策略，并造成长期的影响。因此，当年纽约地铁高层决定不执行地铁法规，仅专注于抢劫等严重罪行，便在一段很长的时间内造成了重大影响，严重损害了地铁的可用性。同样，区检察官决定不起诉与生活品质相关的轻罪，如卖淫和行乞，也对邻里和社区生活产生了巨大冲击。

警察部门，和其他专职机构一样，都用各种理由掩饰他们的自由裁量权。他们不相信公众能了解或赞同他们的某些做法。他们质疑公开某些政策会有负面效应，如超速5公里以内是可容忍的范围。他们畏惧立法机构对解读或误解立法目的之机关的敌意。他们相信特定领域保密的合理性，如使用诱捕和告密者。他们期望将本身的工作"神秘化"，以提升其职务的声望。或者他们就是不相信与公众分享其内部运作方式和作为的适当性。① 而当警察部门真正尝试与民众沟通他们对自由裁量权的行使和需要时，他们的讯息却与改革模式时期建立的主流形象和象征抵触："严肃对待犯罪""打击犯罪""战士"和"严厉打击犯罪"。不幸的是，这些象征很少能简单、有力地传达警方在失序、恐惧和犯罪领域所面对的复杂现实。

在 20 世纪 50 年代之前，警方行使自由裁量权几乎不为人知，这个观念可谓当时才被"重新发现"。刑事司法机关就像是"黑盒子"：警察、律师、保释官和其他人在其中工作，民众则被他们"处理"，但当中一切运作大都不对民众公开。20 世纪 50 年代以前针对警方和其他刑事司法机关所做的调查仅注重于他们对改革策略标准的支持，反映出来的是各种官方数据。警察效能以逮捕的数量为评量依据；检察官效能则由成功起诉、判罪和判刑的案件数量决定。警察与检察官实际的作为，依然不为公众所知。

这一切都在 20 世纪 50 年代初期改变，当时福特基金会（Ford Foundation）资助了一项最初由美国律师协会（American Bar Association，简称 ABA）执行，后由其研究分支美国律师基金会负责的刑事司法机构调查。在弗兰克·雷明顿（Frank Remington，前威斯康星大学法学院法学教授）和劳埃德·奥林（Lloyd Ohlin，前哈佛法学院刑事司法荣誉教授）的领导下，这项研究异于以往，特别针对法律的实际运作，较少着墨于官方的统计数据，注重分析刑事司法体系的日常运作。该研究分别在堪萨斯、密歇根和威斯康星三州进行，大量依据观察低阶层决策所得的资料。研究者系统地分析了刑

---

① 所幸，警察部门这种保密倾向，现已大致消失。1961—1983 年，密尔沃基市警局局长哈罗德·布赖尔（Harold Breier）在任期内不但拒绝提供内部规范给媒体，甚至抗拒市议会的相关要求。

事司法机关的所有要角——警察、检察官、法官和矫正官员如何执行他们的日常工作。这项研究对本书的宗旨相当重要：它象征了警务改革模式终结的开端，因其研究结果推翻了传统对于警察和刑事司法机关的"常识"。

该研究发现，刑事司法机关的所有层级皆行使自由裁量权，涵盖刑事司法的复杂应用——不论是警察、检察官还是其他刑事司法官员都在行使。一线人员面对实际和真实情况的考虑所做的低阶层决定，属于刑事司法机关的犯罪控制和问题解决能力。警员只依据是否触犯刑法做出逮捕决定的想法，是不正确的。相反地，该研究发现，"个人经常被拘留以执行进一步调查；或骚扰，作为控制问题的手段；或保留证词；保护其安全"。更甚者，警方行使了一大部分的刑事自由裁量权：1969年，名著《自由裁量正义：初步分析》（*Discretionary Justice：A Preliminary Inquiry*，形塑近代有关刑事司法之自由裁量政策讨论的名著）的作者肯尼思·卡尔普戴维斯（Kenneth Culp Davis）教授估计，在所有刑事司法机关的自由裁量权行使，警方的使用即占了半数。他认为警察是"我们整个社会最重要的决策者之一……他们在个别案件所做的自由裁量决定，远超过任何其他层级的行政人员；据我所知没有数量接近的次者"。

该研究也详细描述了刑法用来解决的许多社会问题。不仅是严重犯罪。明确违反刑法的行为，如攻击，竟然有超出想象的多种形式，从私人债务解决，到配偶间的虐待，以及攻击陌生人，都包含其中。最后，每一个刑事司法机关的政策，都对其他的刑事司法机关造成影响，这导致其他研究者认定，所有这类机关的整合，应可构成一个刑事司法"体系"。

这些结果震惊了立法、学术和刑事司法界。它们几乎挑战了传统刑事司法思维的每一个方面，并且指出：单位的表现，应根据问题如何被解决而非单纯的逮捕数量来决定；训练应注重适当地思考，而非顺从于监督者；警方高层应专注于试验不同的问题解决方式，而非逮捕或传票数量；警方的作为和方法、理论，应针对具体情况设计，而不是依据广泛的犯罪项目，如攻击。这些研究结果的效应，在警界和其他刑事司法单位并未立即彰显；但接下来的二十年，警务工作的现实与改革模式之间的对立，渐渐明显地令人无法忽视。

虽然美国律师基金会报告的重要结果历经15年才完全公布，其结果仍广泛散布且立即产生了强大的影响。民众在20世纪60年代，对治安高度关注。电视播出警方处理民权和反战示威者的低阶层行动，引发了公众对警察滥权的担忧。但同样重要的是基金会的研究成员此时纷纷在美国各级政府和教育界担任要职。约翰逊总统于1965年成立执法委员会和司法部时，奥林即是委员会的副主席，其他前基金会成员也担任了总统委员会的顾问。之后，他们和其他深受基金会报告影响的总统委员会成员分散到全美各大智库、基金会和大学（威斯康星、耶鲁、哈佛和卡内基梅隆等）担任要职。雷明顿和奥林也为其他大学设计刑事司法课程，并为纽约州立大学提供咨询服务，该校后来成为美国知名的刑事司法教育中心。

同样地，美国律师基金会报告中"重新发现"的自由裁量，引导了后续的研究。一线警员大量行使低层级、低可见度自由裁量权的发现，引发了20世纪六七十年代的研究员积极投入研究警察的职务功能，特别是巡逻警员所做的低层级决定。后续的研究无疑纷纷证实了基金会的发现：警察的工作相当复杂，警察只有一小部分的工作时间用于犯罪事务，而警察在工作过程中大量使用自由裁量权。与此同时,有少数学者和决策者也开始研究和强调规范自由裁量的方法,有些人提倡取消警方的自由裁量权,至少在逮捕行动中。约瑟夫·戈尔茨坦(Joseph Goldstein)的观点最强烈:

> 最终的答案是,警方不该被赋予行使是否引用刑法的自由裁量权……警察应在一个敦促和命令他们在充分执法的范围内,公正引用所有刑法的氛围中执勤……这样,刑法的制定、修改和废除将不会被弃于个别警员或警局之手,而是保留给民主国家的民选代表。

戈尔茨坦的论点在关于家庭暴力的处理上,最具争议性。在美国律师基金会报告公布前,这个问题几乎不曾在大众前曝光。家暴问题的复杂性,在于涉及传统价值观(政府通常不愿干涉民众的家事,除非有家庭成员持续受虐)和有关警方与检察机关干预效果的研究结果一直相互矛盾和不确定。1983年在明尼安阿波利斯(Minneapolis)所做的第一次警方处理家暴调查发现,施暴丈夫被逮捕的妇女日后的境遇比施暴丈夫未被捕的妇女为佳。因此,许多州政府和市政府皆下令,所有配偶攻击事件都使用逮捕——这是历来最强烈反对警方自由裁量的决定。然而,在另外三地进行的相同后续调查却没有产生同样的结果。这显示,家暴问题比想象中复杂许多,可能需要警察和检察官的自由裁量,才能达到控制伤害和解决问题,同时让施暴配偶受到制裁的目标。

尽管有上述经验,完全取消警察自由裁量权(包括逮捕)的主张仍属少数人的观点。主流的看法,自20世纪五六十年代"重新发现"自由裁量权之后,便一直聚焦在发展规范机制,而非完全取消自由裁量权的行使之上。

以外部控制规范警察的自由裁量权

警界组织之外对警察自由裁量权的限制有几个来源。威斯康星大学法学院教授赫尔曼·戈尔茨坦（Herman Goldstein）曾列出若干试图影响或控制警方自由裁量权的外部形式：

> 立法机关曾制定成文法规来限制、澄清、指导或授权警方行动（如关于拦阻与询问、搜身检查、武力使用等）。市议会曾利用其预算和立法权，设定警方执法的优先顺序（如取缔大麻、依据联邦法起诉毒品案件等），并控制调查（如监督政治团体）。一般民众通过公民投票，也曾试图就警方处理地方事务提供更具体、明确的指导（如取缔大麻、使用武力等）。检察官则在他们特别关注的事务上，单方面制定可影响警方作为的政策。

此外，法院本身也对警察的行动，特别是在搜索和查封以及拘留嫌犯方面发展出若干限制。利益团体，如社区犯罪控制团体，以及美国公民自由联盟都试图通过不同机构，规范刑事司法的自由裁量权。例如，为游民代言的组织控告警察（如纽约地铁整顿时期被诉）；社区犯罪预防与商业团体共同给警方施压改变执法优先顺序或方式（如赫布·斯特茨对纽约政府所为）；单一或不同层级的检察官，同意或不同意处理警方以特定方式交给他们的案件（例如，迫使警方将所有卖淫案件交付市检察官，无法使用较严厉的州法起诉若干卖淫者）；市长和市政主管可直接对警方施压，如旧金山前市长弗兰克·乔丹（Frank Jordan）便借此确保警方更重视失序行为（我们将在第六章详细讨论）。较近期的例子是1995年轰动全美的辛普森（O. J. Simpson）杀妻案的审判（还有许多其他范例），我们都看到陪审团利用他们的判决规范警察行使自由裁量权（当他们怀疑或发现警方滥权的证据，便拒绝将嫌犯定罪）。

但针对警方低层级决定的外部控制力必然是有限的。法院对警察的监督是受限的，因为法院只能审查那些特定案件所涉及的议题，法院本身负担的案件众多，一次能处理的数量也很有限。立法机关的影响力受限于民选代表，他们会在重大问题前却步，因为对议题本身缺乏技术性的了解，所以只能制定过于模糊和惩罚性的法律，又没有提供足够的资源以完整执行立法。检察机关对警方自由裁量权的监督，受限于检方与警方不同的职责与辖区。检察官可自行选择起诉的案件，以此推翻警方逮捕的决定，但基本上不能影响警方最初逮捕的决定，此外，很少有检察官愿意对警方自由裁量权表示异议，以免自己的自由裁量权成为下一个目标。最后，地方政府规范警方自由裁量权的能力，受限于警方在20世纪前半叶以消除贪腐为名，成功地抵挡了任何政治力的干预。而尽管地方政府仍控制警局预算，官员也不愿过度涉入警务议题，以免反被永无止境的犯罪问题"灼伤"。

目前规范警方自由裁量权的主要问题是出于民众对秩序的高度需求和警方急于回应这个需求，但自由派人士和倡议人士成功将失序行为合法化，剥夺了警方维持秩序所需的公权力。行乞即是一个好例子。取缔行乞的法律已历经若干阶段：从流浪法到街头滞留法，到"以行乞为目的"的街头滞留法。目前，禁止以乞讨（和/或卖淫等）为目的的街头滞留法正遭逢司法攻击。这个议题最后可能需要最高法院判决，但尚未到达那个阶段。"洛珀案"的结果（造成纽约禁止在公共区域以乞讨为目的的街头滞留法被判无效）让立法机关开始制定更明确的法规。因此，新法规多针对侵犯性的乞讨行为。如第四章讨论的纽约市，现正在草拟针对此类行为的法规，取代旧有的州法。

表面上，只要在法规中清楚地定义何谓侵犯，如干扰、妨碍、触碰、使用污秽或辱骂之言语，或跟随某人索要金钱或物品等行为，警方应可顺利执法。不幸的是，事实并非如此。行为的细微差异（乞讨是行为，是否具有侵犯性是细微差异）不单存在于触碰、妨碍、干扰或跟踪中，还包括整个时空背景：时间、地点、此类行为的数量、乞讨者与被乞讨者的相对情况。就被乞讨者的感觉而言，某人觉得不具侵犯性的动作，对另一人而言可能极具侵犯性。如我们在《公共利益》（*Public Interest*）期刊中所指：

> 某个情境中看似消极的举动，在另一个情境中可能会显得具有侵犯性：某个人在正中午，手持空杯站在商业区的人行道上安静地乞讨，看起来不具威胁性。同一个人，以完全相同的态度，在晚上9点站在一户门廊前，回家的老人必须在他面前开门，整个场景便散发出危险的讯号。同样，四名乞丐站在餐厅门前，即使他们没有侵犯性的举动，也会比同一地点只有一名乞丐令人感到畏惧；而两名安静的乞丐，在非高峰时段占据地铁入口的两侧，同样深具威胁性。

法规的拟定者曾尝试通过加入更多说明，来让胁迫他人提供财物的乞讨成为非法行为，以解决法令过度具体所带来的难题。恫吓、胁迫的定义，通常是以特定举动（如触碰、跟随）让理性的个人感到被强迫，或害怕其人身财产将会立即遭到损害。我们将在下一章讨论这个概念如何用在西雅图的秩序维护中。然而，这种用语却招来过于广泛的质疑，如鲁莱特诉西雅图（Roulette v. Seattle）一案，联邦地方法院判决，侵犯性乞讨法规仅可在有限的解释内适用，即当乞讨者有意威胁其乞讨对象时。其他法院从未如此宽容。此外，如按照法院所指的"立即受到人身伤害威胁"，则忽略了现实世界的复杂性，不仅是言语和行动，背景条件也能构成威胁。

我们很清楚，警方处理的事件和问题是极度复杂的，且受到许多社会、族群和情势要素的影响。警察回应这些极端多变的情况时，从若干可用的行动中选择：从教育、指示违法者到最终极使用武力。有鉴于此，虽然严密制定法律和法规是最理想的选择，在特定领域（如搜索和查封）可能相当有效，但立法者不可能制定任何法律足以涵盖警方在各种任务中遭遇的每一种细微差异和最终结果。任何熟悉城市生活的人都了解，街头骗子、诈骗者和罪犯是如何无所不用其极地胁迫和威胁他人，尤其是那些弱势者：在自动提款机附近索讨"开门小费"、主动招揽计程车索讨"费用"、在公用停车场"看管"或代停车辆、"协助"民众购买地铁车票、在旧金山购买轻轨电车票、在机场代提行李等数不尽的手法。以限制自由裁量之名发展过于明确的法律，只会让警察陷入与三流律师无尽的街头争论中。更甚者，警员几乎不可能记住这些数量庞大的法律、规定和条例的所有具体细节：制定更明确的法律是徒劳无益的。最后，检察官、法官和其他公民团体对警方作为的持续监督，事实上不可能实现，因为多数的秩序维护行动是无形的。

然而，问题依然存在：如何确定外部对警察作为的控制已达到不恰当且大致无效或产生反效果的程度，如何找到有效的方法消除警察不必要地行使自由裁量权，以及如何发展规范必要自由裁量权使用的措施。回到我们最初的问题，如果将行乞和随地便溺等行为罪行化，我们该如何确保警方公正地使用他们的自由裁量权，不致如自由派人士所忧心的，变成压迫少数族裔、穷人和青少年的手段？继续往下推，当检察官或警察在处理某个案件使用自由裁量权时，我们要如何确保该决定不是根据个人的意向，而是完全理性、专业的判断？

以内部控制规范警察自由裁量权

1965 年，雷明顿以他在美国律师基金会的研究为依据，提出了一种新的警务思维。他相信，警察基于他们复杂的职责和使用自由裁量权的必要，应在发展社区犯罪控制政策上，扮演重要且明确的角色。他提议，通过某种类似行政机关规则制定过程的公开程序形式，发展一套标准或指导方针。约翰逊总统的犯罪委员会也在其《自由社会里来自犯罪之挑战》(*The Challenge of Crime in a Free Society*) 报告中，为发展指导方针以规范警方自由裁量权保证：

> 警察部门应发展和宣布相关政策，以作为警员在一般需要行使警察自由裁量权之情况的具体指南。相关政策应涵盖对民众之举措或活动发布命令、处理轻微争端、保护言论与集会的自由权利、选择与使用调查手段，以及决定是否在涉及特定罪行的特定情况进行逮捕等事务。

这类指导方针何时可用或必须使用？主要用在犯罪已经发生但警员做出不逮捕的决定时。不逮捕某个已经违法的人，是最无形的决定，也无法受到司法的监督和管理。警察也许有非常好的理由行使自由裁量权，不进行逮捕，即使罪行已经发生，这其中首要原因是申诉者事后不希望警方追诉嫌犯，这在家暴案件中最为常见。因为有相当多的罪行是由亲友、伴侣、工作伙伴所犯下的，受害者经常需要警方协助控制危机，一旦危机结束便不再追究。因此，警方通常决定不逮捕。这是一个重要的决定，但外部机构对控制警方行使这部分的自由裁量权的影响是相当有限的。但另一方面，官方的指导方针在这种情况下对警员可能非常有用。

在这里有必要将一些一般性定义加以说明，以便于讨论。所谓指导方针，我们指的是针对实质问题的广泛政策说明（例如，警察处理乞讨行为时，应如何行使其自由裁量权）：它们结合了民主和组织价值与警务知识、价值和技巧；它们规定具体程序和规章。程序指的是警方在特定情况下使用的特别方法，如任何嫌犯在运送期间都要戴上手铐。规章意指明确禁止的越轨行为（如执勤时饮酒）或禁止的指示，如不得用警车运送意外事件的受害者。

在美国律师基金会的研究和总统成立委员会之前，警方已经发展出广泛的组织工作规章，尤其是针对装备的管理、下班后的行为、排定出庭日程、处理囚犯及其财物，以及武器的使用。有些规定和程序明显影响到警员在外的执勤工作，如有关武器使用和初步犯罪调查等规定。但许多学者（包括雷明顿、戈尔茨坦和戴维斯）、法院和总统的委员会都曾指出，多数警察部门对警察每天的例行工作，几乎全无类似的规范："这类指南（规章）几乎从未讨论过警员每天必须做出的困难决定：是否该驱离路边聚集的一群人，是否要干预某个家庭纠纷，是否该制止某个在街角高谈阔论的人，是否该拦住某人搜身，是否该放某人一马不予逮捕。"

发展相关指导方针和训练，以协助警方处理许多复杂棘手的情况，包括秩序维护的建议，一直被警界高层忽略。知名学者韦恩·拉法（Wayne R. LaFave）便曾指出缺少指导方针所造成的严重不利影响：有关搜索和查封政策，最高法院和上诉法院并未完整受益于警察指导方针，因为他们并未充分支持此类方针，他们不当地评定此类方针的价值，而诉讼当事人也没有专注于此类方针及其基本理由。拉法也提出若干发展严密指导方针的正面效应：警方可借此对政策制定和法律审议提供有意义的贡献。此外，依据宪法第四修正案（搜索与查封）理论，针对真实世界的复杂性所制定的警察指导方针，在法院政策形成上，能发挥极大的影响力。拉法仍指出，尽管用词谨慎，根据行政法原理，"法院需适度遵从专业判断"；但显然，若要法院遵从警方的专业判断，警察的指导方针必须能通过法院的严格审查，也就是说，它们必须反映出缜密的思考和适当地使用资料。①截至目前，多数的警察指导方针都没有达到这个标准。

一般来说，学者、民间基金会和其他单位在 20 世纪 70 年代之后，便对这类指导方针失去了兴趣。虽然在 20 世纪 80 年代仍有少数关于规范警察自由裁量的文章出现，但它们大多发表在法律期刊上。发展政策与规章的概念，在 20 世纪 80 年代的警务认可运动期间，似乎有复活的迹象；然而，这个过程对第一线警员如何使用自由裁量权没有显著的影响。相反地，堪萨斯市与辛辛那提市警察基金会的早期工作，却让研究转向警务策略实验。如此攸关紧要的一个警务运动——发展规范警察自由裁量的指导方针，竟失去了动力。部分原因或许是，20 世纪 70 年代还不是实现这个概念的成熟时机。警察依然照旧执行警察的勤务。

最近，凯林受邀到一个大城市出席一场有关失序对社区生活品质之冲击的听证会。他向当地警察局索取了背景资料，并询问警察局代表，是否有任何针对乞讨、公共场所便溺、公共区域睡卧等问题和其他议题的政策说明书、指导方针、规章或训练教材。凯林很确定，这场听证的中心议题，将针对警方的自由裁量权，而他希望

---

① 赫尔曼·戈尔茨坦曾指出，高度的精确性对发展指导方针的价值："完整获知警员行为的所有相关情境条件背景的法官，显然比讯息受限于一般听证所提交证据的法官，更能就争议性行为的合法性和适当性做出判决。"

能在作证前，对当地政策有充分的了解。该警局唯一的回应是，警员处理失序问题的训练，是通过实地训练计划的"口头传承"（oral tradition）完成的。（实地训练计划是警校学生毕业后，被分派到警察局，由特别指派的实地训练警员陪伴指导和监督一段时间的实习执勤制度。）

所谓"口头传承"，明显是口头交代处理的原则：虽然那位警察局代表知道哪些议题是重要的，但该局实际上并没有制定政策指导方针或一套有系统的训练教材。有鉴于警务政策的发展现状，这个结果并不意外。既有的警察规章有三大问题。第一，它们有极大篇幅是针对警察局内部作业的——涵盖了内部运作的"规矩和习惯"的规定。第二，这些具备强硬政策方针的警察局，大都注重"最引人注目"的议题：致命武器的使用、"追捕"和逮捕程序——通常是在法院命令之下，警察局才勉强制定这些方针。第三，既有指导方针没有系统性地规范自由裁量权的使用：和许多政策说明书一样，承认自由裁量存在于部分决定中是正确的，但令人遗憾的是，对警员没有任何指导作用。

显然，许多警局的规章并非采用"口头传承"。管理内部阶级关系、人员工作程序和义务、文书工作和其他组织事务的规章，通常是清楚且详细的，有时甚至过于详细。此外，警察规章在多年以后，更展现出相当程度的落伍、烦琐和矛盾。举例来说，某中西部大城市的1932年版警局规章，这样告诫警员："巡警应熟知他个人责任区内所有火警与警方信号箱，以及所有可用电话的位置。"1950年版采用同样的措辞。1992年的修订版只更改了警员的性别用语："警员应熟知他／她个人责任区内的火警与警方信号箱，以及所有可供他／她使用的电话位置。"问题是，信号箱早已不存在了，现在的警察都随身携带个人无线电通话器。警局专注于这些相对烦琐事务的现状，也显现在另一个东部的中型城市中。当地警局的交通罚单训练公告列出两点："传票和轻罪表格应填写清楚。填写时应施加足够压力，以便清楚影印。"其他要点也是类似性质。自由裁量在开立交通罚单的角色中被完全忽略。但最重要的是，八成的警察工作（尤其是预防方面的警务）在警局内大都毫无指导、不被认可，且不受奖励。

极少数领导者曾经勇敢地对重要的警务问题做出内部控管：警方的致命武器使用被大幅缩减、"追捕"行动需依据部门方针执行、对逮捕之后的车辆进行物品搜索有详细的规范，调查和逮捕行动也遵循最高法院的标准。许多警局在强大的外界压力下，实施内部规章。如塞缪尔·沃克（Samuel Walker）在《驾驭体制：刑事司法之自由裁量权的控制，1950—1990年》（*Taming the System: The Control of Discretion in Criminal Justice, 1950—1990*）指出："在若干重要的方面，家暴政策改变的动力，非常类似于致命武力政策的改变。两者都是由组织良好的民间政治团体推动的。警察开枪是非洲裔美国人民权议题，家暴则是女权议题。"然而，这并非事情的全貌，警界领袖，如帕特里克·墨菲（Patrick V. Murphy）在20世纪70年代初担任纽约市警政委员时，便特别注意致命武器的使用。当时，多数警政首长强烈反对限制警方使用武力。墨菲则将致命武器的使用，限定在威胁警员生命状况时，而不许警员任意射杀逃亡的重犯。他的做法不仅减少了民众的死伤，也降低了警员殉职的人数。但几乎所有这类内部规章，若非针对极高争议性的警务，如致命武器的使用和追捕，就是正式的执法方面，如调查和逮捕行动这种在案件审理时会被检察官和法院严格检验的部分。我们必须记住，多数警员很少甚至从未使用过他们的武器。相对于媒体的公布，激烈的追捕其实很少发生。而执法行动在警察日常工作量所占的比率，不到20%。

警方对秩序维护行动的指导方针和训练极度贫乏，且经常前后矛盾，甚至隐含对自由裁量的不同指示。20世纪90年代初期的纽约市警局训练教材，管理秩序只有一个半小时的课程，且被列在"额外警务科学"之下——训练时间和如何"保护已故民众之财产"一样。因此，当洛珀案进行时，许多警员根本不知道任何有关取缔乞讨的法律，更别说相关政策或指导方针了。旧金山警局曾公布一份关于乞讨的详细公约，并搭配影片，指导警员如何在处理侵犯性乞讨时行使自由裁量权。这些教材是第六章讨论的"矩阵行动"（Operation Matrix，旧金山市政府针对游民和秩序维护施行的高争议性行动）的基础。然而，在简短的序言之后，第一项"政策"说明是："执行（法律）是本局的职责；警员需牢记，他们的首要执行目标是防范和阻止重大犯罪。"此处表示的信息相当清楚：我们必须这么做，但我们基本的工作是另外一件事。难怪一位旧金山警员表示："十位警察中有九位从没看过总部关于'矩阵行动'的指令。"

不过，还是有少数值得期待的例外。例如纽黑文市警察局曾发布一份政策说明，先是详细阐明其价值理念，接着提出了预期达成的目标和警方依据的合法授权；另一部分则详细定义了无家游民的权利，并告诫警察需给予完全的尊重。这类说明通常会进一步承认自由裁量权的行使，但都是用极度狭隘的方式。例如下面这段警察局副局长发给区域主管的备忘录：

C. 提供其他选择。警员在处理初犯案件时，可主张自由裁量。若在要求之下，犯者愿意服从法律，则可口头训诫、指点和劳动服务，或可在合理的条件下适用。警员应基于人道考量，确认无家可归与失能者之所在地点，并通知适当的机构，在合理之条件下要求该机构回应、干预和提供服务。服务机构名单随附。然而，若犯者拒绝服从，或被发现二次或持续违法，则或可采取执法行动。

这份备忘录在整体上呈现了警方如何处置游民的正面价值——比多数警局的教材有显著改进。但仅认可自由裁量是不够的。没有任何一个熟悉警方作为的人，会相信警察只对初犯者行使自由裁量。有些警员会反复警告违法者，如劝导游民到不显眼的地方饮酒，避开人多、热闹的地方。此外，也要注意最后一句，"则或可采取执法行动"。什么要素会让警员决定执法，或采取任何其他行动？如此有限的指导方针，在法官和一般民众眼中，就像"毫无拘束的自由裁量"一样。

警察经常被质疑："你为什么这样处理那个问题？""这是常识"绝非令人满意的答案。当然，绝大多数的警察都有很好的常识，但个人的意向或特质无法用来参考。警察使用的"常识"，仅适用于问题行为发生当时的背景条件。警方绝对会考量的一个要素是违法者（初犯）的情况，正如上述备忘录的指示。但警员势必也会考量许多其他要素（时间、地点、数据和受害者与目击者的状况）。同样，上述备忘录在这部分也比其他警局完善，但仍不够完整。它既未向警员传达在自由裁量时应使用的标准，也未向民众、政治与社区领袖和法官保证他们能放心地让警方行使自由裁量权。

重点是尽管过去三十年来，警察实务、理论和研究已取得重要进展，日常例行工作的规范却几近停滞。埃默里大学（Emory University）法学教授弗兰克·范道尔（Frank Vandall）对1976年的状况有此描述："仔细检验现代警察训练之教材，发现它们没有处理执法中的自由裁量概念。他们用如此模糊的说法，如适当行动、必要行动和冷静思考，去掩盖处理一般状况时涉及的普遍自由裁量问题。"二十年之后,依然未变。

近年来,法院审理有关警方处理失序行为的诉讼时,并未忽略这些现况。巴尔的摩的反乞讨法被诉时,警方对特别族群的应对,是否曾有适足的训练,即是法官质疑的焦点之一。这部分的职前训练总共只有一小时,内容包括同性恋议题、失智症和无家游民(占15分钟,含10分钟影片和5分钟讨论),另外针对在职警员有15分钟执勤时的训练(同样的影片和讨论)。联邦地方法院法官弗雷德里克·斯莫金(Frederic N. Smalkin)拒绝巴尔的摩警政委员提出的撤销诉讼请求,部分原因是他发现警员的训练不足到适已构成"故意漠视"其保护的对象的程度,因此民权团体有足够的理由控告市政府和警察局。此外,他引述了几位巴尔的摩警员的宣誓证词,表示他们并不了解关于流浪和乞讨的最新法规。最后的结果是市政府同意和解。真可谓在民权团体(和律师)的压迫下,警方与游民和乞丐的互动,以及未来的教育训练计划,全都有了明文政策。而市政府和警察局也要负担原告的诉讼费用和成本。

缺乏通盘考量的指导方针和政策,造成多数警察部门的秩序维护行动和政策都在诉讼时败北。没有适当的指导方针,警察行使自由裁量权将永远被视为个别警员的专断意向。这不是、至少不该是警察自由裁量权的真正意义。警察自由裁量是指在任何特定状况中,警察如同任何使用自由裁量的专业人士一样,得运用其专业知识、能力和价值。问题是,当警察的知识、价值和能力与许多公家部门一样,缺乏成文的规范,官员便无法有效地反驳辩护律师或天真法官的质疑。我们很难把市政府和警务决策者的缺失,怪罪到法官和自由派人士身上。但最重要的是,缺少指导方针和相关的发展工作,严重阻碍了警察专业精神的养成。警察处理复杂事务的熟稔常令旁观者惊讶,但看到他们除了说"这是常识"之外,几乎不能为自己的做法辩护，也让人感叹。太多的价值和能力，太多的智慧，都遗失在这个公式化的过程中。

在发展警察专业主义之外，民众为何需要担忧警察的自由裁量？我们为何要花这么大的篇幅讨论这个议题？回答这些问题的方式之一，是重新检视纽瓦克徒步巡警和警方在芝加哥罗伯特·泰勒之家的行动。这两个地方的警察都是用醒目但大致相当克制的行动，回应民众对秩序的需求。除了我们曾提过的少数个例之外，他们都是依法行动，协商出社区规则，并予以执行的。虽然纽瓦克巡警维持秩序的成效胜过罗伯特·泰勒之家的芝加哥警察，但这是受到若干因素影响的，包括警员的派遣方式（芝加哥是采用一般的警车巡逻，而非徒步巡逻）、社区自然环境与族群结构等。但这些恢复和维持秩序的努力皆非正式的警察行动：没有制作和保存行动记录，没有规范、程序、指导方针，或训练警员熟悉这项工作。同时因为是非正式的工作，表现好的警员没有机会得到部门的认可和晋升，但民众仍可申诉警员的行为，让他们受到惩处。换句话说，有极大部分警察的行为——约达80%——是管理部门无法有效监督的。

我们对指导方针和规范的关注与坚持，只有部分出于法院对警方的要求。在更广泛的意义上，我们希望确保：第一，警察回应民众的需求；第二，警民就社区问题和处理方式协商达成共识；第三，警方在社区的政策和做法都是正式、合法的，且能长期持续执行；第四，民众和警方都能建立评量彼此表现的机制。建立警察指导方针该采取什么原则？指导方针该包含哪些内容，采取何种形式？我们主张，警察指导方针至少必须包含九项原则，或满足这九项重要需求。

第一，指导方针需承认警察工作固有的复杂性。警察面对的问题，不仅本身即有一定的复杂度，而且事件发生的各种环境条件，也让评估单一事件的工作变得更复杂。多数警察的任务涉及冲突和争端，不论是处理家庭纷争、房东与房客的争端、社区间的停车纠纷，或其他数不尽的问题。警察抵达现场时，先要厘清问题的起源，再寻求不一定现成的解决方式。只有少数问题如其表面呈现的一样单纯，但民众仍期望警察有智慧、有同情心、公正、立即和强势地回应他们。

第二，指导方针必须认可警察在处理问题时会使用自由裁量权，不论是就旁观者、参与者和受害人的立场评估问题时，还是决定适当的处理方式时。警员依据自己对情势的评估，决定是否教训违法者、将他或她转介救助机构、提出警告、命令违法者离开、开罚单、进行逮捕，或采取其他行动。指导方针可以且应该具体说明警员应考量的情势要素、可能的回应方式，并就特定状况下做出哪些反应适当提供指导。例如，对乞讨者的处理政策，应就不同的时间、地点和乞讨者的行动做详细的区分。

第三，指导方针的建立必须有实际执勤的警员和民众参与。执勤警员和民众拥有各类问题及其后果的第一手知识，是定义具体问题、考量解决方法和协助解决问题的最佳顾问。实际上，处理问题的指导方针也在警民间建立了一种契约关系，明定双方的责任和可预期的结果。甚至所有民众都应该投入。例如在马萨诸塞州萨默维尔市（Somerville），警员便与当地居民和年轻人协商出某住宅区公园的夜间使用方式。在温暖的夏季夜晚，公园通常在晚上10点即关闭，年轻人无处可去。与民众协商后，警方提出一项新规定，只要不大声播放音乐、不饮酒，且在闭园前自动安静地离开，年轻人可在公园待到11点。这项政策即是警民建立共识，民众自发遵守的极佳例证。

第四，指导方针必须广为公开，确保警员、一般民众、社区代表和法院都清楚这些规章。在萨默维尔市，在该区执勤的所有警员也居住在附近，地方政治领袖都被告知新的政策——否则警民都可能在无意间违反规定。作为一般性原则，这些指导方针的对象是警员和民众，因此，内容不应出现过多法律措辞或官僚术语。

第五，指导方针也应规定警员"不得采取的作为"。以取缔乞讨为例，警员不得根据乞讨者的社会阶级或种族做出执法与否的决定。同样，萨默维尔市的警员虽可大量使用自由裁量权，但也不能允许未成年人饮酒。此外，民众不得对警员提出不恰当或不切实际的要求——民众的要求并非全是合情、合法或合理的。清楚说明警员不能做的事项，也让警员有机会告知民众，他们有容忍非犯罪异常行为的职责。

第六，因为警方的干预经常产生极度无法预测的结果，不论警员的能力、意向、价值为何，指导方针必须强调警方严格遵守一套程序（知识、能力和价值的应用），而非任何特定的结果。一次成功的问题处理，必须有良好的程序。例如，搜索前必先取得搜索令，明确告知嫌犯享有的权利。不论案件能否成功起诉，这些原则都必须严格遵守。其他警察工作也一样。

第七，指导方针必须能保护警察不犯错。整个组织，而非个别警员，需为善意但错误的自由裁量使用负责。确实做到前六项原则，即可部分实现此项原则。好警员和每一种职业的在职者一样都会犯错。原因可能是疲倦、判断不佳、误解情势、反应太快和反应过度。但犯错和无能不一样。重复同样的错误、判断不佳，或使用武力不当，都可能是无能的表现。换句话说，我们应从表现的方式来判断警员是否无能。

第八，指导方针必须建立起警员承担责任的标准。这些标准能肯定称职和优良的表现（即使这类表现有时违反了组织规定），也能区别出警员的失职和疏忽（包括符合组织规定的表现）。出于关心而违反规定，与符合琐碎规定的疏忽相比，更值得鼓励。以下范例或许有助于完整地了解这项原则。西部城市的警察部门与社会福利部门达成了一项协议：被抛弃的儿童，在警方联络社工之后，即成为社会福利部门的责任。某天夜里约11点，一位住在公寓的单身男子报案，称楼下有两名小女孩已被抛弃数天无人照顾。一位警员赶到现场，发现两名女孩分别是7岁和9岁，她们身边没有成人，也没有食物。根据警局政策，他立刻联络了值班的社工。社工拒绝，并且指示现场警员找到报案的男子，问清楚状况，否则他会等到明早再处理此事，社工的说辞是："他（报案者）显然很关心女孩的利益。"虽然可照章行事，这位警员仍自掏腰包买了食物，并将两名女孩载到警局过夜。也许，社工次日早晨赶来时，女孩依然安好。但警员依循他自己的价值判断（希望他的部门也支持同样价值观），决定保护年幼儿童的福利高于遵循部门政策。若是一个不在乎的警察，就会照章行事，把小孩留在现场，不顾可能造成的严重后果。

第九，建立指导方针必须是一个不断进行、延续的过程。社区环境和问题的改变，需要警民合力，不断地检讨、更新、修改，甚至取消某些指导方针、程序和规范。新的角色、因素和问题持续出现，让这项工作成为永无止境的过程，也是整体警务不可分割的一部分。

这些原则几乎都曾在20世纪70年代俄亥俄州代顿市警长罗伯特·英格尔伯格（Robert M. Ingleburger）的工作中实现了。可惜，这位当时最具创新性警长的成就现已大致被遗忘。英格尔伯格任内的成就，是建立个别警局可采用的自由裁量规范。他和当时的副手弗兰克·舒伯特（Frank A. Schubert，在威斯康星大学受教于赫尔曼·戈尔茨坦)改变了建立指导方针的本质与方法。他们不仅针对特定的社区问题制定方针,还经常将特定地点纳入考量,并且让巡逻警员和民众共同参与。规范是出自警民共同解决问题的过程,不是根据某种抽象的一般概念或模式制定的。

我们以当时代顿市某个社区为例。这个劳工阶级社区紧邻一所大学,而当时学生与居民之间的冲突不断升高。正如一般常见的状况,不住在学校宿舍的学生,会在邻近地区租用便宜的公寓或房间。问题出在夜晚,下课后的学生喜欢"开派对"狂欢,但有小孩的居民,特别是在工作日的夜晚,需要安宁的环境。结果自然是学生与居民间产生反复的冲突,代顿警方也疲于奔命。在各种扰乱安宁的事件中,噪声是最普遍的投诉。由于报案次数过于频繁,警局决定让指派至该区的警员,试用特别针对相关问题的指导方针。

在政策制定过程中,舒伯特与该局的警员邀请居民和学生多次开会讨论,以进一步了解该区的问题。当警方发现噪声标准和其他议题可能是学生与居民冲突的来源,便着手建立警方可强制执行相关标准的指导方针。随后,这些标准和方针明文印出,全面散发给相关各方。①这不是永久的定案:每一年都会重新讨论和更新政

---

① 这份标准规范的部分内容如下:
  警局的主要职责之一,是培养与维护民众之间的和平关系。民众期待警察以适当和有效的作为,维护一个大学周边区域之非学生居民与学生皆普遍接受的公共秩序标准。
  不同的生活方式经常引发不利于学生和非学生居民的冲突,因此各方都必须做出让步。其他社区曾尝试利用警方的力量,压制这种校园与社区的冲突。经验显示,这种做法并未解决问题,反而增加了双方的对立。
  我(警局局长)相信,我们应根据社区内所有成员的共同利益,寻求一种能改进各方关系的解决方案。然而,唯有情况确实改善,警方的做法才站得住脚。……我必须强调,服从这些标准的责任,需由学生和非学生居民一同承担。警力不太可能解决这些问题,然而,若发生警方必须回应的状况,我们将采取行动,按相关标准执行。
  我们决心将说服作为处理这些问题的首要方法,因为这是更具建设性的选择。冲突管理人员将在任何必要的情况下,出动提供协助。

策，以确保新到的学生、居民和警方都充分了解并愿意遵守相关标准。1973年，英格尔伯格自代顿市警察局局长一职退休后，这种做法便逐渐消失了。除了他本人与舒伯特于1972年在《美国律师协会期刊》（American Bar Association Journal）发表的一篇简短文章外，这种通过公共政策伙伴关系规范自由裁量的计划，从未被正式发表或详细记录。就像这个时代的少数特例，英格尔伯格代表了一个在20世纪70年代不幸被摒弃，但当前警务品质改进迫切需要的起点。

警察公共政策的制定还有两项要点。过去二十年来，公众参与政策制定一直是警界创新缺少的一大部分。20世纪六七十年代的警界领袖，尚未准备好接受公众参与。他们太执着于打击犯罪是警方的职责、民众的角色应限制在"支持地方警局"和单纯的目击者或旁观者这些观念。但现在的警界领袖和民众都已准备投入其中。然而，如警政学者玛丽·安·威科夫指出，公众参与的形式与适合公众参与的议题，都需要大量的试验才能决定。这个过程应该可以为警方与社区发展伙伴关系做出珍贵的贡献。实际上，警民之间将因此建立一种"契约"、强化警方对社区的责任，并且为他们的行动建立合法的基础。

第二，我们不会如此天真地相信，只是建立一套条文的指导方针（即使经过详尽且适当的过程）就能解决管理自由裁量的问题。我们也间接提到了健全的领导阶层、各级警员的教育和训练。此外，警局必须加强督导，并建立适当的奖惩机制。但明文规范警察自由裁量的指导方针，却是任何恢复秩序行动的基本要素。

第六章

收复街道：恢复巴尔的摩、旧金山和西雅图的秩序

由于其角色的本质和执行的特定活动，警察将是任何恢复社区秩序行动的重要因素。但许多实例也证明，恢复秩序的动力还源自其他要素。民众自发组织的团体也能解决社区安全的迫切需求，促使政治人物和警方为他们的福利采取行动。小商家和大企业可组成商业改进区，推动内含公共安全与服务条款的计划，恢复市区秩序。大城市的市长可从事大型的综合性计划，结合社区组织的民众配合警方的执法行动和部分合适的社会服务。市检察官可通过民事法的补救措施取缔不良场所、废弃财产，甚至将帮派活动视为妨害行为，并制定法规，禁止干扰地方的特定行为。地区检察官不只能起诉已犯下的罪行，也可与民间法律顾问、学校和法院密切合作，动员整个社区的资源，解决地方性的犯罪和失序问题。

不论秩序恢复行动的起源是什么，这都不是一件简单的事情。一个计划能否施行成功和抵挡法律方面的挑战，大部分有赖于详细的规划和注意若干要素。一个城市要帮助穷困和弱势者，不能只怀有抛弃、驱赶或怪罪他们的用意，而必须有清楚的条文。最重要的是，这个记录必须显示政府的作为具有绝对的道德性和正当性。民

众需主动和具体地支持政府的行动。负责撰写法条的人员，必须以最缜密、小心的态度进行，以便面对可能遇到的诉讼挑战。警察和其他人员也要接受训练，并小心地执行相关方案和法律。所有行动，包括立法和执法，都必须尊重和保护所有公民的个人权利。

这些要素若有部分或多数未完备，恢复秩序的工作将事倍功半。例如，下述巴尔的摩民间企业的恢复秩序计划大致成功，但市政府和警方的相关立法工作和执行却在游民支持者的诉讼挑战下被迫让步。在旧金山，前市长乔丹在1995年底的选战落败，尽管他曾推行积极的"矩阵行动"，解决不同社区的问题。而即便是官民合作制定和执行的秩序恢复方案，也要面对法院的终极仲裁和阻碍。在西雅图，市政府官员虽然抱持着审慎的乐观态度，仍等待了近两年，才得到第九巡回上诉法院对其人行道失序行为法规的合法性宣判。

巴尔的摩：民众与企业主动出击

巴尔的摩是美国东岸传统的商业与运输中心。坐落于帕塔普斯科河（Patapsco River）河口的切萨皮克湾（Chesapeake Bay），并于19世纪中期通过巴尔的摩和俄亥俄州铁路系统连接了中西部心脏地带，巴尔的摩至今仍是美国最繁华的港市。该市目前主要的经济活动是工业、科研和教育。港湾和水道的自然疆界、铁路轨道、辐射状的交通干道，加上构成该市半数以上住宅的独特砖造联排房屋，将巴尔的摩区分成多个明显的社区。该市的发展规划局在1994年共统计出266个社区和400个社区协会。巴尔的摩的社区团体、民众和民间企业率先尝试恢复该市的秩序，并获得了市长和市政府团队的大力支持。

和许多东岸城市一样，过去三十年的人口族群、社会、科技和经济变化，在巴尔的摩较旧的社区制造出贫穷、衰败和犯罪问题。20世纪90年代以前，曾有多个重要的商业区和市中心区复苏计划：开发查尔斯中心（20世纪60年代，市中心大楼）、内港（办公大楼、公园、国家水族馆）、港口广场（1980年，餐厅和商店）和卡姆登球场（1992年，巴尔的摩职业棒球队的新球场所在地）。这些都是活化市中心区的计划。但自1988年起，市中心区的治安大幅恶化，形成危机，其中多数是与毒品可卡因相关的犯罪。暴力犯罪在1987—1994年间大增53%，谋杀从1985年的213件，跳升至1993年的352件。更甚者，该市人口数竟从1980年的776885人，降至1992年的724000人，由此造成了许多废弃的空屋，尤其在较旧的排屋社区，废弃的家具散落在庭院和公共人行道上，毒贩和吸毒者聚集在愈来愈多的破屋里。老旧的砖造排屋很容易起火，此外还有盗卖金属的问题。俗称"金属人"的盗卖者，在搜刮完废弃排屋的值钱物品后，转向其他排屋社区，窃走教堂、住家和商业建筑的铝、铜和其他值钱金属。一份地方杂志将这些拾荒者比喻成"蚂蚁"，从内向外啃食社区，造成数百万美元的损失，并加速了城市衰败过程。有些时候，"金属人"摧毁房产的速度，甚至比修复所需的时间还快。如圣安布罗斯住房救援中心曾在20世纪90年代初，花了20万美元整修四间联栋住宅，现在这四间楼房只剩空壳，所有金属构件都被拆走了。

1993年1月，在经历了长期的暴力犯罪和谋杀案增加的情况下，市长库尔特·施莫克（Kurt L. Schmoke）任命托马斯·弗雷泽（Thomas Frazier）为新任警察首长。弗雷泽警长迅速将当时饱受警员粗暴行为、基层贪污和内部种族斗争等指控的巴尔的摩警局朝向社区警务调整。领导阶层是这项行动的关键要素，对此，弗雷泽亲自挑选各区指挥官,赋予他们广泛权力,以回应社区问题。但更重要的社区复兴计划,是个别社区的民众自发动员并与政府机关和警方通力合作的行动。

以坐落在西南市区的旧住宅社区——博伊德布斯区为例。《巴尔的摩太阳晚报》(*Baltimore Evening Sun*)曾在1991年5月这样报道:"博伊德布斯的居民会在夜晚听到枪声,一早即在人行道上发现血迹。许多人躲在家中,不敢报警,害怕毒贩会报复他们。"这篇报道进一步指出,有能力离开该区的人都搬走了,毒贩甚至出席他们的社区会议,居民和社区领袖都无力反抗。一段时间之后,公民计划与住屋协会(Citizen Planning and Housing Association)派遣了一个兼职社区组织员(由艾贝儿基金会赞助)来协助博伊德布斯协会重组,以处理相关问题。施莫克市长也设立了一个市政府机构的工作小组,专门协助各个社区协会。治理社区衰败,尤其是处理废弃房屋是其中一项优先工作。州政府提供给社区组织一小笔经费,用于清理废弃空屋、拆除围篱、改善照明和进行其他环境改善。民众本身也主动清理空屋、封闭房屋之间的通道,让毒贩无从逃窜和躲藏;清除社区垃圾、将空地整理成花园,并且在巴尔的摩社区法律中心的协助下,对六间毒贩聚集的楼房提出"取缔不当行业"诉讼。法律中心也协助居民抓出不负责任的房东,对他们采取法律行动。为收复他们的街道,社区居民举行了多次守夜行动和街头示威活动(守夜行动搭配不同的季节,如在圣诞假期便吟唱颂歌),以及十次社区野餐。为服务年轻人,社区协会成立了一个夏季工作方案,主要内容是清理公共区域。另一个民间出资的治疗计划,为染上毒瘾的当地青年提供戒除和治疗服务。居民为协助清扫社区的戒毒者提供圣诞晚餐,该区最大的营利机构邦塞库尔医院(Bon Secours Hospital)开始与居民密切合作,警方也提供特别的巡逻服务。

行动成果相当显著，1993—1995 年，暴力犯罪减少 56%，与毒品相关的报案和逮捕则大减 80%。此外，警方即时巡逻的频率逐渐降低，暴力犯罪仍持续减少。凯林在 1995 年底造访博伊德布斯区时，居民骄傲地向他展示收复街头和不再恐惧的成果。该区的生活品质大幅改善：整洁的街道和巷道，老人与小孩自由出入公共区域，不再担惊受害。过去两年来，毒贩曾试图重回该区活动，但从未成功。

博伊德布斯区得以恢复秩序，要归功于施莫克市长的政治领导、警方（包括巡警和特别反毒小组）的积极守护、市政府与民间机构的合作，但最重要的是公民参与规划和执行的收复社区的综合性计划。市长的刑事司法协调委员会（MCCCJ）现在正准备把这个模式移植到巴尔的摩其他有问题的社区中。

市中心区虽然生气蓬勃，但在 20 世纪 80 年代中后期，游民问题却日益严重。据估计，当时市中心的游民数量约为 2400 人，其中三分之二的男性和三分之一的女性是长期酗酒者。此外，将近半数游民有严重的心理问题，高达一至两成符合慢性精神病的标准。到 20 世纪 90 年代初，市中心区的游民相关问题（侵犯性乞讨、制造脏乱和犯罪）已严重到使民间企业不得不主动出击来恢复秩序和预防犯罪。他们借助的方式是在市长的支持下成立商业改进区。

巴尔的摩商业区合伙公司（Downtown Partnership of Baltimore）的前身，是在 1982 年，由当地商家和市长威廉·唐纳德·谢弗（William Donald Schaefer）支持成立的查尔斯街管理公司（Charles Street Management Corporation）。他们的目标是复苏普拉特街与大学公园路之间的查尔斯街商业区。1990 年，在施莫克市长的鼓励下，目标区范围扩张至覆盖约两百个街区的市中心区域。合伙公司成立后，已提供商业开发、营销和管理服务，改善当地的商业环境。合伙公司的首要政策是"为所有生活、工作和造访市中心区的民众，创造一个正面的公共环境"。

1993 年，市政府立法，创设了市中心管理区（Downtown Management District），管理服务扩大到该区的安全和实体维护。[①] 42 位受过警察训练的公共安全向导（Public Safety Guide）巡逻该区，随时注意可能危害公众安全的威胁。这些向导穿着便服、不携带武器，但可使用无线电直接联系警察，且受过通报可疑行为、处理妨碍行人和车辆交通或威胁其他民众的行为并要求他们移动、在必要时通报警察的训练。他们没有逮捕权，路上任何人都可向他们询问该区的情况或路怎么走。公共安全向导会帮助任何有需要的人，尤其是无家可归的游民。除了安全向导，还有身着便服的"扫街大使"，他们会不定时地清扫人行道、拔除树旁的杂草、清除涂鸦。他们当中有些是经过训练后得到这份工作并加入维护计划的游民。[②]但更重要的是，合伙公司带头协助无家可归者，并与服务机构合作，为他们寻找更好的资源、中介和适合他们的服务。合伙公司努力增加训练和就业机会，为游民提供一份真正的工作，并鼓励当地商家担起改善游民服务的责任。

合伙公司也与巴尔的摩市警察局合作，发起由商界与公民领袖组成的公共安全联盟（Public Safety Coalition），制定改善市中心区公共安全的计划。联盟推出的众多计划之一，是设立电子公告板和传真网络，在 75 个单位和公司之间（代表超过两千个维持治安单

---

① 巴尔的摩的商业改进区和巴尔的摩商业区合伙公司的活动，遵循了俄勒冈州波特兰市经济改善区的模式。在波特兰，民间向导为游客提供信息，并协助处理失序问题，尤其是侵犯性乞讨。他们有多种方式，包括转介街友给相关服务单位、"遮掩"乞讨者（靠近他们以确保民众和游客不被骚扰，并试图说服他们不要乞讨），并且在有人变得不受控制时呼叫警察。

② 扫街大使的名额最少有三分之一保留给无家可归的游民。

位）分享与安全相关的信息，并给该区执勤的警员和保安主管发放呼叫器，方便迅速传递信息。联盟训练在该区工作的民间保安员，并教导没有保安的大楼管理员相关的安全知识。此外，该组织也针对扒窃、抢劫和偷盗等犯罪活动，推出防范训练计划，并为企业员工提供个人安全注意示范，给游客发放安全小手册。

这些努力的结果是什么？市警察局的统计显示，到1994年底，市中心区各类型犯罪率明显下降了10%—25%。民意调查结果也显示，77%的受访者对市中心区存有好感。而尽管商业区合伙公司为游民提供种种服务，并消除公共安全顾虑，美国公民自由联盟仍在1993年8月，分别控告了合伙公司的计划和市警察局的执法行动，声称它们是"根据外观和无家可归的状态，试图驱逐巴尔的摩市中心区整个公民阶级的行动"。这起诉讼不仅挑战了巴尔的摩市中心恢复秩序的努力，也暴露出源于20世纪80年代的决策问题。

1994年的巴顿诉巴尔的摩市（Patton v. Baltimore City）一案，三名原告都曾是游民。他们被描述成社会的受害者，"过去曾因在巴尔的摩市街道进行所谓日常生活之基本和必要的活动，遭到逮捕或骚扰，和／或未来可能继续被捕或被骚扰"。他们指控巴尔的摩市市长和市议会、警政委员、市中心管理局和商业区合伙公司，制定侵犯其宪法保障之隐私、个人自主、旅行、法律之平等保护以及言论与表达权的政策。美国公民自由联盟进一步声称，这些政策对原告而言，构成了单独依据其为游民的境遇，对其施加异常和残酷的处罚。①他们特别反对市警察局和市中心管理局的安全向导，在游民乞讨时要求他们"往前走"，并在他们睡觉、吃饭或"照顾个人需要"时

---

① 1993年8月，美国公民自由联盟对市长和市议会、商业区管理局，以及商业区合伙公司的"驱赶"政策提出诉讼；诉讼后来在1994年初修改，变成挑战市政府新施行的反侵犯性乞讨法规，并增加了警政委员为被告。

"骚扰"他们。

美国公民自由联盟也挑战了巴尔的摩市议会在1993年12月通过的反侵犯性乞讨法规，声称此法侵犯了第一修正案游民的集会权。这条法规明确禁止涉及任何下列六种行为的乞讨：一、以造成理性个人担心其人身安全，或可能对其个人生命或当时所持财产做出犯罪举动之态度面对他人；二、未得到对方允许即触碰他人；三、对方拒绝施与金钱后，仍继续乞讨或追随他人；四、蓄意阻碍或干扰他人或车辆行进；五、向他人乞讨时，使用淫秽或冒犯的语言；六、蓄意恐吓他人提供金钱。该法规也禁止在"固有威胁性"的地点进行任何主动或被动的乞讨，包括自动提款机附近、公众运输工具内、各个车站及其停靠点，以及业主、使用者或管理者已放置禁止乞讨标志的私人房地产上，或在公共街道上暂时停止或停靠的车辆上。①

本案在法庭上呈现的议题，大致与其他挑战秩序维护工作的诉讼相同，如纽约市和捷运局的反乞讨法诉讼。主审本案的联邦地方法院斯莫尔金法官做出了两个重要判决，当中否决了许多美国公民自由联盟的主张。但诉讼的最终结果，较有利于商业区合伙公司，而非市政府和市警察局。

针对若干宪法权利主张，法院认为隐私和个人自主的基本权利不能延伸到"在公共区域吃、睡或进行其他基本活动"。因此，市政府和合伙公司的政策，并未侵犯这项权利。此外，法院主张第一修正案中的集会权，没有保护"类似境遇之个人（美国公民自由联盟所谓的游民）在一个相对小的地区，无协调地同时出现"。② 最

---

① 原告也指控市政府的政策侵犯了第四修正案中他们免于不合理入侵和查封的权利，并质疑若干法规侵犯了他们的合法诉讼程序权利。
② 相反地，斯莫尔金法官指出，美国最高法院认定此类权利仅存在于两种情况：一是在某种亲密关系中；二是以从事第一修正案保护之活动，如言论、集会、表达政治观点和实践宗教信仰为目的的组织协会。

后，法院认定警察或公共安全向导要乞讨者走开或停止乞讨，不构成第四修正案的"查封"，因此无所谓非法。①

针对无家可归是否构成一种状态，而市政府政策不当地处罚相关的维持生计活动，法院拒绝接受美国公民自由联盟的主张。斯莫尔金法官明确地比较了波廷杰诉迈阿密市政府（Pottinger v. City of Miami）一案（将无家者被迫睡在或住在公共区域的行为罪刑化，构成根据个人状况，施以异常和残酷之惩罚），与乔伊斯诉旧金山市政府与旧金山郡一案（第二章和本章稍后讨论），他认为后者的判决更具说服性。斯莫尔金法官认同乔伊斯案的法官，将"无家可归"视为一个法律问题，而非最高法院在鲁滨逊案采用的"境遇"一词。此外，他认为被告要求个人移动或制止乞讨的规定和做法，针对的是他们的行为，而非无家可归者或乞讨者的境遇。

美国公民自由联盟对侵犯性乞讨法规的挑战，则较难被推翻。针对联盟指控该法规侵犯游民第一修正案的权利，法院同意乞讨是应该受到完整保护的言论，类似慈善性质的请求。因为"宪法并未明确区分为个人的请求施舍和为慈善团体的请求施舍"，也因为此举传达出社会如何对待穷人的讯息。由于该法规只限制侵犯性乞讨而非所有类型的请求，斯莫尔金法官认为它对那些慈善性质的请求造成更大限制，使得该法规成为依据内容的限制。②但公共论坛言论的内容限制，必须受到最严格的分析审查。法官在严格审查后发现，当中确实涉及必要的重大政府利益：保护民众和游客不受威胁、恫吓或骚扰；促进市中心区的旅游和商业，以及维护城市生活

---

① 针对巴尔的摩市政府若干法规和公园规章侵犯合法诉讼程序权的指控，法院也做出了有利于被告的简易判决，认为市政府的执行没有伤害原告。
② 斯莫尔金法官拒绝接受被告对该法属于内容中立的主张。市政府称此法制定的目的不是压抑乞讨所传达的讯息，而是为了防范其对邻近社区的负面"间接影响"。但法官依据最高法院之判例，认为"受保护言论对听者之影响……不能被视为乞讨行为的间接影响"。

的品质。显然，本案的被告——商业区合伙公司和市政府，提供了强有力的证据记录，支持法官的判决。此外，斯莫尔金法官也判定这条法规够严密，因其明确禁止某些举动，如攻击、殴打、勒索、在对方拒绝施与金钱后继续追随、使用淫秽或冒犯的语言，以及阻碍安全通行。该法规也留下其他的传达渠道。他也比较了巴尔的摩的法规与更广泛禁止乞讨以致无法通过宪法挑战的法规，如在洛珀案被宣告无效的纽约市法规。

即使通过了第一修正案的严格审查，这条法规仍在法官审理美国公民自由联盟指控其侵犯游民的法律平等保护权主张时落败。要达到法院的标准，市政府必须证明该法的内容确可促进所有言论发表者合法化的这项重要利益。法官最后认定，市政府在这方面没有做到："市政府完全未显示，乞讨或慈善的请求，原本即较其他类型的金钱请求更具威胁性。"然而，他认为这个缺陷可通过修订一个新的条例，纳入所有侵犯性的金钱请求达到补救，不论其使用目的。① 基于法院判决巴尔的摩的反侵犯性乞讨法规违反平等保护条款，市议会制定了一条新法规，全面禁止所有在公共区域侵犯性索要金钱的行为。

但这个行动不足以为市政府扫除因这起官司引发的问题，而这才是痛处。美国公民自由联盟不只针对反侵犯性乞讨法规，还控告市政府的公园规范第四条。该法规禁止未经允许在公园内请求索要金钱、救济、捐款或奉献，已在1981年被联邦地方法院判决违宪。问题是，该法条一直没有撤除，巴尔的摩市警察局也持续引用此法

---

① 法院明确说明这项建议与联邦地方法院之布莱尔诉沙纳汉案（Blair v. Shanahan）判决的差异："本院不同意布莱尔案之结论，对任何请求的禁止皆无法通过平等保护之严格检验，因为任何此类禁止，定将造成不当区分要求金钱的陌生人与其他问路、问时，或要求联合署名的陌生人。但常识和日常经验显示，提供金钱的要求，在本质上即较问路之要求更具威胁性。"

进行逮捕。以1992年1—11月为例，即使检察官和法官曾质疑警方此法的效力，但仍有33人因此被捕。直到1993年10月，弗雷泽警长上任后发现这个问题，才通令巴尔的摩市警察局停止执行这个法条。诉讼提出后，市长和市议会迅速在1994年3月，废除了早被法院宣判违宪的流浪法相关条款，因为它们都是依据境遇而非行为的。整体而言，市政府为这些地方的缺失，付出了庞大的金钱代价。巴尔的摩市政府与市警察局，最后与美国公民自由联盟达成庭外和解。根据协议，市政府将废除公园规范第四条和流浪法，并修改侵犯性乞讨法规，"以矫正斯莫尔金法官指出的宪法问题"。此外，市政府和警察局同意，警员不会"驱赶、骚扰、逮捕或干涉……没有违反任何法律或适用规范的个人"。市政府和警察局也同意为美国公民自由联盟支付金额保密的律师费和相关成本。

这个结果最主要的代价，是警方立场的弱化甚至站不住脚，即他们只能在看到清楚违法的事实时，才能处理游民。过去警方一直有责任帮助那些脆弱或无法自助的人。当然，警察滥权也时有耳闻，巴尔的摩市警察局在20世纪80年代确实警纪松散，作风可议。警方若非不清楚，就是刻意忽视法院推翻流浪法的判决。无论如何，都造成市政府相当大的困扰。许多人将此解读为警察的工作就是执法，警察的心力应单独放在对抗重大犯罪上，所有处理情绪障碍者、酒醉者、青少年的工作都应交给社工和民权团体。因此，这项判决对巴尔的摩警方而言是一次挫败，但却是极端自由主义意识形态的胜利。

商业区合伙公司是此案的最大赢家。显然，该团体不必为违宪的法条或市政府长期执行失效法规的事实承担任何法律责任。此外，合伙公司安然通过美国公民自由联盟的所有指控。针对安全向导经常驱赶游民，斯莫尔金法官认为，合伙公司无法在实际上或推定上，得知其公共安全向导在街头的做法是基于任何违宪政策的；

也并未因安全向导训练不足，而刻意忽视游民的意见表达。由于安全向导的做法针对的是一般请求者的侵犯性行为，不单只是乞讨者，因此法院认为没有违反平等保护条款。同样，斯莫尔金法官没有发现旅行或言论自由权被侵犯的事实，尤其是安全向导要求游民或酒醉者离开时，也会同时协助他们找到庇护所或提供服务，而该要求未依据任何强制的州警察权。因商业区合伙公司未要求败诉的原告负担律师费，美国公民自由联盟也同意不上诉。

合伙公司未参与市政府与联盟的和解，安全向导也继续在整个市中心区进行他们的活动。与此同时，警察局也将"禁止在酒类贩卖处 50 英尺内滞留"的州法用作在市中心区执法的依据。此外，修法后，任何目的的侵犯性请求，都被视为违法。合伙公司的安全向导与警方持续密切合作。然而，巴顿案确实让市政府和市警察局得到了很大的教训。无知或忽视法律，只会让执法者本身遭受无情的诉讼，并严重伤害犯罪控制的努力。

旧金山：秩序维护的政治学

旧金山的种族和文化多样性，搭配其丘陵地形，造就了该市多个传奇的社区：中国城、嬉皮区（Haight-Ashbury）、卡斯特罗街区、诺布山、田德隆区、日本城、传教区和北滩。这也是一个以具有公民政治运动传统和包容不同生活方式著称的城市。[①] 嬉皮区被

---

① 旧金山市的公民政治运动开展得很早。1848 年发现金矿后，淘金者大量涌入，造成社会秩序大乱。因此民众组成保安委员会，扮演警察、法官和陪审团等角色。委员会不仅处决了若干罪犯，也让其他不法之徒远离该区。近代的公民政治运动则让旧金山市付出了沉重代价。检察官表示，许多示威活动对警力和检察官起诉人力的消耗，占据了相当可观的地方资源。然而，许多示威游行已成为固定活动，根本无须警察在场。如固定在市政大楼台阶上为妓女权益请命的"土狼"组织成员，经常没有警察在旁监视。

广泛视为美国20世纪60年代文化革命的发源地;而旧金山市,特别是以美丽的维多利亚式建筑闻名的卡斯特罗街区,对同性恋者一向包容。终年宜人的气候和美丽如画的自然景色,也创造出蓬勃的旅游业和丰富的公共生活。

然而,也正因这些特质,在20世纪80年代,众多乞丐、游民和娼妓聚集在街头。事实上,旧金山可能是侵犯性乞讨最严重的美国城市。除了大方的社会服务和公共福利政策,公共区域的环境仍在20世纪80年代和90年代初急剧恶化。市政中心周边实际上已成为贫民窟:当地民众以前市长阿特·艾格诺斯(Art Agnos)为名,称该区为"艾格诺斯营"。这位前市长拒绝强迫驱离在找到适当的住宅前,在公园与公共区域扎营的游民。与此同时,娼妓、毒贩、吸毒者和随处扎营的游民,逐渐占领了整座城市和社区公园,促使当地居民要求市政府迁移儿童游乐设施,并铲平兰顿迷你公园(Lantgon Mini Park)等游乐区。公园维护员必须在警察的保护下,才能执行他们的日常工作:清理注射器、针头、粪便、保险套和各种废弃物。通勤车站和停车场,成为替代的廉价旅馆,许多公共厕所被迫关闭。随之而来的是商业与观光业严重衰退,住在公园和旧社区附近的民众,宁愿设法搬离,也不愿继续每天与门前和人行道上的吸毒者、乞丐、毒贩和娼妓奋战。"艾格诺斯营"成为1991年旧金山市市长选举的主要议题。我们已引用民意调查数据,说明了当时旧金山市市民与湾区居民忧心和恐惧他们的人身安全。同年,旧金山市市民用选票否决了艾格诺斯的政策,选出了新市长弗兰克·乔丹。

民众虽然选出新的领导人以求恢复秩序,但却在法庭上败北。联邦法院在1991年布莱尔诉沙纳汉(Blair v. Shanahan)一案中,判决加州的反乞讨法违宪,夺下了旧金山市起诉侵犯性乞讨的最有力武器。这个法条,加州刑法第 647 条 C 款,将任何在公共区域或开放给公众使用的区域主动上前乞求他人提供金钱或援助的行为定为轻罪。根据之前判定该法合宪的州法院的解释,"主动上前"接近他人,与静止在某处被动地接受捐献,有明显的差别。① 提告前曾经以乞讨维生且数次被捕的布莱尔,主张此法违反加州宪法和美国宪法第一修正案,要求市政府停止执行。

联邦地方法院判定,限制乞讨违反了第一修正案和第十四修正案的公平保护原则。威廉·奥里克(William Orrick)法官认为,乞讨应受第一修正案保护,因其可能涉及受保护言论的交流,且包含与慈善请求相同的利益——传达信息,散布观点、意见和主张。② 他驳回市政府主张的乞丐只要不主动接近他人要求施舍,仍可通过对话传达无家可归和贫穷的主张;相反地,法官认为乞丐若不能请求施舍,即不太可能与路人进行对话,因此该法条确实压抑了受保护的言论自由。根据奥里克法官的看法,乞讨行为与它的信息从根本上是交织在一起的,因此应受第一修正案保护。他也强调,该法条针对的是在公共论坛发表的受保护言论,因此适用严格审查标准。但他发现该法条没有严密地针对明显、强迫或威吓的行为制定:主动接近路人的行为,并非全是强迫或威吓的,而且该法也没有明确定义上述行为。③

虽然奥里克法官的意见在当时并非特殊,但这个判决终究站不

---

① 州上诉法庭在厄尔默案(Ulmer)的判决中确定了该法的效力,认为该法是依据政府保护民众在公共区域免受乞丐接近和骚扰的强制性利益。法院进一步确认,乞讨和请求无涉意见或信息之传达,因此不在第一修正案的保护范围内。
② 依据波士顿第一国家银行诉贝洛蒂(First National Bank of Boston v. Bellotti)案的判决,奥里克法官认为,虽然乞丐代表的是他自己而非慈善组织,但其言论不应被排除在第一修正案的保护之外。
③ 根据同样的理由,奥里克法官判定该法侵犯了第十四修正案的平等保护权利,因为该法是依据沟通(也就是要求金钱资助)的内容做出合法与非法行为的歧视性判定。

住脚，因为之后布莱尔案接连卷入了程序性争议：首先，此案以复审地方法院对加州刑法条款违反第一和第十四修正案的判决及其程序是否合法被上诉到第九巡回法庭。上诉法院以程序问题撤销此案判决，并发回地方法院重审。因此在法律上，刑法禁止乞讨的条款依然有效。但在冗长的司法战期间，加州各地的警察和检察官都无法使用该法条进行秩序维护。而今，旧金山市政府已决定不再执行反乞讨法。①

尽管有悠久的自由派传统，旧金山市民在20世纪80年代末至90年代初的混乱时期，仍转而要求警方、检方和政府官员采取行动。检察官开始与警方合作，以社区为单位（特别是田德隆区），积极取缔卖淫和侵犯性乞讨。这项行动涉及区检察官办公室（负责旧金山市与郡的刑事起诉）和市检察官办公室（负责民事案件，也是警方对诉讼的咨询单位）。与警察、社区组织和美国公民自由联盟合作，两个单位的检察官协力发展出具体的执行和起诉策略与政策。布莱尔案败诉后，市长要求市检察官办公室草拟出J提案，以禁止在公众出入的任何区域，做出骚扰或紧跟他人讨钱的行为。②选民在1992年11月的投票中，通过了这项提案。

1993年8月，曾担任警职的乔丹市长推出"矩阵行动"，以解决旧金山公共区域严重失序所造成的健康与安全问题。"矩阵行动"包含广泛的社会服务，如《纽约时报》1993年的报道："旧金山每年花费4600万美元在该市游民的住屋、食物和社会服务上。估计总数约6000名的街友，每人的平均花费超过7600美元。""矩

---

① 在诉讼进行期间，布莱尔和市政府达成赔偿协议，并依照联邦民事诉讼规则第68条的和解判决，以市政府赔偿布莱尔四千美元和解此案。上诉案主要是针对该和解判决所衍生的各项程序产生的争议。
② J提案属于市警务法的附加条款，用来（至少暂时）取代加州刑法第647条C款。

阵行动"的重点还包括秩序维护行动,如警方处理公开饮酒和醉酒、随地便溺、侵犯性乞讨、在公共区域扎营睡觉、站街卖淫和其他类似行为。警方执法制止这些行为,同时与卫生和社会福利机构合作,转介或提供服务给那些需要并且愿意接受帮助的人。警方在整个过程中,都会接受市检察官办公室的详细指导。

毫不意外的是,旧金山的自由传统和秩序的要求,引发了另一波激烈的法律和政治的攻防战。市政府推出"矩阵行动"后不久,"旧金山湾区公民权利律师委员会"和美国公民自由联盟便代表署名为"无家可归者"控告市政府。我们曾在第二章指出,本案(乔伊斯控告旧金山市与郡)的四名原告中,至少三人拥有住家、或因为拒绝亲友或市政府提供的住屋或庇护,才露宿街头。虽然原告肯定"矩阵计划"的多数服务政策,但他们仍提出警方为维护秩序而处罚他们身为游民的必要"维生活动"是违反宪法第八修正案的。他们也指控"矩阵行动"违反了平等保护原则,声称市政府歧视游民,违法加重其宪法自由旅行权的负担;警方"清理街道"的做法违反了第四修正案禁止非法搜索与查封的原则,因为警方没收和毁坏了游民的家当;而"矩阵行动"依据的刑法法条,是过于广泛(触及许多宪法保护的权利)且过于模糊的。

联邦地方法院法官洛厄尔·詹森(D. Lowell Jensen)先拒绝了预先禁止市政府继续执行"矩阵行动"之要求(1994年3月),认为原告没有展示其违宪主张成立的足够证据。而之后的判决,法官确认了该行动的合宪性(1995年8月)。针对无家可归属于个人境遇的观点,詹森法官依循加州最高法院1995年对于圣安娜一项扎营法规的判决,以及他对美国最高法院之鲍威尔与鲁滨逊案判决的解读,认为原告没有证明无家可归是其境遇,而"矩阵行动"并未惩罚无家可归者。仔细检视盘踞在门廊和其他禁止区域,或于禁止期间睡在公园和其他公共区域的游民的行为,詹森法官认为这些举动都是出于个人意志,因此应受第八修正案未禁止的合法管制。

至于"矩阵行动"是否剥夺了原告的公平保护权,加重了游民的困境这个方面,法官不认为游民属于嫌疑类别,因此"矩阵行动"不必受到严格审查,只需就该计划的合理性作考量。依据这个较宽松的标准,"矩阵行动"通过了考验:詹森法官表示,该计划攸关市政府"保护公共安全与健康、维持公园之原有使用目的等利益。市政府提出了一致的证据,显示游民聚居可导致贩毒、破坏公物、公开排泄人体废物和其他不卫生的情况,以及衍生出许多其他出自或针对个别游民的犯罪。"这个结论与其他法院最近的判决一致。而延续这个观点,詹森法官认为"矩阵行动"没有驱离或惩罚游民的预设立场:

> 原告……并未提出任何证据,显示市政府执行"矩阵行动"是为了惩罚游民,或"矩阵行动"没有实现其目标。他们主张,市政府可制定替代法规,禁止其特别害怕的行为。虽然此类替代法律也许可行,但基于犯罪行为相关的社会问题几近无限,本庭认为,原告主张管制引发问题的现象——如寄宿和扎营——不是一种合法的政府手段,没有说服力。

詹森法官也否决了原告的其他主张。他判决"矩阵行动"并未加重游民旅行权利的负担,因为市政府对待居民和非居民时,并没有使用双重标准。至于原告声称禁止寄居和扎营的法规过于模糊、赋予警方太多自由裁量权、未充分告知民众禁止的行为,法官同样不接受。过于广泛(触及太多宪法保护的言论)不是本案的问题,因为这当中未涉及言论。总之,市政府在照顾游民和穷人方面,保有绝佳的记录,而警方在执行"矩阵行动"时,一直与市检察官办公室密切合作,市政府律师也准备了完整和充分的证据以支持市政府的行动。尽管如此,乔伊斯案仍在第九巡回法庭上诉中。

通过了法律挑战的"矩阵行动",仍逃不过政治纷争。在旧金山市监事会议(Board of Supervisors)中,准备在1995年竞选市长的监事安杰拉·阿利奥托(Angela Alioto)提案赦免因非法寄居和扎营而被捕、被诉的五百多人。在市长和多数监事的强烈反对下,这个提案以八票对三票被否决。《旧金山纪事报》(*The San Francisco Chronicle*)报道监事会"坚持法律和秩序"的立场,并指出这次表决"意外显示出这个通常立场倾向自由的小组成员,是可被操纵的。因为几位过去抨击乔丹市长行动的监事,昨日皆毫不犹豫地反对赦免案"。

类似的操纵也发生在1995年的市长选举中。该年8月举行初选时,候选人威利·布朗(Willie Brown)明确反对"矩阵行动"。在一场五方辩论会中,"矩阵行动"成为主角,乔丹市长的四位对手一致攻击这项计划,布朗甚至将此描述成"一群穿着制服的人,自以为是职业警察,在征服的土地上作威作福"。同年10月,虽然布朗依然反对"矩阵行动",《纪事报》却指出:"最明显的一道界线……愈来愈模糊:乔丹市长与他的对手就如何处理游民的差异……对手候选人布朗和罗伯塔·阿赫腾伯格(Roberta Achtenberg)仍谴责乔丹的'矩阵计划'……但他们也宣布,他们也会派遣警察取缔在公园扎营、公开饮酒和犯下类似罪行的人。""矩阵行动"引发的争议是如此重要,以致《纪事报》单就这个计划以社论支持乔丹连任:

> 乔丹的批评者以所谓罪刑化游民攻击他。游民支持者仍坚持这种说法,但政治人物似乎已发现,这种严苛的批评无法说服选民……
>
> 说到过往的教训(提供给游民更多和更好的服务),还记得艾格诺斯市长吗?他不愿在提供足够服务之前驱离游民。结果游民犯法,警方也瘫痪了。市政中心成为美国游民的圣城。不使用警力的决定,让旧金山变成一个专门吸引那些游手好闲、不工作、吸毒和制造脏乱者的城市。

然而,乔丹市长在 1995 年 12 月的选举中落败。新当选的市长布朗于 1996 年 1 月 12 日宣布正式终结"矩阵行动"。此后,他的言行充满了不确定性。例如他声称,"矩阵行动"虽然结束,"我已指示(警察局局长刘百安)继续执法,但不能特别针对游民和穷人"。这个讯息甚至在倡议人士耳中都太过模糊了。游民联盟的成员保罗·博登(Paul Boden)即表示:"乔丹市长就是这么说:这些法律适用每一个人。那么,这又代表什么?是否每个人都可以在公园睡个小觉?或是每个在公园打盹的人都会被捕?"

布朗当选与他后续的言行带有何种政治和政策意涵,一开始并不清楚。当然,布朗无疑是一位加州的政治新星,他在旧金山市市长选举时展现出的魅力不容忽视。但我们要质疑的是,乔丹的对手(布朗和阿赫腾伯格)竟能如此操纵"矩阵行动"是锁定游民的错误讯息。在民众甚至警察的心中,乔丹显然没有把失序、恐惧与犯罪联结,也没有说明恢复秩序可阻止城市衰败恶化。市检察官办公室却能让法院接受这些事实,打赢官司,但一般民众却没有被说服。

西雅图：市检察官捍卫人行道使用权

和巴尔的摩、旧金山一样，华盛顿州的西雅图也面临着公共区域严重失序的问题。为回应民众和商家的要求，西雅图市检察官马克·西德兰（Mark Sidran）主导施行了一项设计周延、类似纽约市捷运局的计划。西雅图和旧金山一样，有自由的传统，但不像旧金山有时自由过了头。西雅图的观点是更"悠闲"：该市长期容忍街友存在于混杂了游客、居民和商家的贫民区（包括拓荒者广场）。就连该区的原名"Skid Row"，都是起源于西雅图早期。该区是木材从山上滚下山坡，再转运至皮吉特湾（Puget Sound）的地方。之后，当地的伐木业没落，该区变成流浪者寻找便宜栖身所和出没的地方。西雅图一向自豪于"管理"自身问题的能力。通过大方的公民和福利方案，穷人、劳工和中产阶级都能享受类似的生活品质。毕竟，西雅图不是纽约、洛杉矶或旧金山。

但市民很担忧。如西德兰1993年在西雅图商业区扶轮社演说时所言："（我们）西雅图市民都有一种焦虑、一种不安的怀疑，那就是尽管我们拥有山岭、峡湾美景和我们的自傲，但也许，我们已和其他多数的美国大城市差不多了——那些我们从小和在加州沦落成不宜人居之前，被戏称为东部乡下的地方。"特别令人担忧的是，在20世纪80年代末和90年代初，游民逐渐聚集在西雅图市中心和其他商业区，他们对路人的行为也更具侵犯性。与华盛顿大学相邻的区域问题最为严重。商家和购物者都非常不满：有时，一群游民直接躺在街道上，完全阻碍人行道，宣称那个空间是他们专属的领域。行人，包括推着幼童童车的父母、行动不便者和老人经常被逼到马路上，以避开那些游民。有些人行道上的游民拿着杯子乞讨，有些直接开口要钱（有人甚至经常为他的宠物狗要求施舍），但只有少数人超过西雅图反侵犯性乞讨法的限度。

较早之前，西雅图曾试图以同一法规中禁止阻碍行人交通的部分解决这个问题。这个阻碍行人法规便是清楚地针对具体行为的立法。它定义了何为阻碍行人（可处以罚款、监禁或两者兼有的犯罪），包括意图威吓他人提供财物的乞讨，或故意阻挡他人通过以致造成对方必须采取躲避动作避免身体接触的行为。

在1990年的韦伯斯特诉西雅图（Webster v. Seattle）一案中，游民支持者挑战阻碍行人法规的合宪性，官司一路打到华盛顿州最高法院。最后法院判决该法有效。首先，该法在字面上没有过于广泛，也就是该法的措辞并未触及宪法保护的言论。它规范的是行为，并非言论，且适当地限制了法规的适用范围：在具体的阻碍通行意图中，因其他可能引起他人闪避动作的非故意行为，如要求他人签名支持请愿、纠察，甚至单纯地闲晃，都不受禁止。该法也不会太过模糊，并适当地知会民众、提供足够的指导，防范警方专断执法。最后，法院否决关于第十四修正案之平等保护的指控，因为阻碍行人的法规平等适用于所有抱持必要犯罪意图的人，其措辞未提及经济状况或居民地位。此外，过去的判例从未将游民视为受保护阶级，虽然该法对这些人的影响可能很大。

然而，这个法规仍不足以遏止失序行为的增长和大学附近社区可能面临的不祥后果。许多人担心，西雅图活跃的市中心商业区被日益嚣张的游民摧毁，只是时间的问题。商家的营业收入下跌，民众不愿到该区购物，因为必须躲避那些躺在路上、向他们强索金钱、污辱他们和随地便溺的人。住在当地的老人特别困扰，不只害怕成为犯罪受害人，也担心经常被逼到马路上的危险。虽然阻碍行人法已被判定合宪，但实际执行效果却愈来愈差，因为必须有故意

（犯罪）阻挡行人的意图，检方才能起诉，而这种意图很难确认，因为许多妨碍者都是精神病患者、酒醉或吸毒者，无法控制自己的行为。西雅图市政府显然需要更多对策。

为保留西雅图宽容的公民文化，市检察官西德兰提出了一条明确的法规，特别针对西雅图街道上最恼人的行为。① 这条"人行道"或"游荡"法规，禁止在每日上午7点到晚上9点于市中心和商业区社区之公共人行道上或置于人行道的任何物件上坐卧。不同于阻碍行人法规，违反新的人行道法规属于民事犯罪（可处50美元罚金或罚做社区服务），不需要有犯罪意图，只要出现该法条禁止的行为，即可处罚。在执行上，新法显然容易多了。若干在禁止之外的行为，包括医疗紧急状况、轮椅、合法的人行道咖啡座、游行、集会、示威、表演和聚会等，只要有街道使用许可，公家机关和私人还会提供座位和公共运输。此外，该法还规定所有初犯的民众，都会先收到警告，之后才可能被传唤。在公园等其他地点，或非营业时间，民众可以随意坐卧。

自由派人士与倡议人士的抗议，同样迅速且强烈：该法被称"反游民"，西德兰也被贴上法西斯主义者的标签。一名当地作者写道："问题的根源是，游民无家可归不是他们自己的错，而是我们政治和经济体系的失败。"然而，这些攻击早在西德兰的预料之中。因为他从一开始就知道西雅图市政府会被告上法院，他先考虑了所有可能被提出的法律主张，仔细调查全美既有的法规，然后制定出这一条他自信可以通过考验的新法。接着，他提出一个三方计划，以建立一份强有力的记录，可上呈给法官评断。首先，地方服

---

① 西德兰提出的反坐卧法规，是包含在处理与酒精相关的违规、随地便溺和侵犯性乞讨等行为且必要时可封闭特定巷道的一整套法规中。然而，这些部分是针对既有法规的改善和阐明。当中的新成分，也是让某些人最感讶异的部分，就是反坐卧的规定。

务必须配合真正有需要的贫困者。第二，市政府的立法必须有清楚且一致的记录显示其意图是恢复秩序，而非特别锁定弱势民众，把他们当替罪羔羊。第三，市政府的执行必须特别小心，不能侵犯任何民众的基本权利。

一开始，西雅图市市长诺曼·赖斯（Norman Rice）重新检视了该市照顾贫困者的长期记录，并将这些努力的成果传达给市议会，以便建立西雅图特别宽待贫困市民的完整历史记录。西德兰调查并收集了有关问题本质的可观资料，他不仅依赖市政府各单位的资料，还收集了许多受到街头失序严重影响的民众证词，包括老人、残弱者、视障者、穷人和街友本身，都经常是受害者。他用详细描述真正的问题——目无法纪，来回应维权者疾呼的滥权。他强调新法规非常有限，并全力支持对贫困者增加服务。最后，西德兰仔细说明了恢复秩序可预防犯罪和逆转城市衰败的基本道理。针对这部分，他邀请了凯林与市议会成员会面，详细参考和解释关于恐惧、失序、犯罪和城市衰败的既有研究，特别是纽约市地铁恢复秩序所带来的犯罪大幅降低的成果。

西德兰知道，他必须同时准备从法律面、立法记录面和事实层面等多重方面说服法官。他表示：

> 当你试图在这个领域立法，你必须假设，你至少可能会有机会碰到一位在政治和政策理念上不认同控制失序的法官。这并不是对司法体系不敬，针对这些宪法范畴内的政策争议，最后真正的制胜关键，不是某种逻辑分析的主张，而是你能否在事件的本质上说服法庭。这些法官也是人，他们对游民问题的本质和这些政策是好是坏，自有个人观点。有鉴于这些议题代表的政治主张几乎无可避免地

直接和两极化……你必须公开迫使法官采取公平的观点……

这件官司的结果,有赖于市政府呈现记录的方式,能否突破自由派法官的意识形态过滤……你必须依据立法和相关事实,用自己的说法抗衡倡议人士的说辞。你必须准备充分,因为不好的事实造成不好的法律……就是因为害怕遇到一位冷漠的法官,我们才花费这么多时间和精力评估问题的本质、找出最有利的宪法主张……和如何建立最好的记录。

西德兰了解,原告一定会从他们的观点举出最悲惨的例子,说明这个问题的核心。因此他决定用同样悲惨的故事,反驳那些例子。但西德兰呈现的是那些深受游民占据人行道其害的人(盲人、残障者、老人、带着小孩的父母)和那些因守法公民不敢上街而生意下滑的商家所遭受的后果。他表示:"重点是如何让法院公平地裁判人行道的归属权。这个问题的答案必须符合你对事实的认知。"因此,西德兰在游民的行为与区域商业活力和安全之间,搭起直接的关联。若游民聚集在人行道边缘,他质疑:"要过马路的人该怎么办?停车的人该怎么办?送货的人该怎么办?有人占据路边,迫使其他人走到马路上,不是很危险吗?"西德兰也质疑骑楼被游民占据的后果:"那是行动不便者、老人和视障者需要利用的空间,他们不适合人行道较快的步调,也不希望被逼到路边。"更甚者,若守法公民因害怕而不敢上街,游民自身也会成为游民当中掠夺者的目标。因此,真正的问题是:谁的权利优先?民众必须使用人行道,因为那是从 A 处到 B 处的正确运行方式,那些躺在人行道上的人还有很多其他选择(公园、其他较小的街道等)。除了使用权问题，还必须考虑如何兼顾所有民众（包括游民）的安全与防护，以及少数人的权利。

西雅图市议会在1993年10月通过了新法条和侵犯性乞讨法条的修正案，对相关的执行方式也有通盘考量：竖立告示、给市民广发说明手册、违法的人会先收到后续执行的通知，并且初期的执法人员都是先受到市检察官办公室特训的警员。然而，少数游民在倡议人士和政治、社会及社区组织的怂恿下，仍向联邦法院控告市政府，指控人行道法规和修改后的侵犯性乞讨法规违宪，侵犯原告的言论、集会和行动自由，依法的合法诉讼程序及平等保护权。同样地，原告者仍是游民："人行道和乞讨法规，特别是西雅图市议会在同日通过这两条法规，无疑针对的是西雅图市无家可归的游民。"

市政府详尽且完整地记录了其立法与执行过程，这一点并未被法院忽视。在鲁莱特诉西雅图（Roulette v. Seattle）一案中，巴巴拉·罗思坦（Barbara Rothstein）法官首先否决了原告称人行道法规过于模糊而违宪的主张；相反，她认为该法清楚地叙述了被禁止的行为（进而消除警方无限使用自由裁量的风险），并适当地通知了民众该法限制的行为和区域。[①] 她也否决了该法侵犯宪法旅行自由权的主张，因为这项权利一般不适用于街道上的行为。比较鲁莱特案与近期两件案例：波廷杰诉迈阿密市和托比诉圣安娜市（Tobe v. City of Santa Ana），罗思坦法官指出，后两案的法规都针对在公共区域的睡卧、饮食和若干维生活动施加刑事责任，且它们的执行都"伴

---

① 法院也拒绝了原告很大一部分的合法诉讼程序权主张。原告声称，单纯坐在人行道上，是不可以被禁止的无罪行为，因为锁定此类行为与任何强制性政府利益没有任何合理的关联。原告要求索赔依据的是被法院理解为防止实质自由利益侵害和正当法律程序的第十四修正案中的正当程序条款。法院认为，在社区内保障行人安全和维护商业活动是合理合法的政府行为，与此类禁止条例有相当的关系。

随着警方针对游民的行动,包括大规模的逮捕,外加查封和毁坏他们的财产"。后两案的主审法院都发现,证据显示被告方市政府试图把游民从其聚集地点移开,迫使他们离开特定区域。在西雅图,罗思坦法官没有发现市政府要把游民赶出商业区的证据。显然,西德兰仔细地建立了市政府以真诚和关怀照顾游民并提供具体服务的记录,是相当有用的。

针对第一修正案的主张,罗思坦法官认为,人行道法规只规范"本身不包含表达要素"的行为,因为坐或躺的行为不一定或必须与言论或表达行为相连;游民不需要躺下,仍可进行其他传达行为。此外,无家可归者单单躺在或坐在人行道上,不构成受保护的表达行为。相反地,她指出:"原告的主张会导致一个必然结论——游民的每一个公开举动,都是第一修正案保护的表达行为,因为他们的存在本身,就是做出一种持续性的社会声明。本院以缺少第一修正案之判例为由,拒绝这项主张。"最后,针对原告的平等保护权主张,法院没有发现原告的言论、旅游或合法诉讼权有被侵犯的事实,没有判例认同无家可归是一种嫌疑类别,且该法规的内容及其执行方式不存在公然的歧视因素。因此罗思坦法官以合理关联标准审查,市政府也轻松地证明,确保行人安全和保护商业区的经济活力,与特定时段禁止在商业区人行道坐卧确实有重大关系。

侵犯性乞讨法定义的有罪乞讨,是"意图威吓他人提供财物的乞讨",……"不论是借助言语、身体动作、手势,还是其他工具"。1993年的修正案,增加定义威吓是"让理性个人害怕或感到受迫的行为",并增列了判断行为人是否有意威吓他人提供财物的参考条件,包括触碰或跟随他人、对他人使用淫秽或冒犯的言辞,或在对方明确拒绝后仍继续向该人乞讨。

原告宣称该法侵犯第一修正案的言论自由权，因其内容过于广泛和模糊。法院和市政府都接受最低程度的平和乞讨和慈善请求，应受到第一修正案的部分保护。因此，罗思坦法官认为该法没有过于广泛的问题，因其仅适用于"让理性个人害怕将造成人身伤害，或他人财产之实质损害的威胁"。此类威胁不受言论自由的保护。然而，她发现该法列出的判断行为人是否具有威吓他人意图的参考条件缺少具体性，并包含若干受到第一修正案保护的言论，这部分堪称过于广泛和模糊。因此该法只有参考条件的部分违宪。[①]

1996年3月，联邦第九巡回上诉法庭以二比一判决市政府胜诉，判决书主笔亚历克斯·科津斯基（Alex Kozinski）法官指出，虽然"坐"这个动作本身"也可能具表达性"，但仍不足以支持该法在表面上违宪的主张。坐在或躺在人行道上，不是一种"整体表达不可缺的部分，或通常与表达相关的"行为形式。然而，本案尚未终结，因为原告已向第九巡回法庭申请全体法规审理。与此同时，西雅图市政府也正面临另外两起控告该法违反州宪的官司。

我们得到的教训

从纽约市捷运局、巴尔的摩、旧金山到西雅图的经验，我们可以得到几个关于恢复秩序方法的结论。市政府各单位和警察局若要成功执行相关的立法和方案，必须具备四项要件：

- 占据道德制高点。
- 学习解决问题的方法。

[①] 西雅图市法包含一个中止条款，因此参考条件部分被撤除，无损该法条其余部分的效力。

- 充分准备赢得诉讼。
- 与社区携手合作。

占据道德制高点

施行以社区为基础的犯罪防治模式,将无可避免地需要新的立法、方案和政策。乍看之下,大部分涉及秩序维护的工作,都可能被视为惹人厌、不愉快和牺牲自由换取秩序。事实上,恢复秩序对整个社区都有利,包括那些生活困苦者和那些被我们视为"麻烦制造者"的人,并且可以通过周全的构思,确保个人的基本自由权利不受任何损害。

秩序维护的目的是防范恐惧、犯罪和城市衰败。虽然秩序维护行动让警方必须接触游民和贫民、精神病患者、青少年帮派和吸毒者,但秩序维护的目的,绝不是处理这些人所造成的社会问题。这个讯息必须准确传达给政治领袖、媒体代表、民众和警察,以及刑事司法体系的各个成员。在纽约市地铁,我们的目的是为所有乘客(包括穷苦和精神受创的民众)创造一个安全、零威胁的环境。在西雅图,西德兰要恢复秩序的目的,是为居民维护一个安全和繁荣的社区购物中心。巴尔的摩和旧金山也都是为了类似的目标。上述每一个案例中,更广泛的群众利益最后都获得认同,例如维系一个社区、支持社区机构和确保商业繁荣。

因此,恢复秩序行动的第一个原则是:用适当的说法架构议题,占据道德制高点。从纽约市地铁行动开始,我们就了解到,放任他人把失序议题设定成"游民问题",会是一个组织上、法律上和政治上的圈套。组织上,那会让警察相信秩序维护只是一项次要的职责——与警察防治犯罪的核心职责无关。法律上,倡议人士将以此为诉讼基调,用"骚扰穷人"等主张伏击纽约大都会运输署和警方。政治上，那会让大家直觉地想到游民这个问题本身极严重，但基本上与纽约大都会运输署锁定的普遍违法状况不同。西雅图市检察官西德兰非常了解这些陷阱，他质疑的"人行道的使用权属谁？"的问题带有某种义愤，而他叙述老人与残障者难以找到安全通行空间的情景，生动地刻画了当中对抗的价值观和应得的权利。

也许正是游民问题与秩序维护挂钩这个陷阱，造成了旧金山乔丹市长的败选。布朗赢得旧金山市市长选举的重要性和"矩阵行动"在乔丹败选中所扮演的角色是什么，现在还不清楚。布朗在政界的经历和他的个人魅力受到广泛认可，这无疑是他胜选的原因之一。但"矩阵行动"引发的争议或许更具启发性，尤其是在纽约市的对照下。乔丹市长和其他旧金山市政府官员，也许曾追求或预期恢复秩序能带来部分降低恐惧和控制犯罪的利益，这个目标却从未建构在他们的行动中。这也不完全令人感到意外：乔丹的做法，是美国第一个针对失序所推行的全市范围的行动，他当然必须在过程中不断改进。在纽约市，地铁恢复秩序的冲击此时正开始显现，而纽约市警察局的行动也尚未展开。

然而，旧金山市警察局对秩序维护的态度明显矛盾，也没有将其加入整体的犯罪控制策略中。尽管有细心拟定的政治主张，市警察局只给警员少之又少的授权，去处理侵犯性乞讨。虽然执行反侵犯性乞讨法规原本就是旧金山警察的职责，他们的"首要执法目标，仍是防范和遏制严重犯罪"。回顾当时，将游民的社会福利工作与秩序维护融合成一个高可见度和可识别的计划，市政府官员可能让自己更容易受到欺压社会弱势族群的指控。这类指控让乔丹在整个选战中一直处于劣势，他的对手则是两面讨好：他们既可支持公平的执法，同时又攻击现行方案针对游民。事实上是那些提供给游民的社会福利，都被政治口水淹没了。无论如何，把失序与游民问题挂钩，使得"矩阵行动"的精神轻易地被扭曲了。

后见之明的好处是我们可以对照"矩阵"与纽约市地铁和街道的经验。在地铁方面，布拉顿把失序、逃票和抢劫，描述成一个无缝的整体（警方解决一个问题，就解决了全部问题）。现在，对朱利亚尼市长和布拉顿而言，纽约市警察局的秩序维护行动是犯罪防治与降低的重要基础。他们的方法很清楚：拆解游民与失序问题。一个是状况，另一个是行为。它们是交叠甚少的不同类的问题。把关联的焦点集中在失序、恐惧与城市衰败上。

关于拆解游民与失序问题，还有两个最后忠告。第一，政府无法在忽略游民问题的同时，实现恢复秩序。这两组问题有足够的交集，若政府忽略游民的社会问题，必将严重损害其秩序恢复的努力。第二，尽管处理社会问题的需要在概念与计划上都与失序不同，但警察对这类计划仍负有重要职责。无家可归者需要警察的保护和协助，通常是帮助他们找到适当的社会服务。照顾那些无法自助的人，过去以来一直是、也仍将是警察的一项基本职责。

占据道德制高点还包括第二个原则：用正确的方式维护秩序。这一点不须多说。警察必须了解，他们绝不会被要求去做非法或不道德的事。没必要去执行"肮脏的工作"或"突击清洗"。这种扫荡只会为政府和警局制造麻烦。从20世纪70年代的纽瓦克到纽约地铁，到西雅图和整个美国，有太多例子告诉我们该如何正确地、适当地执行秩序维护工作。巴尔的摩的前任市政府和警察局官员不按常规，以钻漏洞的方式继续执行被法院判决违宪的法规。他们被抓到了。现在，市政府和警察局都背负了失职和不负责任的沉重代价。不只有错误的事实造成恶法，错误的执行也会制造恶法。

最基本的重点是：花时间详细准备，然后把事情做对。面对对手情绪性的指控，不要冲动地做出不理性的回应。花时间了解实际的问题是什么，检验基本的假设，挑战它们是否错误、无能或偏颇。做好研究，准备好从每一个方面支持你的主张——道德方面、实行方面和法律方面。检讨相关的法律并进行必要的修改。在规划过程中完全开放公众参与，提供渠道吸纳大众的意见，准备且愿意改变方向。而如果你的政策和计划缺少道德基础和正当性，即使可能通过诉讼挑战，也不要执行。

学习解决问题的方法

要占据道德制高点，政府与民众都必须清楚地了解他们面对的问题，然后努力寻找适当的解决方案。针对这一点，警政学者赫尔曼·戈尔茨坦构思出一套复杂、容易理解、便于传授且实际的强大的问题解决方法。虽然这套解决问题的方法主要被视为一种警政方法论，但它也适用于其他政府和刑事司法机关。凯林正是利用这套方法指导纽约市交通局以若干步骤，开发出地铁失序问题的解决方案。

步骤一：问题解决的第一步，可能也是最重要的一步，就是确认问题。我们或许自以为了解眼前的问题，但其实并没那么简单。每个人都"知道"地铁的问题是游民——但锁定游民只会制造更多麻烦。每个人都"知道"地铁涂鸦是一个执法问题，但年复一年增加的逮捕数量却让问题更加恶化。

步骤二：确认问题虽然攸关紧要，但它只是问题解决方法论的第一步。在纽约地铁，下一步是从问题的所有方面，确认可纳入计划的选项。包括谁需要帮助？什么帮助是最有效和适当的？要如何提供这些帮助？

步骤三：工作小组接下来要根据组织的功能职责和基本价值，检验所有规划选项的道德性、合法性和合宪性。纽约市交通局及其警员的价值是什么？如何用最好的方式实现那些价值？哪些方法符合那些标准？

步骤四：所有相关和合适的部门、政府单位、警察部门和服务机构，都必须加入规划或被通知，以确保计划的目标不会与其他地方的行动冲突，因而受损或受阻。服务与执法之间的缺口需事先确定，社区领袖和决策者必须知道这类缺口造成的后果。在秩序维护上需要哪些服务？谁是最好的供应者？该如何处理那些故意走到地铁深处寻死的最重度、最绝望的吸毒者？

步骤五：依据宪法和变动中的法律、社会和道德传统，重新检讨地铁法规。哪些规定能通过宪法的考验？何谓"妨碍"，如何制定一条切实可行的禁止规定？

步骤六：充分告知民众和社区领导问题的本质和提议施行的计划，包括其宪法上和道德上的意义，以及警察执行的限度，以便他们调整本身的期望以至符合法律与执行方面的现实。我们能预期什么样的结果？需要多久？

步骤七：最后，工作小组努力找出有效且准确的回馈机制，以持续提供该计划的执行成效、对不同目标团体的影响和预期之外的结果。哪些是可确认的初期胜利？我们要如何把讯息回传给利益团体？可贵的意见证实了我们的恐惧——即使一个概念上可行的计划推出了，缺乏适当的领导仍会让它失效。这也让捷运局高层相信，要恢复地铁秩序，捷运警察必须有新的领导者。

我们所知的每一个成功的案例，都存在这种大规模的问题确认和问题解决过程。"传统观念"和"常识"不像许多人宣称的那么可靠。这是坏消息。然而，好消息是，当有实践者执行了问题解决的方法，组织内通常就能找到可观的、但经常没有正式记录的智慧和经验。纽约捷运局需要帮助，甚至需要新的领导阶层去执行地铁的秩序维护方案。但一位警长早就成功执行了一次几乎包含所有方面的计划，甚至早在当局的整体计划施行或布拉顿上任之前。一位警官拥有解决纽约市抹车问题的关键，但他的想法需要被发现并且被重视，才能真正执行。重点不只是问题解决方法应该被警察和司法机关充分利用，而是这个过程需要第一线人员的加入——那些每天面对和经历这些问题的人员。

接下来的问题，是如何彻底在所有刑事司法机关内建立这种问题解决取向，让它们能够迅速回应问题，不要等到失去了成千上万的地铁乘客、等到城市的住宅品质严重且无可挽救地受损、等到抹车仔恐吓了无数驾驶员或毒贩占领了整个社区后，才试图解决。我们不确定这个问题的完整答案是什么，但发展且维持以社区为基础的焦点和这种焦点产生的力量，绝对是必要的。

充分准备赢得诉讼

要掌握长期延续和实现其既定目标的机会，任何秩序维护政策都必须有坚定的道德和实利主义基础，并且能够挺过激烈的司法战役。最聪明的途径，是从一开始就假设你会被告上法庭，并据此制定你的法规、方案和政策。这个过程必将涉及市政府官员、警方、其他刑事司法机关和市政府与郡政府的法律顾问之间密切的协调合作，同时也应纳入民众的参与。若执行良好，这种协调合作将为市政府的方案提供一个坚强的诉讼基础，演出一场成功、双向的辩护。第一，为市政府的工作建立一个详尽、完整的事实记录，以便在法庭上呈现。第二，针对那些反对恢复秩序的倡议人士必会提出的主张，事先准备好应对的法律论据。

用事实记录说服法院 将市政府恢复秩序的法规、方案与政策的发展过程翔实地呈现在法庭上，对诉讼结果的影响不亚于法律论点本身。首先，市政府必须能够提供其立法用意的清楚说明，证明恢复秩序是控制犯罪与防止城市进一步衰败的整体计划的一部分。若游民支持者成功把诉讼定调为市政府官员和警察主要的目的是驱离不体面的街友，他们就占了上风。若立法记录呈现出市政府官员是在仔细参考了近期的实验性研究，发现失序、恐惧、严重犯罪与城市衰败间的关系后，据此制定的秩序恢复的方案，并做出相关决策等事实，市政府将更能说服法院，其利益和用意是合法且合宪的。

市政府良善用意的证据，还须包括其尽到对穷苦民众提供社会服务、职业训练、咨询、住屋和其他社区资源的责任。这些服务不一定全部出自政府，私人机构也可贡献资源，但政府必须积极投入整理协调的工作，并随时注意民众的需要。这些服务不一定与秩序维护计划直接相关，然而，作为市政府记录中的一项独立要素，它们的存在即可消除外界对市政府利用秩序维护行动，歧视穷苦、无家可归或其他弱势民众的想法。在西雅图和旧金山，这些社会服务记录的存在，便发挥了上述效果。

市政府收集的事实记录也必须展现出秩序维护方案和相关法规在执行时，特别注意到不侵犯所有民众的基本权利。法律顾问应与市政府和警察官员密切合作，在新法规或秩序恢复方案执行前，告知并教育民众和第一线警员，如同纽约市地铁的做法。并且在方案实施后，仍应继续寻求法律咨询，如旧金山市检察官办公室的角色。市政府和警察局应建立明确的指导方针，让警员在执法时有所依循。

最后，事实记录应可呈现出秩序维护方案实现其既定目标的成效——恐惧降低、社区复兴、犯罪减少等任何能被记录的进展。博伊德布斯区民众的意见，纽约市布赖恩特公园犯罪率降低和复原方案的成果，巴尔的摩闹市区民众的满意度上升等，全都是秩序恢复行动成效的证明。

通过法律论点说服法院　首先,任何秩序维护行动的法律基础,都必须足够严密和准确,以避免受到过于模糊和太过广泛的质疑,并且要针对行为而非状态。现在多数法院都认定乞讨应受到第一修正案保护,我们不同意这种看法:因为它与民众实际的经历不符,且忽略了赋予行为意义的背景条件。这个议题终究需要到最高法院解决。目前,最有可能胜诉的法规,是专门针对在特定时间与特定地点的侵犯性乞讨,或其他明确界定的行为。西雅图市检察官西德兰和纽约市捷运局的例子,可谓目前制定这类法规的最佳机制。

一旦进入诉讼,市政府的律师应准备好提出具有说服力的法律论点,支持下列主张:

失序行为不受第一修正案保护。游民支持者和许多法院仍同意,乞讨和其他秩序维护方案锁定的轻度违规,足以构成言论或至少是第一修正案保护的某种表达活动。这种看法特别令人困扰,因为我们了解街道上的"无家可归者"和许多行为失序者的本质:虽然当中某些人的言行可能是被动或温和的,但他们大多是诈骗者、毒品或酒精滥用者、精神病患者或有犯罪前科的人。此外,我们知道,当中许多人的言行是让人畏惧甚至具有威胁性的,若在特定的时间和地点,甚至可能更危险。这种言论或行为,究竟是要传达什么"讯息"?难道真如某些法院主张的,是"政府的利益不恰当",或是"今天的游民和穷人如此多,是我们国家没有照顾他们的错"?

市政府和限制失序行为立法的支持者,必须充分准备好,证明失序行为不受第一修正案保护,也不应获得第一修正案最高程度的保护。联邦上诉法院在扬控告纽约市交通局一案的判决或可作为参考:从受到心理疾病、药物、酒精,甚至犯罪意向影响的个人言论或行为中，推断出此类（受保护的）信息是在严重伤害大众利益之下过度维护可疑乞讨者的个人权利。联邦地方院法法官罗思坦也判决游民的每一个公开举动，不应全被视为可受第一修正案保护的表达行为。

限制公共区域的失序，是政府的强制性利益。 倡议人士主张，侵犯性乞讨和抹车等行为，若是在公共区域（如街道或市立公园内）发生，则属于受保护的"言论"。法院已认定，这些场所是用来自由表达意见的"公共论坛"，应适用第一修正案最大程度的保护。但哈佛大学教授马克·穆尔（Mark Moore）对这个领域的传统观点有以下评论："一种有趣矛盾的说法是，民众可以自由表达的地方，如街道和公园，也是其言行可能引发最危险后果的地方。"知名法学家斯坦利·菲什（Stanley Fish）在讨论法院于言论限制争议中如何平衡个人权利与政府利益时，也承认这种矛盾的存在：

> 只有在最独特与古怪的社交空间，如海德公园角落商店，其言论的产生没有言论本身之外的其他目的，绝对的容忍才有意义，而以这种特异空间作为基准，正是第一修正案"正式"修辞的怪异之一。第一修正案的修辞，预先假定一般状况是所有表达完全不受限制的状况，然后想象受限的情况是特异。但事实完全相反：完全不负责任地任意表达，才是特殊且几乎从未遭遇过的情况。一般的情况是，你能说的话在说出口之前，必须受到内在礼节的限制。自由言论的规范，是日常生活的决定性特征之一，这不是因为言论审查员无所不在，而是因为有目的的活动（相对于随意和不合理的活动）的特性是有些活动（包括实体和口语的）必须被排斥，以便其他活动继续进行。

相反地，最高法院近期的意见却显示出扩大公共场所认定的倾向，如机场海关与其他大众运输和通讯中心。如果这种改变被接受，针对更多区域的"言论"或沟通行为（包括乞讨）的限制，将必须通过更高标准（严格审查），也就是证明有强制性政府利益的存在，才可能维持效力。

虽然"强制性政府利益"考验很难通过，我们还是有机会证明，为多数民众提供的安全和福利需要秩序恢复的措施。许多法院不接受民众在公园和人行道上碰到乞丐的不安或恐惧有损于此类利益的主张。许多法院也表达出与洛珀案主审法官斯威特一样的观点，质疑个别乞丐能对民众或社区造成多大威胁。但斯科根和其他社科学者的研究结果，尤其是搭配秩序维护与严重犯罪降低的关联资料后，再次显示出不同的结论：政府限制乞讨等失序行为的目的，远大于纾解乞讨者对民众造成的不安与困扰（这部分已被法院禁止执行）。当面对失序的民众放弃他们对街道、公园和商业区的使用权，其间接结果将是更广泛地促升指标犯罪率、商业衰退，最后扩大到整座城市的衰败。这不单纯是哪一个乞丐对社会造成威胁，或者允许他继续乞讨，他将涉入更严重的犯罪行为（经验性研究的结果显示，这并非不可能）；而是失序行为将吸引和招致更严重的犯罪活动。在巴尔的摩，斯莫尔金法官便看出市中心商业区的活力受到这种威胁；而在旧金山，詹森法官也认为市政府有合法的利益去保护公共安全和健康，并且维护公园的原有使用目的。社科学者和市政府律师都必须更努力地发展这个论据，并且说服法院，限制失序行为的利益应被赋予强制性利益的完整地位，因此对失序行为的限制是正当的。

公共区域的失序行为，应受到时间、地点和态度的限制。 失序行为管制的一个重要辩护论点是时间、地点和态度限制。回顾纽约市交通局的诉讼，当时此类管制只要是内容中立、仅针对单一政府利益严密制定，且提供其他传达渠道，即可适用于较宽松的合理性审查标准。最高法院曾解释，政府利益的重要性，必须在所涉及的特定场合（不论公开或非公开）范围内考量。此外，严密制定的法规的效力，不需要仅依据当前特定言论或行为事件判定，或可考量对其他此类言行的潜在冲击。此外，法院要判定"严密制定"最少的限制手段并非必要条件，只要该法规促进的重要政府利益"若缺少该规范即无法有效达成"，且不须任何明显更广泛的限制，以实现该政府利益，即符合"严密制定"的要求。

这些标准为限制失序行为提供了最好的辩护机会，我们可以借此主张，尽管个别行为以单一个案来看，可能显得不重要，但失序行为的累加效应，可严重到足以需要进行管制的程序。

市政府要避免因无法解决失序行为而衍生的法律责任。主张限制失序行为是一种强制性政府利益或公共利益，其实是一把双刃剑；如果限制失序是如此重要的利益，政府也有责任解决和处理与其相关的事情——如提供庇护所和服务给那些真正无家可归或精神失常者、提供治疗方案给药物滥用者，并训练警察如何与那些民众交涉。没有处理这些事情，可能让市政府背负了法律责任，包括金钱赔偿，因为特定团体之个人在与警方或市政府官员互动的过程中，经常涉及个人的宪法权利。美国法典第1983款所编纂的民权法案，根据最高法院的解释，当地方政府官员或警察之立法、政策甚至不作为，被认为侵犯了乞讨者或失序行为者的宪法权利，地方政府应负法律责任。只要能证明某个政策违宪，或其人员执行不当、训练不良，受害方都能得到民事赔偿。

因此，要避免这类法律责任，市政府无法再忽略其问题市民的失序行为。事实上，当限制失序的法规被告上法院，能够拿出其照顾游民、吸毒者和精神病患者的完整记录的市政府，如乔伊斯案的旧金山市政府和鲁莱特案的西雅图市政府，最有可能成功说服法院，他们在控制失序行为的过程中，没有不公地锁定那些人或歧视他们。

为诉讼做准备，其潜在的益处远超过诉讼本身。立法辩论和考量应可被激化，最后推出的政策应能符合若干利益，照顾到更多选民，包括那些真正需要协助的人。最后，市政府各层级的官员与警察和公众之间互动增多，市检察官在解决问题的过程中，也能更敏锐地发现整个社区有多少潜在的资源，特别是当民众携手合作时，能产生多大的力量。

与社区携手合作

目前几乎所有在美国各地进行的控制失序、恐惧和犯罪的"实验"，都含有公民与政府、刑事司法机关和警方合作的"小改变"。事实上，任何社区恢复秩序的行动，都必须有社区民众和刑事司法机关的完整参与，才有可能实现长期的成功。这种合作必须纳入所有族群、种族、宗教和经济团体，还必须有持续的更新和确认，并且必须是市政府开发任何秩序恢复方案的基础，包括授权警方执行这类方案。

这种合作的目标，是让民众自己"掌握"社区面对的问题和相关的解决方案。配合警察、检察官、法院和矫正机构，民众自己也要为恢复秩序负责：他们必须完全参与建立适当的政策和方案，参加公开的讨论和辩论，然后支持方案的执行。即使当社区的秩序恢复时，他们的投入也不会终止；相反，民众必须准备好在维护秩序和防治犯罪中，扮演积极且持续的角色，就像博伊德布斯区和曼哈顿的居民，以及合组巴尔的摩商业区合伙公司和纽约市商业改进区的民间企业。

民间力量在此扮演的角色，没有单一公式。在市区街道上，居民和工作者必须互相照顾，保障彼此的安全和福利，协助执行文明与合法行为的共同标准，并实际维持街道和公共区域的整洁。商家可仿效纽约、巴尔的摩和其他城市合组商业改进区，提供商业区的服务与保安。民间基金会可协助社区法院和其他地方机构的设立，为个别社区重建公义。所有人都必须与学校、警方和其他地方机构合作，为儿童、老人和弱势民众创造安全的社区环境。

地方区民可扮演的一个重要角色，是协助警察进入非常混乱的区域。我们不该低估恐惧对警员反应的影响程度，尤其是在市中心区和少数族裔社区。至少有两个世代的警察被隔离在社区之外，那些熟知邻里状况和徒步巡逻的老警察多数已退休，他们的知识和技巧也一并消失了。现役的警察大都没有接受过应对街头各种现实状况的训练。但社区组织者、社区律师、某些刑事司法人员和社区团体领袖，经常小心地出入这些社区；他们的安全主要出自于与社区居民和其他使用者的熟识。这些社区多数的社区居民，必须与刑事司法人员合作，一起出现在街头——如同巴尔的摩和其他城市的做法。通过这种行动，民众公开宣示他们已经授权那些人员为他们执行恢复秩序的行动，而他们本身也承担起维护社区的责任。

皮尔爵士的说法或许更能捕捉到这种伙伴关系的精神：警民一家。警察是唯一为维护社区利益而执行全职勤务的公众成员。每一位警察和公民（及其他官员）都承担着相同的责任——维护社区的秩序。这也是现今许多社区实行的新犯罪防治典范的精髓。

第七章

破窗效应

1995年夏季，在与马萨诸塞湾交通局（MBTA）警察协会（当地的警察工会）合作时，凯林与下班的警员同乘波士顿地铁，并顺道拜访了几个车站。其中一个位于红线上的小区车站，特别引人注意。这里的行凶抢劫日益严重，尤其针对迁入邻近住宅区的亚洲移民。某日下午，凯林与警员开车经过这个车站，看到四名年轻人紧靠着坐在一张正对车站出入口的门廊长椅上。这条街道不宽，而从他们较高的视线看出去，可以完整监视车站的进出状况。离开车站前，凯林在一段距离外停下来，直接观察那些年轻人（若没有警察陪伴，他不会这么做）。这些男孩的年纪只有十三四岁，体重约60公斤，身高不过一米六。他们全都是黑人，戴着帽子，穿着相同的深色连帽长袖上衣、宽松的深色工作裤和黑色运动鞋。长椅就在门廊前方，年轻人坐在椅子前端，耸起肩膀（就像随时准备攻击猎物的秃鹰），双手插在上衣口袋里。尽管凯林明显有警察陪伴，但这四人完全没有退缩：他们只是用冷漠但威吓的眼神回瞪他。

几分钟后，凯林带着困扰的心情与警员一起开车离去。离开不到一英里，警方无线电即传出一名亚裔男性就在刚才那个车站出入口被抢。他们只花了两分钟就回到现场。两位波士顿警局的警员已经抵达,但四个年轻人和受害者都不见了。报警的是一位附近居民,她正在和其中一位警员说话。她只能确定那个男人的皮包被抢,但他不愿留下来等候警察。凯林站在一旁,望向刚才那个门廊,一名中年亚裔妇女和一个约11岁的小男孩正在打扫门廊,把长椅放回靠着房子的地方。虽然不是他们的执勤时间,两位警员和凯林仍开车绕了该社区一圈,然后放弃——他们甚至连受害人都找不到。

一个可行的犯罪控制政策,必须承认和准备好处理这个事件所蕴含的悲惨现实:家庭、邻里和社区机构无法管理和保护儿童;儿童本身严重受害,并且他们对个人命运表现出无察或顺从——他们多数甚至全部都会进监牢和/或被杀,这只是时间早晚的问题;他们用心算计邪恶和他们对其他人造成恐惧和伤害;以及这一切所代表的社区本身蒙受的损失。在这样一个日复一日受创的社区,恢复秩序和降低恐惧还不够:那些青少年和他们散布的恐惧,必须由犯罪控制政策来负责。但有关福利、教育与家庭价值的广泛辩论,关于枪支控制、死刑等较精确的争议,或"三振出局"原则,似乎都无法提供立即的纾缓或可用的价值。①

令人恐惧的未来——持械且邪恶的青少年到处抢劫,受惊的儿童和被迫携带武器自保的成人——已在许多城市出现。民众和社区已在水深火热中,他们需要"立即的"帮助。除了把整个世代的青少年关进监狱之外,政府能否建立和执行立即纾缓现状、同时又不忽略长期需求的政策?答案绝对是肯定的。尽管目前的形式仍不

---

① 然而,我们期望争论者能更直率地表明他们对实利主义价值(降低犯罪率)、正义(惩罚应受罚之人)或公平性(罪行相似的人受到不同的惩罚)的立场。

完美，但这种政策和做法的概要已存在于美国每一个城市中，以一种新的控制犯罪模式出现在我们的社区中。

在前面的章节，我们以回顾的角度，说明了这个新的犯罪控制模式的兴起和旧模式的失败。我们从一般所谓的"刑事司法体系"（20世纪中期的激进发明，重新定义社区内的犯罪控制）开始。警察是这个体系的"最前线"，负责逮捕重大罪犯，把他们交由检察官进行司法程序和最终的矫正。民众关心的事务，不论是维持秩序还是追求正义，都在检察官、警察和其他刑事司法人员"客观"考量何谓真正的犯罪问题，以及处理歹徒（不论轻罪或重罪）的适当手段下，大致被忽略了。这个体系中的每一个部分，都专注于各自负责的程序上：警察负责逮捕，检察官负责认罪协商和起诉，矫正单位负责追踪探访缓刑者、假释犯，以及管理入狱服刑的囚犯。不同的"刑事司法"机关把问题细分成一个个事件和案例，尽力处理他们负责的部分——工具法则的经典范例。然而讽刺的是，尽管这个"体系"的每一个部分都不断改进和增加效率，邻里和社区的问题仍持续恶化。若逮捕没有结果，警察就怪罪检察官或心软的法官；检察官和法官则怪罪警察无能，或没注意到必要的司法程序。每个人都把责任推给想象中的"体系"。与此同时，虽然每一个机关都尽到自定的"本分"，却没有一个单位真正"负责"与日俱增的邻里和社区问题。

眼看着专业犯罪控制失败，失序与掠夺行为猖獗，民众只能冷静地自发行动起来，试图夺回他们对社区的控制权。仅在波士顿，有效且注册的社区犯罪控制团体，从1982年的一百多个，暴增到最近的六百多个。在巴尔的摩，旧社区如博伊德布斯、哈勒姆公园（Harlem Park）和沙城（Sandtown），也针对贩毒、废弃空屋和垃圾（经常伴随废弃房屋而来）等问题自行组织，并要求警察步行巡逻他们的区域——这些全都有显著的成效。美国每一个都市几乎都有类似的成功案例。私人或企业保安（起源于第二次世界大战后）也急速增加，目前全美约有150万人从事私人保安行业，规模已大过只有50万人的警力。随着企业转向私人保安寻求保护，开发商业改进区、私人保安业的方案也开始在公共区域（人行道、公园等）推行，使得警方重新思考他们看待私人保安的方式。俄勒冈州波特兰市中心的先锋广场（Pioneer Square）就是由民间保安和警察共同守护的，而由民间保安负责大部分的秩序和安宁维护工作。在纽约市，纽约市警察局、纽约北郊警察局（Metro North Police，负责中央车站和纽约北郊火车及铁路设施的公家警察）、中央车站商业改进区和第一保安（First Security，负责维护大都会人寿大楼安全的波士顿保安业者）现在合组成中央车站联盟（Grand Central Alliance），分摊此区的守护责任，并且和波特兰先锋广场一样，公家警察与民间保安共用一个无线电频率。在得克萨斯州奥斯汀，区检察官尤尼·厄尔（Ronnie Earle）就在自己的主管单位创设了一个至今最彻底地面对问题的刑事司法机构。就连法院也开始关注社区问题。全美各地纷纷成立的毒品专责法院，以保护社区和吸毒者康复为两大重点。同样，纽约市中心社区法院也为管理社区问题和协助轻罪犯自新提供了很好的模式。

这些努力都反映出一种新的、以社区为基础的犯罪防范与控制典范的演化。这个刑事司法革命新运动的基础，是民间与公家力量的结合。当中最重要的方面，首先是更广泛地定义犯罪防范与控制，其次是将大部分的处理程序下放到社区，并认同民众在当中扮演的重要角色。这个运动的模式概要，如表7.1所示。

民众或社区自组的团体是这个典范的关键要素。他们有共同的目标（恢复秩序），并且致力于敦促刑事司法机关协助他们处理社区问题。此外，社区组织在地方与全国性基金会、社区行动组织

表7.1

"刑事司法体系"与社区犯罪防治模式之比较

	刑事司法体系	社区犯罪防治模式
犯罪问题	指标犯罪：依据传统评量标准，犯罪愈严重，刑事司法机构愈应付出更多精力去处理	失序、恐惧、严重犯罪：由背景条件、社区优先顺序和问题造成社区和社区不安的程度，决定其严重性
犯罪控制的优先顺序	逮捕和处理违法者	预防和控制犯罪，恢复和维持秩序，降低民众恐惧感
民众的角色	协助警方：因为犯罪控制最好留给刑事司法人员处理，民众可以用报警、扮演称职的目击者和出庭指认犯人等方式协助司法人员；此外，就是保持警戒	民众是关键：控制失序、恐惧和犯罪，源自于邻里生活的"小改变"；民众为邻里生活的秩序设定标准，警察和其他刑事司法机关支持并协助民众，尤其是在紧急状况的处理上。
警察、检察官、法院和矫正机关之结构	中央化组织	分权机构：允许灵活地回应地方的问题和需求
方法	处理个别案件：当犯罪发生后	问题解决方法：确认和解决个别案件所属的更大问题
自由裁量之使用	不鼓励、不认同：假设执法过程中不需要指导方针；在被要求后，制订出清楚和明确的规范；试图用强制逮捕和起诉政策、确定判刑等方式，限制/取消自由裁量	基本且重要的犯罪控制手段：通过立法意向的说明建立控制；用谨慎的立法解决此问题的复杂性；参考民众与一线警员的意见，建立相关指导方针、程序和规范
秩序与自由利益	个人自由利益优先：在个人自由利益之下，多数非暴力的异常行为皆可容忍	平衡：自由利益非绝对，需与维护邻里和社区运作的基本秩序需求达成平衡

续表

	刑事司法体系	社区犯罪防治模式
公家与民间的关系	警察保持中立和疏离：尽可能不要涉入社区生活	警察代表社区行动；警察深刻融入地方生活，但也依据既有法律原则，公平、公平地行动

甚至政府的支持下，已建立了一套连贯的恢复秩序与犯罪防治的方法，可清楚辨识，并可传授给其他社区团体及刑事司法机关。个别公民和团体，如纽约市公民委员会的费利斯·柯比（Felice Kirby）、美国权利与责任联盟（American Alliance for Rights and Responsibilities）的罗杰·康纳（Roger Conner），以及巴尔的摩市市长的刑事司法协调委员会成员迈克尔·萨班斯（Michael Sarbanes），都曾提出了步骤性的指南，以解决特定的社区问题，并争取司法机关的注意。通过环境设计（CPTED）和政治与立法行动来减少犯罪机会、解决问题和防治犯罪，全都成为社区组织的常务和基本能力之一。就像巴尔的摩博伊德布斯区的民众一样，社区居民现在可以大声说："是我们让社区失控，那是我们的错。但我们已收复自己的社区，并且知道该如何维护它。"

如今我们正开始目睹这个新典范对社区生活产生的影响，尤其在恢复秩序方面。不论哪一座城市，当社区居民开始组织、建立优先顺序，并对政府施压要求提供协助，他们的生活品质就会改善。他们也相信，随着秩序恢复，严重犯罪也会减少。尽管经验性证据有限，但我们认为那些犯罪减少的结果是相当可信的。但假设警方的秩序维护行动没有减少犯罪，且长期效用有限（尽管我们不认为这是正确的假设），这种结果也不会减损我们要恢复秩序的决心。失序和恐惧本身都是值得关注的严重问题。失序能瓦解社区、损害商业、导致公共区域废置，并伤害民众对政府能力的信心。恐惧让人际关系更加疏离，并使民众正常有序的互动瘫痪，加重失序的冲击。不论是否具有减少犯罪的效果，恢复秩序都是振兴城市、防止城市衰败陷入恶性循环的关键。就连那些饱受严重掠夺犯罪之苦的社区（如上述的波士顿地铁站）都能受益于恢复秩序行动的起步。民众相互组织、担负起保卫自己家园、街道和公园的责任，与警察、检察官和其他司法机关建立关系，并学习如何利用这些资源。这些行动长期以来都能降低恐惧，并强化社区功能。

然而，除了这些以外，我们有愈来愈多的理由相信，秩序维护行动确实能对指标犯罪和较轻微的失序行为产生重大影响。对犯罪率高和每天生活在犯罪创伤中的社区居民而言，这个结果极为重要。

恢复秩序的效果：通过秩序维护控制犯罪

破窗理论策略对减少犯罪的影响，可从四个方面说明。首先，处理失序和轻微的违规者，让警方得以接触到那些同时犯下指标犯罪的人，或得知他们的相关讯息，包括那"6％"的重大青年罪犯。第二，警察在混乱的区域高调执勤和高频率巡逻，能发挥"保护好人"的效果，同时吓阻"有犯罪意图者"，让他们不敢轻举妄动。第三，民众自己可借此建立社区行为标准，开始掌控其公共区域，最终在维持秩序和防治犯罪工作上担任最中心的角色。最后，失序和犯罪问题不仅仅是警察的责任，也是整个社区以及与其联结的外部机构的责任。他们全部一起协调动员，解决失序和犯罪问题。通过这种基础广泛的努力，有更多资源可供运用，并借助问题解决的方法，瞄准特定的犯罪问题。

建立控制：警方接触罪犯和"6%"的重犯

警察的秩序维护和轻罪执法行动，在本质上即可增进警民互动。通常，这种接触并不引人注目：警察提醒民众负起他们的责任、教给他们相关的法规和法律知识、警告他们不要违法，并偶尔要求或命令民众"移动"——全都是民众违反地铁规定或市法规时的合法干预。但这些行动也让警察接触到真正的麻烦制造者和重大罪犯。纽约市地铁的经验即是明证：因逃票而被捕的人，许多都曾因携带武器被捕，或因重罪而在假释中。同样，警察接触的许多乞讨者，也都曾犯下轻罪，或有重罪案底。

这种警察日常勤务对严重犯罪的吓阻效果，最初是由詹姆斯·威尔逊和巴巴拉·博兰（Barbara Boland）于1978年提出的。在一项颇具争议性的统计研究中，威尔逊和博兰指出，积极的警察执法手段，例如对违反交通规则者开罚单，能增加逮捕违法者和罪犯的概率，并提升社会控制观感，从而降低犯罪率。罗伯特·桑普森（Robert Sampson）和杰奎琳·科恩（Jacqueline Cohen）于1971年在美国171个城市重新检验这些概念，他们得到的结论是："积极地维护治安，确实对抢劫，特别是黑人和白人成年人的抢劫上，有重要和相对显著的逆转效果……因此，根据严格的经验测试，结果显示……针对公共失序的警务策略积极度较高的城市，其抢劫率明显较低。"

美国的犯罪问题几乎就是一个年轻男性问题，14—17岁的青少年是最大的一个罪犯类别。另外，就暴力而言，年轻男性的行为有恶化的趋势。普林斯顿政策分析师约翰·迪艾里奥（John DiIulio）便指出，从1985年到1992年，白人男性的谋杀率增加了50%，黑人男性则暴增300%。但并非所有男性，甚至包括那些犯罪者，都对社会造成同等威胁。自20世纪70年代起，我们就了解到美国犯罪的年轻人中，约6%的人犯下了当中超过五成的罪行。而1985年，美国和英国伦敦的研究报告显示，这些比率依然未变。然而，美国的这两次研究结果（第一次的研究对象生于1945年，第二次的生于1958年）却有一项值得注意的差异：虽然那6%的人所犯下的案件数量并未明显增加，但其罪行的严重度却显著上升。

大量的后续研究随之进行，特别是针对辨识青少年惯犯的社会和心理特性，有助于我们能预测他们未来的发展，并决定如何防范他们对社会造成重大伤害。面对更易激发犯罪的社会环境，威尔逊描述和比较了那些犯有重大罪行、冷酷的罪犯与其他人的差异：

> 不论社会中的主要犯罪成因是什么，这6%的特性都会造成高风险。随着犯罪成本降低、犯罪利益增加，毒品和枪支更容易取得，社会更普遍地崇尚暴力，家庭和邻里的约束力丧失——这一切发生的同时，我们几乎全都在某种程度上改变了自己的行为。就社会中最守法的公民而言，这种改变十分轻微：偷拿办公室的文具、没有警察的时候闯红灯、偶尔尝试时髦的禁药或在生意上使诈。但对那些最不守法的人来说，改变将是非常剧烈的：他们会每天喝醉而不只在周末夜晚；服用快克或吸食普斯普利（PCP）而不只是大麻；加入帮派而不只是随机犯案，甚至购买自动武器而非自制小手枪。

威尔逊用以往小孩常玩的校园游戏"打响鞭"（crack-the whip）来比喻这6%的处境以及刺激他们犯下更严重罪行的状况：

当小孩在学校玩打响鞭的游戏时，站在行列最前方的小孩只需做出最轻微的移动，但站在最后面的小孩必须要跑才能跟上其他人的移动，因此经常会绊倒或跌倒，被许多小动作累积渐增的力量抛在地上。当变动中的文化逐渐提升犯罪，那些在队伍最后方的高风险男性，以及美国都市生活的状况（枪支、毒品、飙车族、崩解的社区）让我们脚下的路面都变得更颠簸和危险。

警察、检察官和缓刑与假释机关，都知道这6%是谁。在较小的城市，如纽黑文，像尼克·帕斯托（Nick Pastore）这样的警长，甚至能快速背出他们的姓名。在较大的城市，甚至纽约这么大规模的都市，辖区指挥官都会被告知谁是社区的暴力惯犯、缓刑犯和严重犯罪的假释犯。另外，根据我们在纽约市的观察，轻罪犯和"犯罪意图者"都有关于毒贩和交易地点、非法持械者的身份和地点、预谋犯罪者或已犯罪者、因"受辱"而有意报复者的重要讯息。某些轻罪犯和犯罪意图者，会提供这类讯息以便与警方或检察官交易。其他人则是出于恐惧（某人拿着枪要我帮忙）、害怕被害和/或被抓。善良的公民，特别是在治安不佳的社区，也有重大罪犯的相关讯息，却很少被警方利用。原因不外乎无人向他们询问，他们没有机会与警察或矫正机关分享，或害怕公务人员的轻率处理会让他们遭到报复。

确认重大罪犯的身份后，警察、检察官和缓刑与假释官必须对这些年轻人传达出非常强烈的讯息，那就是他们的掠夺行为将引发立即的逮捕。这个讯息的核心部分必须是绝不允许携带武器，已知的暴力罪犯若有违者，必将立即被捕。这种讯息必须且能够产生吓阻力，以对暴力惯犯施加控制和影响。他们当中许多人都受到法院禁令的限制，包括能够出现的地点和接近的人；其他则是假释中。许多轻罪犯让警方有合法的理由去侦讯那些重犯、搜索他们的武器或在必要时逮捕他们。

当然，这一切的目的就是控制。我们相信，在治安不佳的社区取得控制权，是恢复秩序和减少犯罪必要的第一步。要强化社区并活化其机构，必须先恢复秩序和控制当中的掠夺者。少数族裔社区的控制问题，就警方而言，一直是相当敏感的事情。针对黑人社区的问题，两位知名的非洲裔美国学者格伦·劳里（Glenn C. Loury）和谢尔比·斯蒂尔（Shelby Steele），在呼吁黑人领袖复兴黑人社区的同时，也明确指出，全社会都有义务恢复秩序和控制犯罪：

> 我们不希望对黑人负起责任的呼吁被解读成整个社会可以免除责任。美国的城市为何不得安宁？……假使芝加哥、华盛顿或洛杉矶的郊区每年都有数百件帮派相关的谋杀案，公众的反应会不一样吗？

如果我们不想把整个世代的年轻人都扫除，那6%的人必须认识到，他们不能无法无天。如同威尔逊"打响鞭"的比喻，这些年轻人正朝着悲惨的人生坠落：坐牢、毒瘾和死亡。他们无疑需要帮助：教育、训练和工作。然而，要接受帮助，他们必须先受到控制。单用监牢绝对不够——我们需要治标兼治本的完整解决方案。针对那些犯下重罪的人，控制必须遍及他们居住或重返的社区内，发挥明确的抑制作用，让他们不再进一步从事犯罪活动。控制的具体形式必须是民众、警察、检察官和矫正机关的密切合作与共同警戒。

秩序维护：保护"好人"和控制"犯罪意图者"

　　残忍的掠夺者和帮派分子严重伤害其他年轻人，尤其是在贫穷和混乱的社区。教育品质沉沦和工作机会消失，都让市中心年轻人的处境更加恶化。现实的状况是，好孩子害怕被那6%的重犯蹂躏，许多人为了自保，只好选择加入帮派或携带武器，实际上被迫从事犯罪活动。不像多数成年人可以选择退缩在车里或家里，年轻的孩子必须暴露在城市的街头生活中，他们采取自保行动情有可原。不幸的是，自由主义哲学让缺乏自控能力和经验的年轻人享有高度的个人自由，只会加剧这种恶劣状况。而进一步的恶化来自放弃控制和放任那些恶人恣意恐吓和称霸的警察和刑事司法策略。不论政治上和道德上，这些都是令人无法接受的结果。

　　秩序恢复和维护行动所提供的帮助，有两层意义。通过在社区内发展一套可行的道德秩序共识并确实地执行，善良守法的青少年、成年人和警察就能夺回街道的控制权，进而降低孩子的恐惧和自保需求。此外，控制掠夺者能对接近那6%的儿童和青少年发出一个强烈的讯息：这个社区有一套道德秩序；违反者或许能得到第二次机会，但犯错者必将付出代价，这不是玩笑；成年人将控制社区并订立儿童需遵守的标准；不良少年将无法影响学校、教堂、社区和商业区的功能。

　　秩序维护方案以轻度违法为重心，是抑制"犯罪意图者"和那些较不致力于犯罪的惯犯朋友或关系人的重要手段。这一群人在受到压力，或在学校和警察施压给他们的父母时，最终都能改变他们的行为，符合适当的标准。他们不了解自己在别人眼中的印象，也不了解他们在公共区域"游荡"所造成的恐惧，因为其他民众不认识他们，尤其是老人，不一定能从他们的举止与那6%的行为中，分辨出暴力的风险。那6%对社区的残害如此恶劣，以致一般人很难区分多数青少年的无害喧闹与那6%的恐怖威胁。所有青少年在外的行为，几乎都成了恐惧的来源，尤其是在老人或弱者眼中。这些犯罪意图者，大多只需要警察或其他机构指导他们适当的文明举止。借助在地铁或街道上执行规范，抑制这些孩子的行为，就能减少那些刺激重罪犯并且为他们提供掩护的犯罪成因（如失序和混乱）。

加强民众对公共领域的控制

当纽约市交通局推行秩序维护方案时，绝大多数乘客对地铁系统内的种种失序行为早已失去了耐心。当被问及他们对地铁规定告示的内容和形式有何看法时，一群以少数族裔妇女为主的乘客表示，如果他们看到这类告示和警方确实执行规定，他们也会挺身训斥违规者，尤其是吸烟者和用手提低音音响轰炸所有人耳朵的青少年。这种态度正是减少失序的最重要影响，并且为长期降低犯罪率提供了最大的潜力：鼓励社区居民支持和投入维护文明和安全的社会条件。这种公民责任的承担不容忽视：一次又一次的经验显示，警察也许能从毒贩手中夺回社区的控制权，却无法在缺少民众的支持和实际协助下长期坚守一个社区。

了解公民在维持秩序与犯罪控制所扮演的角色，自1961年起即是重要的研究主题之一。当时简·雅各布斯在其著作《美国伟大城市之兴衰》中描述，一位辖区警长提醒一个中等收入公宅的居民，绝不要在入夜后外出游荡，或在不认识来访者的情况下随便开门。这位坚信改革模式警务的警长，认为公民的适当角色就是做事件的旁观者、迅速报警、扮演称职的通报者和目击者，并且大致上支持本地的警察。直到现在我们才完全体会到这种建议的悲惨结果。民众采取独善其身、自保的做法，腐蚀了城市的生活品质。当民众把自己锁在屋内,等于抛弃了他们的基本公民义务。这种对城市生活的退缩,不仅缺乏公民意识,更是把公共区域和街道让渡给那些雅各布斯称为"野蛮人"的罪犯。巴尔的摩博伊德布斯区的居民承担起生活环境失控的责任,便印证了这一点:短时间内对野蛮人投降这种看似聪明谨慎的做法,其最终结果,是失去了个人生活在合宜与文明城市环境的自由。

民众要如何在被威胁或已蒙受损失的情况下,建立对公共区域的控制?虽然我们已讨论过几个要素,如通过环境设计和问题解决控制犯罪,但在一个混乱、变动或多元的社区,第一步必须是警方与民众协调和谈判,确立社区行为的标准,然后据以执行。警察真正在社区的长期投入,是与社区建立相当的熟悉度,了解其优势和存在的问题。这在共识建立过程中攸关紧要,因为优良的警务能帮助塑造、确认社区标准,并赋予其正当性。纽瓦克警员在20世纪70年代与地方居民通过非正式的协商,订立了社区标准;马萨诸塞州索姆斯维尔也经过同样的非正式过程,与社区居民和青少年协调出夏季公园的使用规范。标准的协商也可以是高度结构化和正式的,如20世纪70年代末的代顿市和90年代的纽约市。

无论这种协商是正式的或非正式的,所有受到标准建立影响的民众(包括居民、商家、街友和年轻人)都必须参与进来。其结果将是达成一份各方共识的协议,内容包含明确认同彼此的权利和义务。若年轻人获准在夜晚留在公园内,他们必须守规矩。游民可以使用地铁,但前提是他们必须和其他人一样遵守规定。学生也许有权开派对狂欢,但他们必须注意时间,且不可干扰一般民众和儿童的作息。

这种协议建立后,可能需要通过执行渐渐深化。有些年轻人可能需要经常被提醒,有些成年人也许不肯体谅年轻人,这就需要鼓励他们更宽容。共识建立后，更需要警察积极处理那些不肯接受个人对全体义务的人：那些完全拒绝合作，并违反法律和非正式标准的人应被逮捕。然而最重要的是，一段时间后，这些标准本身会变得具有强制性，年轻人会知道，如果他们不自我控制并约束较吵闹的同伴，将会被罚10点宵禁。居民也了解，一个常引发纠纷、相处不睦的邻居和少数几个惹人厌的青少年一样，会严重伤害居住环境的安宁。

因为这些社区标准经过协商（且在需要时能根据实际情况的改变重新协商）、获得广泛了解，并且几乎被社区的所有成员认同，在那里生活的居民终究会担起维护和执行这些标准的责任。当社区青少年的喧闹演变成轻度的违规（行径太危险或音乐太大声），影响到社区生活，居民有权警告他们。警方和其他市政府人员将监督民众，以免他们的过度热心失控演变成动用私刑，或在社区共识出现裂痕时扮演调停者，确保民众执行标准时没有侵犯个人的基本权利。最后一个重点是民众必须接受他们管控自己社区的责任。一旦投入秩序恢复行动，他们通常都乐意承担这个角色。恢复社区秩序和控制犯罪，只有部分是警察和刑事司法机关的责任。

通过整合问题的解决方法来维护秩序和防治犯罪

纽约市地铁的消除涂鸦方案，每一个相关部门从一开始便全心投入。车站经理不间断地监督站内情况，确保一切维持在最低标准以上。维修人员迅速清除涂鸦、防护投币机，并修复和清洁设施。警方的"游民小组"将地铁内虚弱的人送到庇护所。而所有地铁员工都必须提醒那些违反规定的人，协助维持秩序。由此可见，恢复秩序不仅是警察的责任，而是一项涉及不同单位和社会服务供应者的整合行动，他们全都包含在针对一组特定问题的问题解决过程中。最终的结果不只是恢复秩序，还有减少犯罪和预防犯罪。

事实上，若是在其他情境中，每个单位各行其是，不论警察、民众或现代的刑事司法机关，都无法有效地减少严重犯罪。从纽约的经验可知，当一个社区推动了结合民众、警察、各级刑事司法机关、社会服务机构、企业、学校和市政府官员的整合性计划，秩序恢复和维护的行动当可发挥最大效用，且最有可能实现减少和预防犯罪的目标。最初，这种合作将发挥教育的功能，每一个角色都需要了解其他单位的能力和资源，并分享信息。但更重要的是，当整个规划进入一个问题解决程序时，每一个角色或单位都必须把心力和资源投注在同一个目标上，抛弃那种分化、各行其是的刑事司法"体系"。每一个单位在恪尽职守，更要协调行动，追求一个共同目标，这样，成功的概率必然大增。

通过问题解决方法协调行动，已在全美各地赢得认同：盐湖城的社区行动小组（Community Action Teams）便包含了检察官和矫正机构，目标是了解各个社区的问题，利用整体协调的方法解决它们。在印第安纳波利斯，四位地方检察官以警方的辖区分局为据点，与公民团体紧密合作，并扮演马利恩县（Marion County）检察官办公室与警察辖区之间的沟通桥梁。每一位检察官详细地过滤其责任区内的每一件案子，挑选出一定数量的案件亲自起诉，或协助警员调查案件、就执法问题提供给警方建议、回应当地社区关心的事务，并与企业、商家、学校、教堂和政府机构互动，改善其责任区内的生活品质。同时，检察官和民间律师与印第安纳波利斯警局和消防局合作，以违反卫生和健康法条为由，关闭了多个毒窟。波士顿的"夜灯行动"（Operation Nightlight）是警方与马萨诸塞州缓刑处合作的即时处理重大罪犯行动。波士顿的地方检察官拉尔夫·马丁（Ralph Martin）亲自监督若干"社区安全方案"的规划和推行。派驻在辖区地方法院的检察官与警察和民众一起确认地方居民关心的问题，然后提出包含执法和其他要素在内的解决策略。这些努力全都展现出我们正转向一个整合的、以社区为基础的问题解决模式。不同于最早期的社区警务，如今不只是警察，检察官、矫正机构和法院都必须同声一气，为社区的利益和控制权说话。

随着问题解决程序的持续发展，各级刑事司法机关的人员也开始反省和重新定义他们的"任务"、他们的工作和他们在社区扮演的角色。就检察官而言，转变从单纯的案件处理到与邻里和社区居民更紧密地合作，并回应他们的需求。得克萨斯州奥斯汀市地方检察官厄尔的努力是最佳范例。厄尔认为，他的职责不只是管理一个专门起诉和胜诉的办公室，而是建立实现其社区司法概念的机构和程序。他主导开发了一个社区司法计划，试图让程度较轻的违法者在当地的郡监服刑，与较暴力的罪犯隔离，让他们得到更适当的处罚、治疗和辅导，与社区保持接触，以便获释后重新融入社区生活。其目标是通过改变罪犯的行为，让他们成为对社会有贡献的成员，以恢复和维持社区的健康。这个任务的难度自然超过把他们关到别的地方，但若能成功实现，将可大幅减少累犯。除了社区司法计划，厄尔也为受害者寻求正义，特别是特拉维斯县检察官办公室最关注的暴力犯罪受害者。正义的实现，部分来自于成功的起诉案件、有罪判决和违法者得到适当的惩罚，但也可利用检察程序本身，帮助受害者疗愈。即使案件败诉，区检察官助理在受害者支持组织的协助下，也能对疗愈做出贡献（借助教育展现强大的支持，以及为受害者及其家属争取权益）。为减少暴力犯罪或虐待案的儿童受害者或目击者的创伤，厄尔检察官推动成立了一个"儿童权益维护中心"（Children's Advocacy Center），把家庭式的情境带入所有执法、起诉和社会与医疗服务中，以评估、辅导、访谈和教导儿童受害者或目击者参与案件审判。① 目前,该中心是一个公私合作的非营利组织,有若干公家机关支持(包括检察单位、执法单位和社会服务机构),但由社区民众负责管理。如同部分检察官的努力一样,矫正机构和法院终究必须重新定义他们的角色,对民众关心的事务和对社区做出承诺,让民众感受到他们的存在。但这两部分的改变显然还不够快。

秩序维护方案的每一项要素(通过一个全面性的问题解决行动,处理失序问题;迫使有犯罪意图者改变其失序行为;增加警方与指标犯罪罪犯的接触和控制,并鼓励民众在社区公共区域的秩序维护行动中承担更重要的角色),都有防治和减少犯罪的潜在效果。纽约地铁的现行经验,最能显现出这些要素与犯罪减少的关系,而全美各地也纷纷起而仿效纽约的做法。

恢复秩序的前景

那些提醒我们注意"婴儿潮回响"世代(echo baby boom,在20世纪末期踏入社会的年轻人)的人,的确深具远见。他们提醒我们,过去三十年来,社会对待青年、心理障碍者、酒精或毒品滥用者的政策失败,会有哪些后果。然而,对我们而言,以任何一种意识形态出发的方法,都没有多少成功的希望。虽然我们不太反对永久监禁多次再犯的暴力犯(不论年龄),但更多的监狱和强制判刑法条对社会整体的恐惧、公共安全和城市生活品质助益有限。同样地,虽然我们支持追求社会和经济正义的计划,但如何达成这些目

---

① 特拉维斯郡地方检察官办公室的助理检察官兼家庭司法部主任罗斯玛丽·莱姆贝格(Rosemary Lehmberg),在儿童权益维护中心的设立过程中,也扮演了重要角色。

标、要在多长时间内（可能最少要数十年）和它们对犯罪的影响，目前都还没有共识。与此同时，我们的儿童面临险境、民众无法保护自己的人身和财产安全，一整个世代的美国年轻黑人男性恐将消失在暴力死亡和监狱中，而民众的整体生活品质也下降了。

然而，我们对美国社会恢复秩序和控制犯罪的能力仍感到乐观。这种乐观有三个来源。第一，民众对那种通过案件处理来控制犯罪的刑事司法体系概念已失去了信心。对这个"体系"失败的认同，正明显成长中。它早该被终结了。第二，另一种犯罪防治的典范已经出现。尽管仍在发展初期，但它已在执行的初级阶段产生了显著成果。第三，没有多少证据显示在犯罪控制过程中遵循更民主的价值会造成民兵主义或私刑报复等结果，这表明这类风险的担忧被夸大和误导了。

多数民众和研究人员都认为，传统的刑事司法体系典范已失败。从美国律师基金会在20世纪50年代的重大发现，到60年代发现失序与公民恐惧之间的关系，一直到70年代徒步巡逻的研究和斯科根联结失序、恐惧、犯罪与城市衰败的研究，在本质上推翻了主流的刑事司法意识形态。20世纪的大部分时间，我们都假设警察专业人员最了解犯罪、社会对犯罪的最佳反应和民众在犯罪控制中的角色等相关议题。但研究推翻了这种假设，一开始仅尝试提出民众的担忧，之后在新一代改革者的努力下，试图将警方和刑事司法的政策，调整到与民众的关注一致上来。现在要推翻过度偏重自由利益，且忽略个人责任与社区利益的社会政策和法律教条，研究的角色同样重要。

这也凸显出一点，除了愤世嫉俗或天真的政客，没有人真正相信，"专业"的改革警务模式和改善案件处理程序，能让民众得到他们向往的生活品质。更甚者，美国社会面临的困境是犯罪处理变得更有效率,即代表有更多非洲裔美国人成为其"产品"——不论从道德层面还是社会层面出发,这都是无法令人接受的解决方法。民众已经自行为这个困境找到出口——以社区为基础,根植于秩序、文明社会,融合非正式的社会控制与宪法基本人权和自由,并整合秩序维护与犯罪防治的新典范。

这个新模式并不缺乏支持。在密苏里州堪萨斯市辖区,杰克逊县的居民于 1989 年自愿缴纳 0.25 美分的营业税(现在称为 COM-BAT,社区反毒税),以支持一项社区的大规模反毒行动。社区反毒税正是这种新典范的最佳实践:吸引广泛的公民支持和投入、集结资源打击社区的毒品相关问题,并结合执法和起诉、预防和治疗两组功能。该计划最初由县检察官艾伯特·里德雷尔(Albert Riederer)发起,现已扩大并由 1993 年接任的克莱尔·麦卡斯基尔(Claire McCaskill)检察官发扬光大。其目标是监禁危险的罪犯和毒贩、治疗真心想戒毒且非暴力的违法者,并防范儿童尝试毒品。目前基金总额已达 1500 万美元,分配使用在所有与毒品相关的问题中,包括:执法和社区犯罪防治;调查、起诉和司法程序处理;监禁、治疗和勒戒。计划的成果相当突出,仅试举当中几项:截至 1995 年 8 月之前的 30 个月间,暴力犯罪减少了 32%;警方与县检察官合作,利用各种法条与消防检查名义,共关闭了 1300 多处毒窟;12 个学区共约十万名学生参与了毒品滥用防治计划;以社区为基础的犯罪和毒品防治计划持续增加;26 个机关单位提供了住院病人和出院病人的药物滥用治疗;初次非暴力吸毒者,得由法院下令接受强制治疗、教育和职业训练。社区反毒税的成果有目共睹:1995 年 11 月举行的公民投票,该计划得到 71% 的选民支持。

最后,我们对恢复秩序和控制犯罪的前景感到乐观,因为我们看到公民坚定地担负起他们在民主社会中的正确角色——订立其邻里和社区中的行为规范,并坚持遵守这些规范。这一切都是在法律允许的范围内进行的,且适当地保护了个人权利。至于那些对民众掌握控制权,必定将造成过度限制、严苛和报复的质疑(主流的刑事司法观点),也都在马萨诸塞州索姆斯维尔的街头、曼哈顿市中心区社区法庭、巴尔的摩的博伊德布斯区社区和美国各地的其他社区中,被一再推翻。尽管某些社区的犯罪率令人吃惊,私刑主义在美国仍相当罕见。

民众会失去分寸、过度控制吗?会发生不公义的情况吗?有时的确会。警察、检察官、法院和矫正机构的部分职责,将会克制民众并鼓励容忍。但认为只有政府才能实践正义和容忍,是另一种形式的精英主义。即使在犯罪控制上,政府官员也必须放手让民主运作。预先剥夺民众应负的责任,不论是为了防止滥权、效率还是狭隘的专业利益,代替民众执行他们自己该尽的本分,不仅是鼓励错误的公民意识,而且最后也不会成功。

好消息是,破损的窗户可以被修复,秩序也将恢复。在某些最困难的环境中(纽约、纽黑文),城市生活品质已在改善中,犯罪率也逐渐下降。结果比我们想象中更好,甚至更值得期待。

后　记

1996年4月15日，威廉·布拉顿辞去纽约市警政委员一职。这并不令人感到意外：布拉顿早就表明转入民间企业的意向，他与朱利亚尼市长的关系恶化也不再是秘密。此外，纽约的警政委员通常无法久任，20世纪该职位的平均任期是两年半，布拉顿撑了两年零三个月。媒体的"解读"聚焦在谁是犯罪率下降的功臣——布拉顿还是朱利亚尼？如果犯罪率回升，朱利亚尼和他的新任委员霍华德·萨菲尔（Howard Safir）该如何面对？若犯罪率在布拉顿去职后继续下降，朱利亚尼则可独揽所有功劳！

媒体把焦点放在他们两人的性格和互动（重要人物对历史和政治的观点）上或许是好看的八卦新闻，却完全忽略了纽约市转变的真正意义及其对整个国家的重要性。布拉顿和朱利亚尼对纽约市的贡献，都不及本杰明·沃德在20世纪80年代中期推动的纽约警务策略基本改革；前市长戴维·丁金斯和警政委员李·布朗加速了这项策略改革，并促使州与地方政治势力支持增加数千名警力；以及前警政委员雷蒙德·凯利开始纽约市警察局的积极秩序维护工作。戴维·甘恩成功消除了地铁涂鸦、罗伯特·基利恢复地铁秩序、赫尔伯·斯特茨推动社区解决失序，以及各方在恢复中央车站、佩恩车站、港务局公交车总站、布赖恩特公园和时代广场与中央车站社区秩序的贡献，全都不容忽视。

朱利亚尼市长和布拉顿委员适当的历史定位，将是清楚传达并加速推动纽约市自20世纪70年代萌芽的警务改革运动的强有力措施。他们都是勇于创新、有创意的领导者，对维护纽约市的秩序和减少犯罪做出了伟大的贡献。但纽约市的经验不只是这两人的恩怨情仇，而是整个社区收复其公共领域的传奇。

新知文库

01 《证据：历史上最具争议的法医学案例》[美] 科林·埃文斯 著　毕小青 译
02 《香料传奇：一部由诱惑衍生的历史》[澳] 杰克·特纳 著　周子平 译
03 《查理曼大帝的桌布：一部开胃的宴会史》[英] 尼科拉·弗莱彻 著　李响 译
04 《改变西方世界的26个字母》[英] 约翰·曼 著　江正文 译
05 《破解古埃及：一场激烈的智力竞争》[英] 莱斯利·罗伊·亚京斯 著　黄中宪 译
06 《狗智慧：它们在想什么》[加] 斯坦利·科伦 著　江天帆、马云霏 译
07 《狗故事：人类历史上狗的爪印》[加] 斯坦利·科伦 著　江天帆 译
08 《血液的故事》[美] 比尔·海斯 著　郎可华 译　张铁梅 校
09 《君主制的历史》[美] 布伦达·拉尔夫·刘易斯 著　荣予、方力维 译
10 《人类基因的历史地图》[美] 史蒂夫·奥尔森 著　霍达文 译
11 《隐疾：名人与人格障碍》[德] 博尔温·班德洛 著　麦湛雄 译
12 《逼近的瘟疫》[美] 劳里·加勒特 著　杨岐鸣、杨宁 译
13 《颜色的故事》[英] 维多利亚·芬利 著　姚芸竹 译
14 《我不是杀人犯》[法] 弗雷德里克·肖索依 著　孟晖 译
15 《说谎：揭穿商业、政治与婚姻中的骗局》[美] 保罗·埃克曼 著　邓伯宸 译　徐国强 校
16 《蛛丝马迹：犯罪现场专家讲述的故事》[美] 康妮·弗莱彻 著　毕小青 译
17 《战争的果实：军事冲突如何加速科技创新》[美] 迈克尔·怀特 著　卢欣渝 译
18 《最早发现北美洲的中国移民》[加] 保罗·夏亚松 著　暴永宁 译
19 《私密的神话：梦之解析》[英] 安东尼·史蒂文斯 著　薛绚 译
20 《生物武器：从国家赞助的研制计划到当代生物恐怖活动》[美] 珍妮·吉耶曼 著　周子平 译
21 《疯狂实验史》[瑞士] 雷托·U. 施奈德 著　许阳 译
22 《智商测试：一段闪光的历史，一个失色的点子》[美] 斯蒂芬·默多克 著　卢欣渝 译
23 《第三帝国的艺术博物馆：希特勒与"林茨特别任务"》[德] 哈恩斯－克里斯蒂安·罗尔 著　孙书柱、刘英兰 译

24 《茶：嗜好、开拓与帝国》［英］罗伊·莫克塞姆 著　毕小青 译

25 《路西法效应：好人是如何变成恶魔的》［美］菲利普·津巴多 著　孙佩妏、陈雅馨 译

26 《阿司匹林传奇》［英］迪尔米德·杰弗里斯 著　暴永宁、王惠 译

27 《美味欺诈：食品造假与打假的历史》［英］比·威尔逊 著　周继岚 译

28 《英国人的言行潜规则》［英］凯特·福克斯 著　姚芸竹 译

29 《战争的文化》［以］马丁·范克勒韦尔德 著　李阳 译

30 《大背叛：科学中的欺诈》［美］霍勒斯·弗里兰·贾德森 著　张铁梅、徐国强 译

31 《多重宇宙：一个世界太少了？》［德］托比阿斯·胡阿特、马克斯·劳讷 著　车云 译

32 《现代医学的偶然发现》［美］默顿·迈耶斯 著　周子平 译

33 《咖啡机中的间谍：个人隐私的终结》［英］吉隆·奥哈拉、奈杰尔·沙德博尔特 著　毕小青 译

34 《洞穴奇案》［美］彼得·萨伯 著　陈福勇、张世泰 译

35 《权力的餐桌：从古希腊宴会到爱丽舍宫》［法］让－马克·阿尔贝 著　刘可有、刘惠杰 译

36 《致命元素：毒药的历史》［英］约翰·埃姆斯利 著　毕小青 译

37 《神祇、陵墓与学者：考古学传奇》［德］C. W. 策拉姆 著　张芸、孟薇 译

38 《谋杀手段：用刑侦科学破解致命罪案》［德］马克·贝内克 著　李响 译

39 《为什么不杀光？种族大屠杀的反思》［美］丹尼尔·希罗、克拉克·麦考利 著　薛绚 译

40 《伊索尔德的魔汤：春药的文化史》［德］克劳迪娅·米勒－埃贝林、克里斯蒂安·拉奇 著　王泰智、沈惠珠 译

41 《错引耶稣：〈圣经〉传抄、更改的内幕》［美］巴特·埃尔曼 著　黄恩邻 译

42 《百变小红帽：一则童话中的性、道德及演变》［美］凯瑟琳·奥兰丝汀 著　杨淑智 译

43 《穆斯林发现欧洲：天下大国的视野转换》［英］伯纳德·刘易斯 著　李中文 译

44 《烟火撩人：香烟的历史》［法］迪迪埃·努里松 著　陈睿、李欣 译

45 《菜单中的秘密：爱丽舍宫的飨宴》［日］西川惠 著　尤可欣 译

46 《气候创造历史》［瑞士］许靖华 著　甘锡安 译

47 《特权：哈佛与统治阶层的教育》［美］罗斯·格雷戈里·多塞特 著　珍栎 译

48 《死亡晚餐派对：真实医学探案故事集》［美］乔纳森·埃德罗 著　江孟蓉 译

49 《重返人类演化现场》［美］奇普·沃尔特 著　蔡承志 译

50 《破窗效应：失序世界的关键影响力》[美]乔治·凯林、凯瑟琳·科尔斯 著　陈智文 译

51 《违童之愿：冷战时期美国儿童医学实验秘史》[美]艾伦·M.霍恩布鲁姆、朱迪斯·L.纽曼、格雷戈里·J.多贝尔 著　丁立松 译

52 《活着有多久：关于死亡的科学和哲学》[加]理查德·贝利沃、丹尼斯·金格拉斯 著　白紫阳 译

53 《疯狂实验史Ⅱ》[瑞士]雷托·U.施奈德 著　郭鑫、姚敏多 译

54 《猿形毕露：从猩猩看人类的权力、暴力、爱与性》[美]弗朗斯·德瓦尔 著　陈信宏 译

55 《正常的另一面：美貌、信任与养育的生物学》[美]乔丹·斯莫勒 著　郑嬿 译

56 《奇妙的尘埃》[美]汉娜·霍姆斯 著　陈芝仪 译

57 《卡路里与束身衣：跨越两千年的节食史》[英]路易丝·福克斯克罗夫特 著　王以勤 译

58 《哈希的故事：世界上最具暴利的毒品业内幕》[英]温斯利·克拉克森 著　珍栎 译

59 《黑色盛宴：嗜血动物的奇异生活》[美]比尔·舒特 著　帕特里曼·J.温 绘图　赵越 译

60 《城市的故事》[美]约翰·里德 著　郝笑丛 译

61 《树荫的温柔：亘古人类激情之源》[法]阿兰·科尔班 著　苣蓓 译

62 《水果猎人：关于自然、冒险、商业与痴迷的故事》[加]亚当·李斯·格尔纳 著　于是 译

63 《囚徒、情人与间谍：古今隐形墨水的故事》[美]克里斯蒂·马克拉奇斯 著　张哲、师小涵 译

64 《欧洲王室另类史》[美]迈克尔·法夸尔 著　康怡 译

65 《致命药瘾：让人沉迷的食品和药物》[美]辛西娅·库恩等 著　林慧珍、关莹 译

66 《拉丁文帝国》[法]弗朗索瓦·瓦克 著　陈绮文 译

67 《欲望之石：权力、谎言与爱情交织的钻石梦》[美]汤姆·佐尔纳 著　麦慧芬 译

68 《女人的起源》[英]伊莲·摩根 著　刘筠 译

69 《蒙娜丽莎传奇：新发现破解终极谜团》[美]让-皮埃尔·伊斯鲍茨、克里斯托弗·希斯·布朗 著　陈薇薇 译

70 《无人读过的书：哥白尼〈天体运行论〉追寻记》[美]欧文·金格里奇 著　王今、徐国强 译

71 《人类时代：被我们改变的世界》[美]黛安娜·阿克曼 著　伍秋玉、澄影、王丹 译

72 《大气：万物的起源》[英]加布里埃尔·沃克 著　蔡承志 译

73 《碳时代：文明与毁灭》[美]埃里克·罗斯顿 著　吴妍仪 译

74 《一念之差：关于风险的故事与数字》[英]迈克尔·布拉斯兰德、戴维·施皮格哈尔特 著 威治 译

75 《脂肪：文化与物质性》[美]克里斯托弗·E.福思、艾莉森·利奇 编著 李黎、丁立松 译

76 《笑的科学：解开笑与幽默感背后的大脑谜团》[美]斯科特·威姆斯 著 刘书维 译

77 《黑丝路：从里海到伦敦的石油溯源之旅》[英]詹姆斯·马里奥特、米卡·米尼奥－帕卢埃洛 著 黄煜文 译

78 《通向世界尽头：跨西伯利亚大铁路的故事》[英]克里斯蒂安·沃尔玛 著 李阳 译

79 《生命的关键决定：从医生做主到患者赋权》[美]彼得·于贝尔 著 张琼懿 译

80 《艺术侦探：找寻失踪艺术瑰宝的故事》[英]菲利普·莫尔德 著 李欣 译

81 《共病时代：动物疾病与人类健康的惊人联系》[美]芭芭拉·纳特森－霍洛威茨、凯瑟琳·鲍尔斯 著 陈筱婉 译

82 《巴黎浪漫吗？——关于法国人的传闻与真相》[英]皮乌·玛丽·伊特韦尔 著 李阳 译

83 《时尚与恋物主义：紧身褡、束腰术及其他体形塑造法》[美]戴维·孔兹 著 珍栎 译

84 《上穷碧落：热气球的故事》[英]理查德·霍姆斯 著 暴永宁 译

85 《贵族：历史与传承》[法]埃里克·芒雄－里高 著 彭禄娴 译

86 《纸影寻踪：旷世发明的传奇之旅》[英]亚历山大·门罗 著 史先涛 译

87 《吃的大冒险：烹饪猎人笔记》[美]罗布·沃乐什 著 薛绚 译

88 《南极洲：一片神秘的大陆》[英]加布里埃尔·沃克 著 蒋功艳、岳玉庆 译

89 《民间传说与日本人的心灵》[日]河合隼雄 著 范作申 译

90 《象牙维京人：刘易斯棋中的北欧历史与神话》[美]南希·玛丽·布朗 著 赵越 译

91 《食物的心机：过敏的历史》[英]马修·史密斯 著 伊玉岩 译

92 《当世界又老又穷：全球老龄化大冲击》[美]泰德·菲什曼 著 黄煜文 译

93 《神话与日本人的心灵》[日]河合隼雄 著 王华 译

94 《度量世界：探索绝对度量衡体系的历史》[美]罗伯特·P.克里斯 著 卢欣渝 译

95 《绿色宝藏：英国皇家植物园史话》[英]凯茜·威利斯、卡罗琳·弗里 著 珍栎 译

96 《牛顿与伪币制造者：科学巨匠鲜为人知的侦探生涯》[美]托马斯·利文森 著 周子平 译

97 《音乐如何可能？》[法]弗朗西斯·沃尔夫 著 白紫阳 译

98 《改变世界的七种花》[英]詹妮弗·波特 著 赵丽洁、刘佳 译

99 《伦敦的崛起:五个人重塑一座城》[英]利奥·霍利斯 著 宋美莹 译

100 《来自中国的礼物:大熊猫与人类相遇的一百年》[英]亨利·尼科尔斯 著 黄建强 译